▲ 港珠澳大桥“同心结”桥塔　　（郝笑天摄）

▲ 港珠澳大桥全景

（刘凌冰摄）

▲ 港珠澳大桥岛隧工程

（郝笑天摄）

▲ 港珠澳大桥西人工岛 （郝笑天摄）

▲ 港珠澳大桥东人工岛 （郝笑天摄）

▲ 港珠澳大桥“海豚”桥塔 （郝笑天摄）

磨剑十二年

——港珠澳大桥岛隧工程建设纪实

白巧鲜◎著

人民交通出版社股份有限公司
China Communications Press Co.,Ltd

图书在版编目(CIP)数据

磨剑十二年：港珠澳大桥岛隧工程建设纪实 / 白巧鲜著. —北京：人民交通出版社股份有限公司，2019.7
ISBN 978-7-114-15656-4

Ⅰ. ①磨…　Ⅱ. ①白…　Ⅲ. ①跨海峡桥—桥梁工程—工程建设—概况—中国 ②水下隧道—隧道工程—工程建设—概况—中国　Ⅳ. ①U4

中国版本图书馆 CIP 数据核字(2019)第 128374 号

Mojian Shier Nian——Gang-Zhu-Ao Daqiao Daosui Gongcheng Jianshe Jishi

书　　名：磨剑十二年——港珠澳大桥岛隧工程建设纪实
著 作 者：白巧鲜
责任编辑：刘永芬　齐黄柏盈
责任校对：赵媛媛
责任印制：张　凯
出版发行：人民交通出版社股份有限公司
地　　址：(100011)北京市朝阳区安定门外外馆斜街 3 号
网　　址：http://www.ccpress.com.cn
销售电话：(010)59757973
总 经 销：人民交通出版社股份有限公司发行部
经　　销：各地新华书店
印　　刷：北京宇星舟科技印刷有限责任公司
开　　本：720×960　1/16
印　　张：21.5
插　　页：20
字　　数：238 千
版　　次：2019 年 7 月　第 1 版
印　　次：2019 年 7 月　第 1 次印刷
书　　号：ISBN 978-7-114-15656-4
定　　价：68.00 元
(有印刷、装订质量问题的图书由本公司负责调换)

目 录

引子

2018年10月23日，广东珠海，这个绿色环抱、海风吹拂的中国南部海滨之城，吸足了阳光和雨水的亚热带植物葱翠欲滴，椰子树婆娑摇曳，蔚蓝色的海岸在这里勾画出一道美丽的曲线。这一天，道路格外整洁，天空格外晴朗，车辆增多了，人们的脚步加快了，所有人的目光聚焦在珠海南部，似乎在等待一个重要时刻的来临。

上午10时，中共中央总书记、国家主席、中央军委主席习近平在港珠澳大桥珠海公路口岸旅检大楼出境大厅亲自宣布："港珠澳大桥正式开通!"

24日上午9时整，港珠澳大桥连接珠海、香港、澳门三地口岸的边检大厅同时打开大门，崭新静谧的大厅一下子变得人潮涌动，热闹喧嚣。每一个出检口都排起了长队，上百位媒体记者手拿话筒、肩扛摄像机捕捉着一张张灿烂的笑脸，一串串兴奋的声音。

一位年轻人在人群中高高举起手中的宝宝，和身边的父母一起对着摄像机大喊：“我们全家三代人都来了，就是要共同见证这一历史时刻！”

一位中年男子带着他的老父亲喜笑颜开地登上了第一辆开往香港的穿梭巴士：“这么重要的历史时刻，我得让我 91 岁的老父亲和我一起去看看，见证历史啊！”老父亲在旁边笑得合不拢嘴，连声地说着：“好啊！好！”

从香港方向入境的第一辆私家车在 9 时 40 分顺利抵达珠海口岸，立即被几架摄像机同时围住。香港旅客打开车窗兴奋地面对记者：“40 分钟不到，感觉好爽！好快！和平时走深圳、虎门相比，没有塞车，舒服好多！”

香港的第一辆旅游巴士到达珠海，旅游团成员纷纷在边检大厅拍照留念。一位身穿红色裙衫的女士欣然面对记者镜头：“这么伟大的工程我们还是第一次见到，我们的国家真是发展得太快了！为我们的祖国感到骄傲！”

10 时左右，第一辆从香港开来的货车正式通关，载着飞机发动机通过港珠澳大桥来到珠海维修，驾驶员笑着告诉记者：“比起以前经深圳到珠海，时间节约了三分之二，通关费加油费节省了近千元。”

在通关处，可以看到珠、澳通关口并排相连，边检员并肩而坐，内地和澳门的旅客只需排一次队，在一个通关口便可以分别完成各自的通关检验。一位澳门旅客从澳门连接道路进入人工岛大厅，看明白了通关的方法后，30 秒即完成了两地查验手续。眼角眉梢都是笑，他喜滋滋地走过关口，享受着通关创新模式带来的便利！

由于珠海和澳门的两个口岸是设在同一个人工岛上的，就干脆取消了两地口岸之间的缓冲区，直接把两个口岸连在一起，做到“合作查验，一次放行”。

这一天，通关人次超过 3 万，十余个香港旅行团通过大桥前往珠三角地区，开通首三日的旅行团全部爆满。珠海口岸人工岛人潮汹涌，人声鼎沸，每天提供 120 辆穿梭巴士往来于粤港澳三地。

不一样了！像是按下了一个按钮，粤港澳一小时生活圈从此开启，由港珠澳大桥所连通的 5.65 万平方公里土地，似乎开始按照同一个脉搏跳动。港珠澳三地人民从来没有像今天这样近距离地融合在一起！规划中、想象中、期盼中的粤港澳大湾区，似乎一下子驶入了快车道，近在眼前了！

这一天，整个珠三角，甚至全中国、全世界的目光都被吸引到这里。这片区域积蓄的巨大能量正在逐步地聚集、发散，一个新的经济增长极——世界第四大湾区将在这里崛起。

作为重要的滨海经济形态，湾区经济已成为世界一流滨海城市的显著标志。与目前国际一流三大湾区——纽约湾区、旧金山湾区、东京湾区相比，粤港澳大湾区自有独特的优势。其涵盖广州、深圳、珠海、佛山、惠州、东莞、中山、江门、肇庆九市和香港、澳门两个特别行政区，土地面积达 5.65 万平方公里，比纽约、旧金山和东京三个经济区的面积总和还要大。

这片区域拥有世界上最大的海港群、空港群和发达的交通网，占比 0.6% 的国土面积，贡献率占中国 GDP 总量的 12.57%。与世界一流的大湾区相比，粤港澳大湾区已经具备建设世界一流湾区和全球最大湾区经济中心的基础条件。

作为首条连接内地与港、澳两个特别行政区的陆路干道，港珠澳大桥开通之后，往来珠海与香港国际机场的行车时间由4个小时减至45分钟，到香港的货柜码头由3个半小时减到75分钟，大大促进人员和货物的流动。在缩短了地理距离的同时，更深化了港珠澳三地同胞的血缘之情，为港、澳参与粤港澳大湾区的建设发展创造了更加有利的契机。

10月23日上午，大桥开通仪式简短而隆重。中共中央政治局常委、国务院副总理韩正出席仪式并致辞。中央和国家机关有关部门，广东省、香港特别行政区、澳门特别行政区有关负责人员，以及粤港澳三方参建部门，港珠澳大桥管理局，大桥设计、监理、施工单位代表参加了开通仪式，共同见证了这一激动人心的时刻。

在大桥开通仪式上就座的，有一位83岁的老者，红润的脸庞、满头的银发格外显眼，他就是建设港珠澳大桥的最早倡议者，香港实业家胡应湘。

港珠澳大桥从发起倡议到今天经历了35年，从前期论证到建成经历了15年，从开工建设到现在也已过了8年。

现在，梦想中的港珠澳大桥已似蛟龙出海飞跃在伶仃洋上，而且创下了多项世界之最：

世界最大规模的跨海通道，集桥、岛、隧于一体的跨海集群工程；

世界最长的跨海大桥，全长55公里，连接粤港澳三地；

世界最长的公路沉管隧道，达6.7公里，在此之前世界上公路沉管隧道还没有超过4公里；

世界首条深埋沉管隧道，深埋海床下20多米，在此之前所有沉管隧道都是浅埋。

由于工程的多项史无前例，被英国《卫报》评为“新世界七大奇迹”之一。

这一切让胡应湘浮想联翩，心潮难平。他的目光在大厅里急切地搜寻着一个人——港珠澳大桥岛隧工程的总工程师林鸣。这两位年龄相差 20 岁的工程师，一个最早为港珠澳大桥的诞生畅想了雏形并坚持数十年奔走疾呼，一个最终为港珠澳大桥登上世界岛隧工程的高峰而坚守拼搏担当重任，虽然两人只见过 4 次面，却早已心有灵犀。而此刻的林鸣作为大桥重要的建设者代表，正守候在大桥的东人工岛上。

伶仃洋上烟波浩渺，水天一色。风帆、海豚、同心结，这三个通航孔上的桥塔，传递出伶仃洋的独特风貌和港珠澳三地同心相连的文化内涵。两座人工岛远远地矗立在碧波蓝海之中，似两艘白色的巨轮正扬帆驶向对岸。在它们之间的海床下面，就是世界最长的海底沉管隧道。

在东人工岛主体建筑的电梯口，港珠澳大桥管理局局长朱永灵与管理局来自香港的副局长李竞伟、来自澳门的副局长源秋华正守候在此。他们不断地向远处张望着，习近平总书记一行这会儿正驱车通过 22. 9 公里的桥面，穿过三个通航孔上高高耸立的风帆塔、海豚塔、同心结塔，从西人工岛进入海底隧道，再穿过 6. 7 公里的海底隧道驶上东人工岛。

即将到来的一刻，让朱永灵心里不免有些紧张。转眼间，习近平总书记从车上走了下来，朱局长迎上去说了一句：“总书记好！”习总书记向他伸出了手，在两手相握的一瞬间，朱永灵听到了习总书记的第一句话：“感谢你们做了一个这么好的工程！”顿时，紧张的心情无影无踪。

习总书记在朱永灵陪同下乘电梯到达主建筑四楼的西平台，遥望西人工岛和海底沉管隧道的位置，接着走向南侧平台，巡看了主体建筑顶上用于隧道通风的风帽和全部用清水混凝土做的主体建筑外观和细部，最后进入展览厅，观看建设中的模型和图片。习总书记问："工程最大的难点在哪里?"朱永灵回答："最大的难题还是在沉管隧道。"他用最简洁的语言介绍了为突破世界第一条深埋沉管隧道技术难关而创新的"半刚性"结构，介绍了采用大圆筒快速筑岛技术实现"当年开工、当年成岛"的创新工艺。习总书记高兴地说："创新才有出路!"

20名建设者代表早已等候在展厅，习总书记快步走过去，朱永灵向习总书记一一做着介绍。站在最前面的一位，高高的个子，花白头发，略显清瘦，一身整洁的白色工装格外引人注目。这身工装已多次出现在央视的画面里，早已被全国人民所熟悉。作为全国优秀共产党员和全国劳动模范两次在人民大会堂被总书记接见时，他穿的也是这身工装。他就是岛隧项目部总经理、总工程师林鸣。

"你们辛苦了!"习总书记兴致很高地与代表们一一握手。朱局长忍不住问了一句："总书记，建设者都想跟您合个影，可以不?"

习总书记一把拉过他的手："可以啊！老朱同志，来，大家合个影!"合影后，习近平总书记兴致未尽，即兴地与建设者们说了一段发自肺腑的话：

"港珠澳大桥是国家工程、国之重器。你们参与了大桥的设计、建设、运维，发挥聪明才智，克服了许多世界级难题，集成了世界上最先进的管理技术和经验，保质保量完成了任务。

衷心地感谢你们，功不可没，劳苦功高，这是你们人生的价值。要为自己感到自豪，我也为你们感到自豪。

“我也相信你们又会重整行装再出发，又会到祖国最需要的地方去。一个国家筚路蓝缕、坎坷奋进到今天这一步，逢山开路、遇水搭桥，你们这是最形象的体现，中国特色社会主义就是这么走过来的，‘一国两制’就是这么走过来的。

“港珠澳大桥的建设创下多项世界之最，非常了不起，体现了我国综合国力、自主创新能力，体现了勇创世界一流的民族志气。这是一座圆梦桥、同心桥、自信桥、复兴桥。大桥建成通车，进一步坚定了我们对中国特色社会主义的道路自信、理论自信、制度自信、文化自信，充分说明社会主义是干出来的，新时代也是干出来的！”

这样一番话，出自国家主席之口，对港珠澳大桥给予如此高的评价，让建设者们不敢想象，但却又曾经多次出现在他们的想象中。

此时，林鸣心潮澎湃，这样的情景在他的脑海里曾无数次地出现过，在面对一个个几乎绕不过去的难题的时候，在想到工程可能遇到的风险午夜惊醒的时候，在面对未知领域的探索被质疑的时候，在看到工人们汗透衣背奋力拼搏的时候……鼓舞他坚持下去的，就是峰顶之上的无限风光。他坚信这是一个伟大复兴的时代，这个时代需要伟大的工程。能不能做出与时代相符的伟大工程，就看我们如何去选择。

24日晚，中央电视台《新闻联播》发表快评《新时代是干出的》：“港珠澳大桥正式通车运营。这一史无前例的世纪工程为新时代粤港澳大湾区发展注入了澎湃动力，是‘一国两制’伟大实践下新的里程碑，更是中国力量、中国精神的生动诠释。

“港珠澳大桥自筹建之始就面临着一个个超级难题。中国建设者们以逢山开路、遇水搭桥的奋斗精神攻坚克难，创造了一个个桥梁建设史上的奇迹。

“这一创下多个世界之最的浩大工程集成了世界上最先进的管理技术和经验，有力展示了中国的自主创新能力和争创一流的志气。‘社会主义是干出来的，新时代也是干出来的。’我们要以港珠澳大桥的建设为榜样，大力弘扬实干精神，为新时代的创新发展凝聚起勇创世界一流的民族志气！”

还有什么比为国家争光，为民族争气更让人自豪和欣慰？

一座桥与一个时代，与整个民族的发展、国家的战略有着如此紧密的联系！国家满意，人民满意，15 年来披荆斩棘的大桥建设者们此心足矣！

两天前，岛隧项目部人员全部从东、西人工岛上撤下来回到营地。当天晚上，林鸣召集所有坚守在营地的人聚餐，算是最后的收官。很多人掉下了眼泪，感慨、兴奋、激动、不舍，五味杂陈，那滋味竟像是“失恋”……这时，最让林鸣牵挂的是最后坚守在岛上的 3 个人。

Ⅱ工区副经理莫日雄，当时正带着两个工人分别躺在东岛四层三个门口的地板上。20 日白天，他们对东岛进行了最后的精细保洁，把踩脏的地毯换掉，把室内的温度调到确保 25℃，看看门窗能否全部正常开启，展厅的灯光角度是否恰到好处。为了保证保洁后的室内没有特殊味道，小莫他们需要 24 小时开窗通风。夜里海上风雨多变，必须有人现场值班，小莫特地从营地拉来了三条被子，铺在四层展厅三个门口的地板上，每人把着一个门，看着海上的星星入睡。21日早上8时15分，是最后清岛撤离的时刻。小莫清晨5时醒来，下楼之前做了最后一遍检查：每一层的门窗是否安好？排水孔是否有落叶或杂物堵塞影响排水？挡浪墙的景观灯是否都亮？地面的砖头杂物清干净没有？他还特地在大台阶下放了一个工具箱，以备岛上物业和保安人员应急之用。临走前做的最后一件事，是给岛上的监测和物业部门发了一个微信，告知哪里容易堵塞，哪里需要特别注意，哪里有预留的工具……

从此，他们将彻底告别7年不离不弃的东人工岛。很多人在这个工程干了8年，甚至12年、15年，蓦然分手，怎么舍得？

大批的建设团队已经陆续转战“深中通道”等新的建设现场，留下的这批人像守护自己的孩子一样守护着人工岛，生怕她不漂亮，生怕她不健壮，生怕她通车时不能毫无瑕疵。

从2018年2月6日交工后到通车前的近9个月里，林鸣仍要求副总经理黄维民天天带着工人上岛，进行维护保养，在保证安全的基础上做到精益求精。

平台的防腐木地板在烈日暴晒和海水侵蚀下有些裂纹，他们把铺好的几千平方米木地板全部拆掉，换成更高防腐等级的材质；排风道的内墙原来刷的是乳胶漆，考虑到以后在海水长期侵蚀下也许会起皮，他们对高达20米穿过4个楼层直达风帽的通道重新加固处理，把原漆刮掉，全部涂上了防腐新材料；减光罩照明灯的走线似乎不太完美，他们重新调整一遍，让它看着更顺眼；尽管保洁公司已上岛，他们还是坚持8个多月每天照常做好通风保洁；冒着6级大风，小莫划着橡皮艇出海，只为清理掉漂浮在东岛附近海面上的两个漂浮物。

“大桥还没有运营，不能在我们手里有一点脏乱差。”小莫说，“这些年林总教给我们的，就是一句话——担当精神！不是你要我做，而是我要做！我们每个人都有这种心态。”

终于通车了！深深的激动伴着深深的不舍。当终于卸下了工程的重担，向祖国和人民交上了一份满意的答卷之后，分手竟也成了一种煎熬。

因为，这一路走来的那些朝朝暮暮早已刻骨铭心。

注：本引子中习近平总书记视察港珠澳大桥时的讲话，见 2018 年 10 月 23 日新华社和央视网公开报道。

第一章
从伶仃洋到港珠澳

1994 年秋天，晚上 9 点多钟，在工地忙碌了一天的林鸣刚刚回到宿舍，还没来得及擦一把浑身的汗水，一个电话打来，通知他到珠海市政府开会。当时的林鸣正在珠海担任淇澳大桥的项目经理，带领中交二航局建设团队在珠海淇澳岛附近连日奋战。当他迅速赶到开会地点时，听到的是珠海市交委在会上的布置：立即开始组织伶仃洋大桥两个引桥的施工。

“当时伶仃洋大桥两个引桥的施工条件还不完全具备，没有通信设施，有一次设备出了故障就在海上漂着回不来。”林鸣说，“就这样干了 2 个月，又忽然接到电话，通知我工程停止。”

这戏剧般的一幕并非偶然，工程的背后是当时珠三角与对岸香港之间在发展中此消彼长的博弈，是中国改革开放进程的脚步与速度。

伶仃洋，又称珠江口。从中国西南部云贵高原跋涉而下的珠江，蜿蜒2000多公里，从这里汇入伶仃洋，在入海口冲积出一片富庶的平原——珠江三角洲。这里是中国的天然海洋门户，也是沟通东南亚、印度洋的重要出海通道，自古以来被称为“中国的南大门”。

2000多年前，始于汉代的海上丝绸之路从这里起步。伶仃洋，成为中国海上丝绸之路的东方发祥地。明末清初，这里曾一度成为东亚贸易圈的中心，是中国最重要的对外通商口岸。

20世纪末叶，当中国向世界打开大门的时候，珠三角得改革开放风气之先率先崛起，珠三角城市群快速发展，成就了广东30年来中国大陆最发达省份的辉煌。

但由于伶仃洋东、西两岸之间30公里洋面的阻隔，紧邻香港的珠江东岸迅速腾飞，发展缓慢的珠江西岸只能引颈相望。同样是中国最早改革开放的经济特区之一，珠海与深圳发展的差距已经越来越大。

1983年，作为改革开放后最早投入内地建设的实业家，香港合和集团主席胡应湘经常往来于香港和广州之间。一天，胡应湘忽然灵机一动，一改从广州走珠江东岸，经深圳回到香港的习惯，改道走珠江西岸经珠海、澳门回香港。他要体验一下这条路的交通是否方便。这一趟珠江西岸之行让胡应湘印象深刻，当时从珠海到香港只有轮渡，且不说渡轮的简陋与拥挤，只有30公里的水上直线距离，轮渡最快也需要一个小时，还常常受到风雨的影响而停运。

在参与广州中国大酒店、广深高速公路的投资建设之时，胡应湘已经从珠江口两岸经济发展的巨大差异中，发现了两岸协同发展的前景。同时作为土木工程专家，他更知道交通的支撑对一个地区的经济有多么重要！他突发灵感，何不在珠海和香港之间修建一座跨海大桥？根据他的设想，从珠海建桥连接伶仃洋上的两个天然岛屿，再伸延至香港最西面的浅水区，可以最短距离连接到香港。他甚至起好了名字——内伶仃洋大桥。

这个前瞻性的极有战略眼光的大胆设想，一时在香港民间引起轩然大波，有人好奇，更多人认为是异想天开，而港英政府则是不屑一顾。当时的珠海，刚刚从一个小渔村跃为中国第一批对外开放的四个经济特区之一，像一只还未张开翅膀的雏鸟，难以腾空展翅，对大桥的建设只能是有心无力。

1993年，珠海特区经过几次扩建，发展日新月异，实力明显增强。时任珠海市市长梁广大敏锐地意识到，没有与珠江东岸便捷的交通，珠海“南大门”的优势便无法发挥。他仔细研究了胡应湘建设内伶仃洋大桥的方案，从政府层面正式提出建设伶仃洋大桥的计划，实施计划分为三步：第一步先建从陆地到淇澳岛的淇澳大桥；第二步修建连接淇澳岛至内伶仃岛的内伶仃洋大桥；第三步待时机成熟时，修建从内伶仃岛到香港屯门烂角咀的伶仃洋大桥，实现珠海与香港跨海连接。

梁广大市长是一个说干就干的人，珠海市随即先期投入，开始建设伶仃洋大桥的前期工程——淇澳大桥。林鸣当时所带的建桥团队，正是在珠海担当此任。

然而，正当梁广大市长紧锣密鼓地准备开始建设第二期伶仃洋大桥时，珠海的热情却在香港遭到冷遇。当时的港督彭定康正为香港回归前的过渡而烦恼，面对胡应湘等香港民间实业家对建设伶仃洋大桥的热烈倡议，彭定康表示：已经聘请英美顾问公司做过相关研究，香港至少到2020年前没有这个需求。建设方案被再一次搁浅。

林鸣带着他的团队第一期建成的淇澳大桥，独自矗立在唐家湾畔金星门水道上。尽管1996年前后，伶仃洋大桥建设的动议和前期论证多次在内地和香港之间徘徊，但从淇澳岛至内伶仃岛再到香港屯门的这条海上长链再也没有续上……

1997年7月1日，香港回归。

1999年12月20日，澳门回归。

主权的归属，为港珠澳大桥的建设消除了障碍，经济格局的陡然变化，更为港珠澳大桥的最终立项起到了助推作用。

2002年底，在改革开放的先机中实现经济腾飞的广东省，开始筹划自己建设连接珠海到深圳的跨海通道，完成珠江东西两岸的连接。

这一信息引起了香港的危机感，当时的香港正遭受亚洲金融风暴重创，经济正在下滑。深圳、上海港口的崛起已让香港世界第一港的优势受到挑战，假若广东再修通了连接珠海到深圳的通道，那香港无形中将处于被珠三角边缘化的窘境。此时建设伶仃洋跨海通道的呼声在香港民间再次高涨，特首董建华在听取胡应湘对建设伶仃洋跨海通道的倡议后，表示积极的认同和响应。时任国务院总理朱镕基在2002年11月访港时明确表示中央支持兴建港珠澳大桥，更促使了香港做出最后抉择。

2003年1月，香港特首董建华在施政报告中提到："珠江口以西地区，对香港未来的经济发展极为重要。兴建连接香港与澳门和珠三角西部的大桥，对整个区域的经济发展具有战略性的意义。香港社会各界对兴建大桥，大致已达共识。"并正式向中央政府提出修建港珠澳大桥的建议。

2003年7月，国家发改委和香港特别行政区政府共同委托国家综合运输研究所完成的论证报告正式出台，中央同意开展港珠澳大桥前期工作。明确由香港特区政府作为召集人，国家发改委和国务院港澳办派联络员，联合成立“港珠澳大桥前期工作协调小组”。

8 月 29 日 9 时 30 分，广州市天河北路 233 号中信广场 71 楼 7101 室，这是一个值得写入历史的特殊时刻和地点。港珠澳大桥前期工作协调小组第一次会议在这里召开，粤港澳三方同意尽快进行港珠澳大桥工程可行性研究。11 月，协调小组召开第二次会议，决定成立港珠澳大桥前期工作协调小组办公室(简称“前期办”)，负责协调具体事务。

建设伶仃洋跨海通道的梦想从民间发起，整整酝酿徘徊了 20 年，终于在历史和现实的呼唤中浮出水面。

2003 年，是港珠澳大桥发轫的一年。像是一场威武雄壮的大戏即将拉开序幕，参演的各路人马迅速组合、就位、策划、筹备，为这场精彩大戏的上演而忙碌起来。

离开珠海淇澳大桥后的林鸣，忙碌在大江南北的一个个桥梁工地上。20 世纪 90 年代以来，中国的桥梁建设正处在改革开放后的快速发展时期，一批大跨度桥梁如雨后春笋般建成。林鸣的足迹一直没有离开中国交通建设的现场，武汉白沙洲大桥、江苏润扬大桥、南京长江三桥……从中交二航局副局长到南京市重大路桥建设指挥部副指挥长，再到中国交通建设集团总工程师，他几乎经历了改革开放以来中国桥梁大发展的全过程，成为我国桥梁建设队伍中引人注目的领军人物之一。在他的心底，始终有一个抹不去的牵挂——那个跨越伶仃洋的海上通道何时能够开工建设?

2005 年底，中交集团副总裁陈奋健在办公室接待了两位来客，港珠澳大桥前期工作协调小组办公室的苏权科和张劲文，他们受前期办主任朱永灵的委派，委托中交集团开展《港珠澳大桥施工指南》的前期研究。

陈奋健把林鸣叫到他的办公室，林鸣兴奋地说："好啊！这事委托我们就算是找对人了！"这些年林鸣一直在关注和收集着国内外有关跨海通道的资料，思绪时不时地飞到珠海的伶仃洋上，放飞一下心里的那个梦想。朱永灵主任的此项委托真是正中下怀。

2005 年 10 月，刚刚完成了对中国港湾建设集团与中国路桥建设集团合并重组的中国交通建设集团，对港珠澳大桥工程极为重视，不失时机地成立了港珠澳大桥项目领导小组和前期工作办公室。总裁孟凤朝亲自担任领导小组组长，副总裁陈奋健担任领导小组常务副组长，总工程师林鸣担任副组长兼项目办公室主任，早就介入前期工作的海外部副总经理罗冬担任办公室副主任，全力推进这一国家重大项目的开展。

2006 年，林鸣和罗冬专程来到香港，在湾仔合和中心办公室里，林鸣第一次拜访了胡应湘。最早提出伶仃洋大桥设想的香港实业家和后来承担港珠澳大桥建设重任的内地工程师，因为港珠澳大桥有了人生中的交集。

而朱永灵就任港珠澳大桥前期工作协调小组办公室主任，是在 2004 年 3 月。他放弃了广东省高速公路公司董事长这个许多人眼中炙手可热的职位，自告奋勇担当此任。

"港珠澳大桥建设是一件粤港澳三地期待已久、对三地都有益的事情，值得去做。"朱永灵说，"有香港特区政府、澳门特区政府和广东省政府的支持，有自己在香港工作的经验，我想，干成是没有问题的。"

朱永灵 15 岁考上同济大学，31 岁担任广东省公路管理局副局长，33 岁在省交通厅委派下创办香港新粤有限公司，成功闯入香港金融市场。1997 年到 1998 年 9 月，他融到第一笔资金 1.7 亿美金，相当于当时十几亿人民币，正好解决了我国高速公路上第一座大型悬索桥虎门大桥的建设资金问题。朱永灵回到广东后，又把广东省高速公路有限公司改制搞得风生水起，主管部门认为他确实是这个岗位最合适的人选。多年的工作历练，让朱永灵对开拓新局面的工作驾驭自如，但他没有想到的是，港珠澳大桥前期办的经历竟会一波三折。

2003 年 10 月，时任中交公路规划设计院大桥办主任工程师的刘晓东，刚刚完成了深港西部通道的设计，在国庆假日期间忽然接到院长周海涛的电话，让他带人做一份关于港珠澳大桥的工程可行性研究策划书。刘晓东把策划书上交一个月后，接到通知赶到珠海，准备在粤港澳三地协调小组第二次会议上进行答疑。这次会议提出建议，委托中交公路规划设计院开展港珠澳大桥工程可行性报告的研究，周海涛院长把这个任务交给了刘晓东。

同样在 2003 年 10 月，广东省交通厅咨询中心主任余烈也接到了任务，就公规院发给交通厅的港珠澳大桥工可研究工作大纲提出意见。当时，前期办还没有正式开始运作，余烈以这个身份参与的第一个任务，就是打电话给刘晓东联系前期工可研究事宜。余烈后来担任了港珠澳大桥管理局副局长。他和刘晓东都没想到，他俩这一干就是 15 年，成为参与港珠澳大桥工程历时最长的人。

2004 年 4 月的一天，广东省交通科学研究所总工程师苏权科，接到了朱永灵的一个电话："我正在组建港珠澳大桥前期工作办公室，你愿不愿意来啊?"苏权科毫不犹豫立即表态："我来!"作为广东省当地的桥梁工程师，苏权科一直密切关注着伶仃洋跨海大桥的动态。他曾经在汕头海湾大桥、厦门海沧大桥担任过驻地监理、总监副代表，后来担任了港珠澳大桥管理局的总工程师。

2004 年 4 月底，周海涛带着由中交公路规划设计院、华杰公司等单位组成的港珠澳大桥工可研究小组，与朱永灵带领的前期办成员苏权科、施大庆一行会合，一同去香港进行调研。与香港环境运输及工务局局长廖秀冬、香港特区政府相关部门负责人、合和公司董事长胡应湘、香港若干潜在投资人展开交流研讨。

“调研了半个月时间，从香港拉了两辆车回来，车上没坐人，全是资料。”刘晓东后来回忆说。

当时的工程可行性研究涉及范围很广，包括港珠澳大桥周边水文气象、地质勘测、通航净空与防撞、地震与周边环境、交通需求与交通方式、口岸设置、投融资方案、跨界运营管理模式、港澳港口及珠江西岸港口影响、澳门与珠海侧接线方案、通航孔隧道方案、人工岛方案、景观需求等 19 个课题。得到了国家发改委、国土资源部、交通部、国家海洋局、国家测绘局、国家地震局等相关部门的支持。南京水利科学研究院、天津港湾工程研究院等科研院所，中国国际工程咨询公司、华杰工程咨询公司、香港茂盛工程顾问公司、澳门新域城市规划暨工程顾问有限公司等 20 多家单位共同参与研究。

这是粤、港、澳三地首次共建的超大型项目，三地所用的法律不同，建设规范和标准不同，各自诉求也有所差异，当时的“工可研究”只能提出问题，很多问题还无法落地。

——关于大桥的线路问题，落脚点放在哪里？“工可研究”提出了 17 条线路需要进行比选。

——关于大桥的技术方案问题，采用全桥方案、全隧方案，还是桥岛隧结合方案？一时还无定论。

——关于口岸布设问题，是一地三检还是三地三检？香港提出一地三检，但口岸设在何处？带来的很多实际问题如何解决？

——关于投融资问题，是政府投资还是BOT、PPP运作？三方如何确定出资比例？

——关于中华白海豚的保护问题，目前桥位线路穿越中华白海豚国家级自然保护区，环保问题如何解决？

——关于建设标准问题，粤港澳三地标准规范不同，跨界建设标准如何确定？

这一系列的问题都需要在粤港澳三地之间反复地考察、沟通、磋商、确定，而三地在法律法规、行政体制、技术标准、管理程序等方面差异很大。大桥建设涉及“一国两制”，又直接牵动三地的利益，每一方都想让大桥更多地“倾向”于自己，在融资方式、线路走向、口岸设置等方面分歧颇多。

时值港澳回归初始，“一国两制”下粤港澳三地的经济利益和政治因素相互交织，行业保护和本位主义不可避免地反映在项目前期论证过程中，导致项目前期筹备推进十分艰难。朱永灵带领的前期工作协调小组办公室，可算是尝到了“吃螃蟹”的滋味。

前期工作刚开始的一段时间，香港方作为召集人，要求办公室提出的所有建议先由香港方审核，经其审核修改以后才能够发给广东省和澳门，这样的工作模式造成每次的方案都对香港最有利。澳门方面和广东省当然意见很大，认为是前期办明显地偏向于香港，广东省甚至认为前期办“吃里扒外”，很多内部的会议竟不愿意让前期办参加。于是朱永灵带领前期办改进了方法，把每次需研究的方案同时发给三家，让三家同时提出意见，再由前期办综合修改。这样一来香港方又有了意见，觉得前期办不太听话。

这样前所未有的角色带来了前所未有的难度，哪一方都可以管你，哪一方也都可以不管你。最困难的是，由于在三方之间没有一个争端解决机制，任何方案只要有一方反对就被搁置，一个公文要来回往返好几次，甚至数月得不到结果，常常导致工作无法推进。

朱永灵回忆道："当时这个三方协调小组，没有一个议事规则，什么都要协商一致，没有争端解决机制。所以效率就很低，任何一样东西，只要有一方不同意，这个事情就没法往前推了。"

这时候大家发现，粤港澳三地共同建设跨海大桥的首次尝试比想象的要复杂得多。原来设想的 2007 年开工已不太可能，只能继续进行补充工可研究。

2005—2006 年的一段时间，港珠澳大桥"进展缓慢""举棋不定"，一些方向性的问题一直得不到明确，粤港澳三地协调小组对前期办没有任何工作布置，半个月连一封电子邮件都没有。这样的起起落落已有多次，这真让一向善于协调的朱永灵几乎坚持不下去了！最早来到前期办工作的 13 名成员，很多是宁愿降低薪水也要来参加港珠澳大桥工程建设的，朱永灵生怕他们因此被耽误。

"你们还是另谋出路吧。"朱永灵对 12 名成员说，"等你们都安排好了我再准备撤。"

"这么困难的时候，我们怎么能走？你不走，我们肯定不走！"这 12 名成员坚决表示留下来，与朱永灵一起坚守阵地。他们相信，港珠澳大桥的建设一定会向前推进。为了坚定信念，朱永灵甚至带着他们一起上了趟井冈山。

2006 年 9 月，香港特首去北京向中央述职，香港环境运输及工务局局长廖秀冬打电话询问朱永灵：“你这里有没有事情需要向高层反映?”

朱永灵敏锐地意识到“机会来了!”他立即向廖秀冬局长提出：“请特首代为向中央高层建议，尽快建立中央层面的协调机制。”此建议被香港特首带到中央，正好国务院研究中心也在提议：没有高层的协调，在涉及中央事权或粤港澳三地有争执时，很不好解决，建议成立中央协调机构。

2006 年底，国务院批准成立由国家发改委牵头的“港珠澳大桥专责小组”。该小组由国家发改委、交通部、国务院港澳办及香港特区政府、澳门特区政府和广东省政府高层组成。

“这个专责小组成立后，在 2007 年的 1 月召开了第一次会，讨论的问题一个是融资方案，一个是口岸查验模式，会议就这两件事情达成了基本共识，把这两件事情定下来了。”朱永灵说，“这是当时两个最大的‘拦路虎’啊，一旦有了明确的意见，工作就开始有起色了。因为有个专责小组，后面的工作推进就相对比较顺利了。”

2009 年 3 月，由中交公规院牵头的设计联合体中标港珠澳大桥主体工程初步设计。为了支持初步设计的开展，林鸣迅速成立了工法组，并把办公地点设在了珠海的玫瑰山庄。各路人马在这里汇聚、研讨、沟通、论证，珠海的玫瑰山庄格外热闹起来。

重组后的中交集团成为集设计、施工、科研、装备为一体的大型路桥、港口建设企业，为全国 500 强企业中排名 23 的国资委直属大型国企。其强大的资源优势和建设能力成为港珠澳

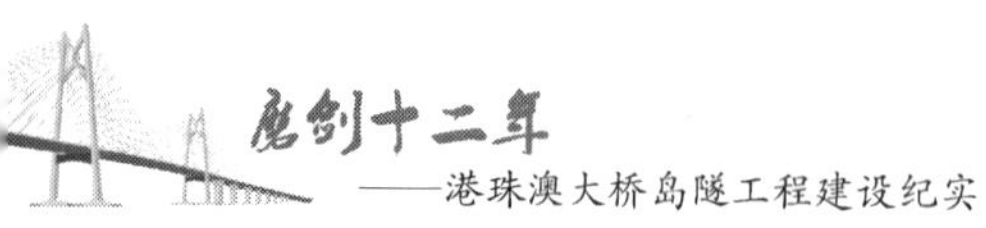

大桥前期工作的有力支撑。林鸣在集团的支持和统一协调下，调动了中交集团的设计、施工、科研、装备全产业链，投入了桥梁、海工各相关专业，动用了境内境外资源，全力支持港珠澳大桥这一国家建设重大项目。中交集团下属的航务局、工程局、设计院、研究院、振华重工等十几个主力队伍，全部参与到港珠澳大桥前期的相关工艺、技术及设备研究中，举全集团之力支持着港珠澳大桥初步设计工作一步步向前推进。

随着工可研究的步步深入，有一个问题越来越凸显出来。最初提出的全桥方案，对于已有东海跨海大桥、杭州湾跨海大桥设计施工经验的我国建桥队伍来说，并不是太大的挑战。但是，港珠澳大桥的桥位线是要从一个水运交通和空中交通都有特殊要求的地方穿过，珠江口未来的航运规划要通航 30 万吨油轮，需预留的航道深度达 27 米，这个最深航道的位置距离香港大屿山只有 6 公里左右。大屿山国际机场每分钟都会有一架航班起落，飞机起落的限高使主航道建桥高度受到限制，全桥方案不得不转换为桥、岛、隧组合的方案。而要为 30 万吨油轮预留航道的深度，又决定了海中隧道必须深埋在海床下 20 多米深处。

于是，最后确定的方案变为：大桥总长度 55 公里，其中三方共建的主体结构 29. 6 公里，包括 22. 9 公里的桥梁，6. 7 公里的海底隧道，通过两个各 10 万平方米的人工岛进行桥隧转换。这使得港珠澳大桥成为世界最大规模的桥、岛、隧集群工程，世界上最长的公路沉管隧道，同时这也是世界上第一条深埋沉管隧道。设计施工的难度和风险陡然增加，工程面对的挑战将是世界级的难题。

林鸣天生是个喜欢挑战的人。他认为，桥、岛、隧集群方案的确定带来了前所未有的难题，也带来了前所未有的机遇。

21 世纪初的中国桥梁建设，已发展到了一个新的阶段。当时，世界最大跨度的拱桥、梁桥、斜拉桥，世界第二大跨度的悬索桥都在中国。中国桥梁人正在从刚打开国门时的学习与追赶，变为紧跟与超越。改革开放后国家的经济腾飞为交通路网发展提供的广阔空间，使中国的建桥技术、装备实力在迅速增长和积累。

打开国门与世界桥梁同行的密切接触，也让林鸣深刻地感受到了与世界桥梁先进水平的差距。“在我们匆忙的建设脚步中，是否会与‘最好’失之交臂?”这是林鸣提出的疑问。从接过粤港澳三地协调小组委托的“施工指南研究”任务开始，林鸣就有一个非常明确的目标：这个工程一定要站在巨人的肩膀上，打开国际视野，借鉴世界上最先进的技术，把港珠澳大桥建成世界先进水平的工程。

这个首次粤港澳三地共建的项目也让朱永灵充满期待：“由香港方面牵头，开阔了我们的眼界。因为有港、澳参与三方共建，我们定了一个原则，技术标准就高不就低。国内像这样的项目，一般的设计基准期是 100 年，但是香港是按照英国的标准，设计使用年限是 120 年，港珠澳大桥的使用寿命就要按照 120 年来设计。这样的话，我们国内的很多的标准规范就无法适用。这虽然是一个难题，但同时又是一个机会，给我们留下了创新的空间。”

在这些追求挑战、追求卓越的工程师眼里，港珠澳大桥的建设，无疑是历史摆在中国桥梁工程师面前的一个千载难逢的机遇，是中国桥梁可以集 30 多年来设计、施工、装备、科研之成果，厚积薄发再攀高峰的一个难得的舞台。“做出世界一流水平的跨海桥梁工程”，成为中国工程师更高的追求目标，他们早

已摩拳擦掌跃跃欲试了！

“工法组”“工可研究组”与“前期办”密切配合，组成考察小组，进行广泛的国内外考察。日本明石海峡大桥、东京湾跨海通道、韩国釜山—巨济跨海通道、连接丹麦和瑞典的厄勒海峡跨海通道、连接丹麦和德国的费蒙跨海通道等国际著名跨海工程，都留下了他们的足迹。在与国际同行的面对面交流中，他们不断地学习、比较、分析、借鉴，寻找着与世界跨海工程先进技术的差距，也寻找着我国在已有技术积累上再提升的空间。

同时，港珠澳大桥这一世界最大规模的跨海工程，也吸引了世界各国工程建设同行的关注，荷兰、丹麦、德国、瑞士、奥地利、日本等国的众多国际著名公司都在积极寻找参与港珠澳大桥建设的机会，一些合作关系开始初具萌芽。

玫瑰山庄里经常是彻夜灯火通明，林鸣带着工法组的 20 多位工程师通宵达旦地讨论着。中交公路规划设计院设计大师孟凡超被派来领衔大桥初步设计，也不时来到玫瑰山庄进行交流。工程师们为巨大的挑战和机遇而兴奋，热烈的讨论中不断有新的火花迸发与碰撞，形成思维的亮点。一些理念迅速成为共识而被确定下来：

以开放的心态，整合全球优势资源，汲取世界上最先进技术，为我所用；

采用大型化、工厂化、标准化、装配化的创新建设理念，进一步提升我国土木工程建设的工业化水平；

设计为施工服务，设计施工联动，施工驱动设计；

保护中华白海豚，做绿色工程、环保工程；

把港珠澳大桥建成世界一流跨海工程。

港珠澳大桥的蓝图在工程师们的头脑中越来越清晰了！

2009 年 10 月，国务院在对港珠澳大桥工可研究报告批复中，批准由交通运输部牵头成立港珠澳大桥技术专家组，负责对工程重大问题提出咨询和评审意见，为港珠澳大桥进行技术把关，保驾护航。时任交通运输部副部长冯正霖担任组长，副组长由原交通部总工程师凤懋润和时任交通运输部总工程师周海涛、徐光分别担任。专家组的组长、副组长和专家均由港珠澳大桥专责小组聘任。港珠澳大桥技术专家组在以后的大桥建设过程中起到了举足轻重的作用。

2010 年 7 月，前期协调小组办公室更名为“港珠澳大桥管理局”，承担大桥主体部分的建设、运营、维护和管理的组织实施等工作，朱永灵任管理局局长。管理机制的健全和明确，使港珠澳大桥前期工作步入正轨。

朱永灵意识到，粤港澳三地共管的机制给大桥建设提供了国际视角和创新空间，港珠澳大桥无论是建设还是管理都应该达到世界先进水平。香港方面在大型工程管理上有很多成熟的经验值得借鉴，其中关于设计施工总承包的管理模式引起了他的关注。

一天，管理局计划合同部部长张劲文拿着一本杂志向朱永灵走来：“朱局，推荐您看看这篇文章。”

朱永灵翻开一看，是英国一本杂志介绍厄勒海峡工程的“伙伴关系”的文章，这使他内心萌生的那个想法更加清晰起来。

“在管理层内部，我们逐步达成了共识。因为我们之前都是‘陆军’，是搞高速公路的，都没有做过海上工程。要把这个项目做好，我们一定要依靠承包人。”朱永灵说，“业主和总承包方，大家是平等的伙伴关系。你采取过去那种强势业主的做法，一定调动不了承包方的积极性，一定是参建各方共同努力才能成为精品。被动地做工程能把工程干成，但是肯定干不好。所以我们就提出了这个‘伙伴关系’理念。”

他下了决心，港珠澳大桥采用大标段分标，其中岛隧工程采用设计施工总承包模式。这种工程管理模式在国外已经被广泛采用，在国内已有十几例试点，但在超大型桥梁工程建设项目中还是首次采用。

朱永灵表示：“为什么我们采取这种方案呢，因为这个项目界面太多，岛隧工程情况更是复杂，我们是协调不了的，而且分不清楚责任。搞设计施工总承包，业主的管理界面就少了，责任也很清晰。当然这个过程中间，业主要让渡一部分权力给承包人，你把这个责任给了人家，权力当然也要给人家。”

他这一决定并不是心血来潮，这是他带领前期办做出的一项最重要决定。在做了充分的调研之后，计划合同部部长张劲文对于实行设计施工总承包的必要性做了这样的论述：

“近 6 公里的沉管隧道建成后将成为世界上最长的公路沉管隧道，是世界上唯一的深埋沉管隧道，是我国第一条外海沉管隧道，是世界上综合难度最大的沉管隧道之一。这项具有前瞻性和开创性的工程是港珠澳大桥这座皇冠上的明珠，岛隧工程的建设成败决定港珠澳大桥的建设成败，岛隧工程的最终建设高度决定了港珠澳大桥的建设高度。

“中国沉管隧道与中国桥梁建设水平当时在世界上的地位并不一样，如果说桥梁工程建设水平是由好到更好，那么 6 公里的外海沉管隧道建设则是成与不成的概念。对中国建设者而言，在建设环境如此复杂的外海建设沉管隧道几乎是一个未知的领域。而国际上与港珠澳大桥岛隧工程相类似的几个项目，包括美国切萨皮克湾大桥、厄勒海峡通道、韩国釜山—巨济跨海通道，其规模和建设难度都不及本工程。因此，中国沉管隧道在设计、建造和装备等方面都面临着前所未有的挑战，岛隧工程能否达到建设目标，具有相当大的不确定性。如果不整合中国乃至全世界最好的设计和施工资源，岛隧工程难题是很难攻克的。”

朱局长认为：“比较成熟的工艺，业主是可以判断清楚的。但是全世界都没干过的东西，那你业主怎么做准确的判断呢？设计施工总承包模式可以充分发挥设计和施工的潜能，这是这个项目能够成功的一个关键。”

为了让设计施工总承包模式成功落地，管理局摸索制定出一套高质量的招标文件，创造出有利于该模式运作的良好环境，并率先选择了荷兰隧道工程咨询公司、美国林同棪国际集团、上海市政工程设计研究总院、广州地铁设计研究院有限公司等中外知名企业共同组成设计及施工咨询联合体，负责对设计施工总承包方的技术方案进行咨询和把关。同时要求承包方的总牵头方、设计牵头方，分别为综合实力和业绩优异的大型施工、设计企业；团队成员要包括一家国际设计合作方及一家国际施工管理顾问，组成中外联合体进行投标。

2009 年 3 月 16 日，前期办向协调小组三方提交了港珠澳大桥总体建设管理思路和建设方案，其中明确提出了港珠澳大桥岛隧工程设计施工总承包的模式构建：

建设目标为，建设世界级跨海通道，为用户提供优质服务，成为地标性建筑。

管理模式为，基于建设目标驱动，以“设计施工联动，施工驱动设计”为核心理念，构建中外合作设计施工总承包模式。

此报告在 2009 年 12 月 16 日港珠澳大桥专责小组第二次会

议上获得通过。至此，港珠澳大桥岛隧工程采用设计施工总承包模式决策形成定案。

港珠澳大桥管理局关于实行设计施工总承包的这一重大决定，在以后的港珠澳大桥建设中起到了关键的作用。这个作用的影响之大，恐怕是当时的朱永灵和林鸣也无法完全预料到的。

从 2009 年开始，林鸣带着工法组人员在珠海四处考察，在脑海中思谋着即将出现在伶仃洋上的那条弧线：未来的人工岛如何从茫茫大海中升起？隧道又如何与岛、桥相连？施工的营地设在哪儿？生产沉管的预制厂建在哪儿？隧道从哪儿挖起？基础如何处理？需要的大型专用设备有哪些？如何制造？

2010 年春节前后，中交集团北京办公楼里，80 多人在会议室集中办公。他们都是林鸣从集团下属各工程局、研究院等单位抽调而来的技术骨干，集中做投标前的细化工作。各局、院根据各自优势分工负责，在北京集中办公讨论工程的技术路线、施工方案、需解决的问题和需求，然后根据确定的问题分头去落实解决。

与此同时，林鸣也在物色未来的团队成员。

本来负责桥梁设计的中交公规院副总工程师刘晓东，在前期初步设计研究的那些日子里，与林鸣在玫瑰山庄里度过了数不清的不眠之夜，很多思想火花就是在那时碰撞出来的。2010 年 2 月，林鸣动员刘晓东加入岛隧团队担任设计负责人。刘晓东心想，从桥梁到隧道的转行也是个大事，脱口回答了一句：“我考虑一下。”

“我等你这么长时间了，还考虑什么？”林鸣诚恳的眼神让刘晓东无法拒绝，于是他决定加入林鸣的团队一起完成投标。投标完成后，大家已然成为一个命运共同体。刘晓东担任了岛隧项目部副总经理兼设计总负责人，成为林鸣的左膀右臂。

中交三航局副总工程师尹海卿，是我国“九五”计划中挤密砂桩技术的带头人，在洋山港二期工程中采用挤密砂桩置换软土加固地基大获成功。作为洋山港工程的主要技术负责人，他的工作正处于顺风顺水时期，每天经过东海大桥从洋山港回到上海家里十分方便。林鸣去洋山港考察时便记住了他，几次请尹海卿来珠海给大家做技术讲座，随即动员他加入港珠澳工程。尹海卿放弃了原来十分中意的工作环境，担任了岛隧项目部的副总经理，在岛隧工程技术研发中起到了重大作用。

中交一航局副总工程师刘亚平，是新中国自主培养的最初一万名博士中的一员。作为一航局的重要技术骨干，他和一航局总工程师李一勇在2006年就参与了岛隧工程的前期工作，自2009年起更是频繁地出现在珠海，和林鸣一起进行前期的实地考察。他成为《港珠澳大桥施工指南》编制的主要成员，担任了岛隧项目部的副总工程师兼质量总监。

中交广航局深圳分公司副总经理、总工程师黄维民，在珠江口做疏浚工作20多年，以任劳任怨的“老黄牛”著称，并且熟悉珠江口海事等各相关部门。他成为林鸣挑中的主管港珠澳岛隧工程安全和生产管理方面的副总经理。

与林鸣一起最早参与前期工作的中交集团海外事业部副总经理罗冬，顾不上在北京守候身患重病的80岁老母亲，尽管满怀歉疚，但他深知珠海这边的工作更需要他。罗冬担任了岛隧项目部主管计划合同的副总经理。

2010年6—10月底，北京机场北面的“怡生园”，出租车应接不暇，小半年的时间频繁地有人在此打车，而且来去匆匆，不苟言笑。以至于出租车驾驶员都感到奇怪：“好几个月了，这些人在忙些什么?”

2009 年 10 月 28 日，国务院常务会议正式批准港珠澳大桥工程可行性研究报告，标志着港珠澳大桥前期工作顺利完成，工程正式进入实施阶段。

2009 年 12 月 15 日，时任国务院副总理李克强亲临珠海宣布港珠澳大桥正式开工。港珠澳大桥珠海口岸人工岛率先动工开始建设。

2010 年 6 月，港珠澳大桥管理局向中交建、中铁建、中铁工 3 家单位发出招标文件，岛隧工程设计施工总承包开始进入投标准备阶段。

林鸣组织的中交集团投标组集中在北京机场北面的“怡生园”，夜以继日地准备着，经过四五年的考察和精细务实的准备，他们对投标内容已了然于胸。这次的标书已不只是概念，还包括明确的设计、施工方案，乃至具体的机械设备研发制造方向，具有很强的实操性。标书体量也是空前，罗冬特地买了 11 个拉杆箱才把标书全部装下。

2010 年 10 月 26 号，是岛隧标段正式投标的日子。林鸣提前一天来到广州，急切地坐上了一辆出租车。通宵达旦连续奋战了半年，已经完成的标书让他信心满满，此时，在他的脑海里浮现的已经不是标书上的文字，而是大桥开工建设的清晰步骤和施工画面。忽然，面前的三个字跳入他的视线——张无成，是出租车驾驶员的名片。林鸣心里突然咯噔一下：“无成”不就是一事无成吗？这难道是一种暗示？他迅速通拨罗冬的电话：“再检查一遍标书！”

罗冬仔细检查了标书，回答：“没有问题。”

“再看一下封面！”林鸣在电话里要求。罗冬仔细一看封面，惊出一身冷汗！果然，现在的标书封面上还印着项目和单位的名称，这是旧的版本。此次投标是暗标，要求标书的封面上不能显示任何信息，好悬哪！这个小小失误的直接结果就是废标。罗冬立即带着人将11个拉杆箱拉到四航院，全部标书重新修改装订。

冥冥之中是天意还是直觉？这样的直觉在林鸣的工程师生涯中多次出现，帮助他在规避危机中发挥了重要作用。

2010年11月25日，港珠澳大桥主体工程岛隧工程设计施工总承包中标通知书发出。中国交通建设股份有限公司牵头，与艾奕康有限公司（AECOM）、上海城建（集团）公司、中交公路规划设计院有限公司、丹麦科威国际咨询公司（COWIA/S）、上海市隧道工程轨道交通设计研究院、中交第四航务工程勘察设计院有限公司共同组成的设计施工总承包联合体，以明显优势中标。此招标中标价为131亿元，是迄今为止我国交通基础设施工程标的额最高的一个标。

大戏即将开始上演。林鸣从中交4个航务工程局、广州航道局、中交公路规划设计院、中交第四航务工程勘察设计院等单位挑选精兵强将，一支4000人的队伍集合在珠海唐淇路1699号，港珠澳大桥岛隧项目总经理部就设在这一片白色的楼群中。

项目部大本营一公里之外，就是林鸣当年建的淇澳大桥。相同的地点，不同的时代。历史再一次为他提供了一个机遇，林鸣十分感慨：

“港珠澳这个平台不是给个人的，而是给全行业的。我们应该抓住这个机会做一个好的工程，利用这个机会把改革开放30年的进步体现出来，否则对行业对国家都非常遗憾。

“你问我明天会怎样，我不知道，但是我今天一定会很努力，不敢预测明天是否会按照我们想象的完全实现，成功对于我们来说还是一个梦。我们一定要做到最好！每一个问题都会有很多选择，我们在每一个选择中都要选最好的方案。”

工程师的梦想和国家的强盛之梦结合在一起，就成了一种使命。在无数的风险和艰难随着工程的进展一步步在他们的脚下展开的时候，如果没有这种使命感的支撑，很难想象会如何越过！

第二章
从否定开始的奇迹

2009年9月的一天，北京，中交集团总工程师办公室。

办公桌上是一本打开的日本明石海峡工程画册，可以清晰地看见画面上巨大的红色抓斗正悬在空中。旁边的图纸上，画满了各种图形和线条，一些彩色的小贴纸上，每一行字的旁边打着大大的问号。林鸣高大的身躯伏在办公桌上，眉头紧皱，陷入沉思。

一阵突如其来的敲门声打破了屋内的寂静。

全国工程勘察设计大师、中交四航设计院原总工程师王汝凯推门而进，林鸣把头从桌子上抬起，眼睛一亮，“来得正好!”他笑着跟王大师打招呼。眼前的问题已经困扰了林鸣好几年，来者正是可以和他一起探讨思路的人。

自从2005年开始研究《港珠澳大桥施工指南》

起，林鸣就意识到海中人工岛施工将是他们遇到的第一个难题。要在茫茫大海上建起两座人工岛，按照传统的抛石筑岛方法，需要几百条船上万次地在施工区域往来穿梭抛运沙石。在外海完全无掩护的条件下，一旦遇到恶劣天气，涌浪会把刚填好的小石块全部推掉，只能一边做一边围护，工期将会很难控制，最快也得3年。整个港珠澳大桥工程的建设周期只有7年，如果人工岛就干3年，那么大桥的整体工程如期完成几乎是不可能的。而且施工区域靠近中华白海豚保护区，同时每天还有4000艘船舶在附近海域通行。工期的问题、环保的问题、工程安全的问题都会遇到很大障碍。

这两个岛的施工一定要快！这是他脑子里闪出的第一个念头。他反复地掂量：能不能不用挖泥？有没有其他方法？找一个新的方法让施工快一些，对海上交通和环保的影响小一些？

林鸣查看了国内外各种工程资料，一幅画面在他脑子里跳了出来：2003年去日本考察时，曾在日本东京湾跨海通道看到一张照片，海上人工岛用一种格形钢板桩一片片地插入海里连接而成。这种新工法让他感到十分震撼！

能不能也用格形钢板桩筑岛呢？他迅速查找资料，发现这种方法不太适用于深插，而且基础还要挖土换填，处理起来仍然很麻烦。还有没有更好的方案？

一定要用最好的方法解决问题！林鸣在反复的冥思苦想中忽然灵光一现，一个大胆的想法跳了出来：珠江口海底有几十米厚的软土，深厚软土地基对打桩是个麻烦，但如果用大直径的钢圆筒直接插入海底，软土地基反而成了一个有利条件。我们能否借用做桥墩时打钢护筒的经验，做成大的钢圆筒，利用软土层直接把它插下去？用大钢圆筒深插入海直接围合成岛？

2008 年，他把这个出人意料的方案提出来，没想到产生一片质疑声，没有先例、没有标准，也没有装备，这一步是否跨的太大了?

将近 2 年多的时间，方案还停留在林鸣的办公桌上。

王汝凯大师所在的中交四航设计院地处广州，对珠江口的地质、地形十分熟悉。林鸣把这个想法向王汝凯和盘托出，王汝凯当即表示："我看有可行性!"

"你先别说能行。"这么痛快的答复反而让林鸣感到意外和不放心，"请你用 3 个月的时间从否定的角度帮我论证一下，往不成功的方向去研究，从各个角度去试着否定这个方案。看看有没有颠覆性的问题。"

林鸣认为："从否定方面思考，就是找毛病、挑毛病，看看有没有颠覆性的一些问题。这是一种非常谨慎的态度。这么复杂的工程，每一步都需要特别谨慎。"

王汝凯大师并非信口开河，20 世纪 90 年代交通部在长江口做导堤工程时，王汝凯所在的四航院就曾用 4 个 12 米直径的混凝土圆筒打入海中做试验段，但没有成功，刚打下去就被台风吹倒了。此后，王汝凯又在广州一些小型工程中做过 13.5 米直径的钢圆筒试验，但还是存在位移较大等问题。但是，他一直没有放弃这方面的研究，听到林鸣准备用大钢圆筒进行海中筑岛的设想，他自然十分兴奋。

王汝凯回去后立即带领四航院成立了 8 个专题研究组，从论证方案不成立的角度提出问题。3 个月以后，王汝凯向林鸣报告："试验证明这个方案还真否定不了，只是还有一些具体问题要进一步解决。"

"否定不了我们就继续研究。"林鸣回答。

半年后，林鸣和卢永昌、罗冬、李一勇、梁桁带着几个月来的研究结果向交通运输部总工程师徐光汇报。

在港珠澳大桥技术专家组成立之后，基于岛隧工程的复杂性和风险性，林鸣又成立了岛隧工程技术专家组，请徐光总工程师担任岛隧技术专家组的组长。这次，林鸣一行就是来征求徐光对大圆筒筑岛方案的意见。

徐光听完汇报说："原则可行，但有三个问题需要解决。第一个是振沉的设备，这么大的圆筒要插到30米深的海床中，有没有设备能打得下去？第二个是稳定性问题，当初长江口北导堤就是插入太浅，后来的小型钢圆筒也有位移问题，在伶仃洋上打大圆筒，受力情况更复杂。如何做到在海浪、台风的袭击下不倒，需用多种方法进行验证。第三个是止水问题，要有办法保证不漏水。"

林鸣和王汝凯继续组织团队进行计算验证、反复试验，终于把三个问题的应对措施研究清楚。徐光向林鸣建议："这是一个全新的东西，又是第一次使用，要想办法让大多数专家都能了解。"于是，研究小组人员奔赴各地，与全国数位专家进行了深入交流之后，林鸣把大圆筒筑岛方案正式提交到专家组的讨论会上。在徐光的主持下，获得了专家组的一致通过。

钢圆筒快速筑岛，成为岛隧项目的第一个战役。

2010年11月22日，中交一航局一公司的副经理孟凡利接到通知，让他立刻从天津赶到珠海玫瑰山庄开会。刚走进会场他就意识到这个会的分量，因为中交集团的数位领导都在场。

林鸣明确地告诉他，岛隧施工马上就要开始。海上人工岛采用的是钢圆筒筑岛新工艺，由一航局一公司负责西人工岛的施工。需要尽快完成八锤联动振沉系统制作等一系列准备工作，创造快速筑岛施工条件。孟凡利在心里计算了一下，这么多设备、部件制造，加上运输时间，怎么也得半年。他刚说出最快5月底可完成，就听见林鸣说："我5月1号就要开始振沉第一个钢圆筒，你5月30号才给我锤怎么行?"

早就听说集团总工程师林鸣做事果断，要求严苛，这初次的见面果然名不虚传！孟凡利心里不由得发紧，但这任务也实在太急了！经过反复讨论，林鸣同意把第一个钢圆筒振沉的日期定在5月15日。

这时，离中交集团岛隧项目中标还不到1个月，但是整个工程的进展谋划已经在林鸣的脑海中形成了一张精密的大图。"一切都是新东西，每一步都要选择。一步走错，便会掉下万丈深渊。"林鸣说。

孟凡利带着任务回到天津，立即开始组织队伍，一航局领导对他说："人由你随便点，看上谁就可以带谁走。"

中交一航局在2011年1月向全球发出了联合开发八锤联动振沉系统的邀请。很快，美国APE公司、美国ICE公司、荷兰ICE公司和上海振中公司这4家振动锤巨头均提交了精细的实施方案。APE公司的方案凭借振动锤技术可靠、结构便于操控、工期有保障、商务报价和服务承诺优越等条件得到一致认可。但给他们的制造工期只有90天。

就像一场大战役发起主攻之前的准备，一航局迅速在5个地点同步摆开了战场。

在西雅图，美国APE公司总裁在员工动员会上说："大家一定要清醒地知道，我们的锤将要用在港珠澳大桥这一世界级跨海通道上，中国人要把我们的锤组装成世界最大的振沉系统。如果你们感到自豪，就请你们加班加点、保质保量按期把我们的锤送到中国去!”

在上海长兴岛，振华重工副总裁刘建波带人加班加点地制造八锤联动的共振梁。

在天津港口，副格打设试验正紧张地进行中。

在广东新会，副格制造基地正准备开工。

在珠海现场，已开始了现场组装的筹备工作……

2011年4月12日，从美国发出的8台振动锤设备装满了21个集装箱，陆续运到上海振华重工现场。此时，离第一个钢圆筒预定振沉的时间仅剩下1个月，孟凡利带着安装公司人员在2天时间内完成掏箱，10天完成了振沉系统的整体组装。4月23日，振沉系统空载试振一次成功。美国APE公司在施工现场的工程师惊叹不已：“这套八锤联动的振沉系统组装调试，我们计划需要一个半月时间，实在不敢相信能在这么短时间内完成。”

这个好消息传来的同时，天津的副格试验却一波三折，试验现场笼罩在一片愁云之中。

八锤联动振沉系统，是通过8台600吨的振动锤实行电同步、液压同步和机械同步，达到多台振动锤的同步工作，使激振力能更均匀、有效地传递到钢圆筒底部，把大钢圆筒直接打入海底围合成岛。

圆筒打入海底之后，中间还要用副格把它连起来形成止水结构。当时对副格采用什么形式提出了两个方案，一个是用弧形钢板插入相邻两个钢圆筒的榫槽中进行止水；另一个就是采用日本的格形钢板桩一片片插入榫槽连接形成副格止水。第一个方案过去从来没用过，大家都很担心！一个弧形钢板宽11米多，高30米，要整体插入到圆筒的榫槽里面，如果入海45米深的钢圆筒振沉过程中精度发生偏差，到时候副格和榫槽有可能对不上，插不下去可就是大麻烦了！

日本新日铁公司的 6 位代表赶到珠海，用了一个星期的时间向林鸣推荐他们的格形钢板桩方法，钢板桩是一片一片的、柔性的，每片宽 50 厘米左右，根据工程的需要可以灵活连接，围合起来再往下打。这个方案有成熟的施工经验，容错性好，万一有什么差错，也好调整。

“格形钢板桩是已经使用过的成熟方案，用弧形钢板做副格是否有把握?”中交集团副总裁陈奋健也特地打电话提醒林鸣。

林鸣需要在两者之间做出选择。他来到孟凡利所在的工区，孟凡利的施工队伍正在商量大圆筒和副格的组装工艺，他们发现格形钢板桩接口太多，有一个口漏水就很麻烦。看到林总进来，孟凡利随即建议：“能不能改成只有两个接口，采用弧形钢板做副格?”林鸣回答：“先做试验再定。”

天津港口附近的淤泥地质与珠江口相近，试验地点就选在这里。

最初考虑试验一共做 3 组，做 1 组格形钢板桩，再做 2 组弧形大钢板。林鸣最终做了一个决定：3 组全做弧形钢板，采用 12 毫米、14 毫米和 16 毫米 3 个不同的厚度，薄一点肯定好打一点，厚一点风险要小一点，要通过试验找到最合适的参数。这个决定让所有人都感到惊奇：“这不是断了自己的后路吗?”林鸣并不解释，只是让大家照此办理。

但林鸣自己心里明白：“选择这个方案是背水一战，断了后路了，要想办法一定让它成功。”

试验开始，分别采用 12 毫米、14 毫米和 16 毫米厚的弧形钢板副格，模拟现场实际情况，进行 1∶1 的足尺试验。20 多米高的弧形钢板副格由 2 台美国制造的 APE400 振动锤高高吊起，然后同步打设下去，没想到钢板一下子就被撕裂了！第二次吊起再打，振动锤和钢板摩擦处火苗直冒。再接着试，钢板不是卷口就是撕裂！问题频频出现，现场所有人心里都像堵了块大石头。大家从设计方案、钢板材质上查找原因，反复尝试，就是打不成功。4 个月的时间在试验中徘徊。

日本新日铁公司的代表一直在跟踪现场试验，希望试验证明他们的格形钢板桩更适合。

林鸣处在压力的焦点中。“格形钢板桩虽然已经是成熟的东西，但是只适合插不到 10 米深，当需要更深一些还得上下衔接。这种工法适应性强，但整体性和施工效率不是太理想，还不能满足港珠澳人工岛深插快速的需求。另外价格也太贵！目前国内的钢多得不得了，如果用国内的弧形钢板副格能做成功，将是更好的选择。”这是他心里的想法，但一切都要看试验结果而定。

尽管副格试验牵动着他的神经，但林鸣无法盯在试验现场。桂山岛沉管预制工厂即将开工；隧道海底基础设计方案需要通过试验验证；海底沉管隧道的安装工艺正在攻关；与国外技术力量的重要合作需要沟通谈判。分身无术啊！但他每时每刻都牵挂着天津试验现场的消息，听不到电话着急，听到电话知道打不下去更着急！

“我们的队伍来自全国各地，天津的、山东的、上海的、广州的、武汉的，很多人过去都不认识。要通过你的‘集小成为大成，集小胜为大胜’，才能让这个团队慢慢凝聚起来，在这个过程中变成一支有凝聚力、战斗力的队伍。要不断成功才能让这支队伍变成战斗力越来越强的状态。我们这才刚刚开始啊！圆筒还没开始打呢，连一个试验都做不成功，圆筒能打得下去吗？

出师不利，大家还能有信心吗?”林鸣心急如焚。

天津试验牵动着许多人的心。一天，已经退休的一航局原总工程师范期锦来到试验现场，看了试验过程后说了一句：“既然设计方案没有问题，看看振动锤有没有问题?”

这句话提醒了在现场的美国公司技术代表白大伟，他想起当初得知一航局急需做试验，因国内已有一台旧的 APE400 振动锤，所以只调了一台新的 APE400 振动锤过来，虽然型号一样，但会不会两个锤的齿轮有区别?

现场立即对两台振动锤拆分检查，发现新旧锤齿轮差了两个齿，导致两个锤在高频率振动时不能同步，打时一个向上、一个向下，这就像是两股力量在撕扯钢板，难怪不是撕裂就是卷口！白大伟立即联系美国制造公司迅速更换振动锤，再打下去一举成功！现场人员兴奋得抱在一起喜极而泣！这个决定性的试验证明了大钢圆筒施工方案的切实可行！4 个多月的困惑焦虑终于解除。

“我们既然做了这个判断，相信它应该是能打得下去的，打不下去是意料之外，打下去了是情理之中的事。”林鸣说，“后来证明改这个方案是对的，香港口岸人工岛采用的是格形钢板桩，出现了漏水和人工岛整体位移现象。他们很后悔没有采用我们这个方法。”

副格试验成功后，开始在广东新会工厂制作，很多人主张何不把钢圆筒制作也放在这里? 新会离珠海近，施工安排和运输也方便。

林鸣却不同意，他坚持把钢圆筒制造地点放在上海的振华重工制造基地。他早已做过调查，需要制作的钢圆筒直径 22 米，壁厚 16 毫米，高度 40. 5 ~ 50. 5 米。单个圆筒重量在 451 ~

513 吨之间。这么大体量的钢圆筒移动问题如何解决？不快速移动又怎么能快速制造，怎么能实现半年内制造完 120 个钢圆筒的目标？

林鸣一提起振华的两个 500 吨以上的吊车就喜笑颜开："这个制造场地必须能够吊起钢圆筒快速移动才行，全国能满足这个条件的生产厂家，只有上海的振华重工！"

上海振华重工(集团)股份有限公司是重型装备制造行业的知名企业，以强大的机械制造能力和远洋运输能力闻名全球。不仅拥有大型门式起重机、大型浮吊，还拥有 25 艘 6 万～10 万吨级整机远洋运输船，正好可以解决钢圆筒从制造基地到施工现场的运输问题。

2011 年初，上海长兴岛振华重工宽敞的制造基地，几乎被巨大的钢圆筒堆满。每月有 20～25 个大钢圆筒在这里制造，120 个钢圆筒半年内全部完成。总拼完成后的钢圆筒，就用两台 500 吨门式起重机直接吊到码头等待装船。

林鸣在珠海基地喜滋滋地准备迎接钢圆筒的到来，却接到消息说，装好钢圆筒的远洋货轮船长们不敢开。

从上海长兴岛出发运输到广州珠江口，需跨越 3 个海域，穿越台湾海峡，航程 1600 公里。直径 22 米、高 50 米、重 500 吨左右的大钢圆筒，把运输船甲板全部占满，这些庞然大物几乎挡住了驾驶员的视线。而且，排列起来高达 40 米以上的钢圆筒就像一堵墙，在海上运输时一旦遇到大风，轮船将无法控制。如何安全运输？船长们面面相觑。

林鸣拿起手机拨通了振华重工康学增董事长的电话："你的钢圆筒不运过来，我的港珠澳人工岛怎么办？"康董事长回答得也很爽快："你放心，谁不肯运我撤了谁！"

伶仃洋上的繁忙航道，不时有巨型远洋货轮载着高高的货物穿梭航行，这么高的货物能运，钢圆筒运输怎么会没有办法？想到这里，林鸣带着技术人员赶到上海，发现主要问题是钢圆筒运输中的稳定性和如何躲避台风的问题。于是，他们与振华重工技术人员一起研究了运输过程中钢圆筒的固定装置，并联系有关部门在船上安装了能够及时了解海上气象的卫星信号接收系统，由 WINI 公司专程提供气象水文信息，确保运输船能够在设计海况条件内航行，一旦发现有 8 级以上的风圈，可以提前避开。

2011 年 4 月，振华重工用 3 艘 7 万吨远洋轮改装的运输船，开始陆续把制造好的钢圆筒向港珠澳工程施工区域运输。每艘船装载 8~9 个钢圆筒，分 8 个批次从上海长兴岛出发，抵达施工现场，累计运输航行 5 万多公里。

7 万吨满载钢圆筒的运输船停泊在施工现场，如何停泊、定位？现场的运输船、定位船、打设船位置如何摆放？项目部就此研究了好几天。开始设想运送钢圆筒的大船直接送到振沉位置，放下一个圆筒后退出，随即由起重船完成打设。但发现要让上面载着 8~9 个大钢圆筒的万吨轮到达施工位置，必须得挖槽才能进得来。于是立即修改方案，运输大船不动作为停放钢圆筒的平台，由 1600 吨的起重船过去取筒回来打设，这样工艺更加流畅合理。施工图一边研究一边就在现场直接修改，因为每分每秒对他们来说都太宝贵了！

但新的问题又来了！7 万吨的远洋运输船作为停放平台，要在海中停泊十几天，上面又载着 8~9 个 500 吨重的大钢圆筒，能不能定得住也是个问题。广州航道局项目经理陈林带人在海底下面挖了个近 10 米的深坑，孟凡利带人做了一个 300 吨的大混凝土锚块沉入坑底，里面再填上 5000 多立方米的砂子，终于把第一艘万吨轮顺利定住了。第二艘运输船用同样方法刚定住 2 天，没想到竟被一阵突然刮起的 9 级大风吹跑了。最后，孟凡利他们把锚块增加到 400 吨，填砂达到 10000 多立方米，才算解决了万吨轮的定位问题。

林鸣感慨地说："设计施工联动不是一句空话，责任巨大，走错一步都回不来。每一个决策都面临很多选择，每一个选择都有利弊，你想选择哪一个，脑子里面复杂极了。好多东西想不明白，看不到底，每走一步都不容易，真的是如履薄冰。"

2011 年 5 月 15 日，钢圆筒振沉入海的日子终于到了！

前一天孟凡利的团队就来到现场进行试打，发现钢圆筒底部用来加固的环形肋有可能影响下沉，报告总部后立即接到通知："切掉环形肋。"等他们把环形肋切割完成天刚亮的时候，就看到林鸣已来到了现场，正从吊起的钢圆筒下面走进去仔细查看，毕竟这是第一次采用的新工艺，能不能打下去？谁都不知道。

上午 10 时，西人工岛第一个钢圆筒开始打设。茫茫大海上，远处航道上的往来船只仍在穿梭航行，这里 1600 吨的起重船"振浮 8"号携带八锤联动振沉系统，吊起巨大的钢圆筒，在"钢圆筒打设定位精度管理系统"的引导下，准确定位插入水中。当钢圆筒依靠自身重量完成入泥自沉后，中控计算机同时启动 8 台动力站和 8 台振动锤，巨大的轰鸣声持续了 10 分钟，所有人的担心变成了惊喜，钢圆筒打设到了海床下入泥 21 米的设计标高，垂直度达到了 1/500 精度要求。第一个钢圆筒振沉顺利完成！

现场一片雀跃欢呼声！

从7万吨级远洋运输船直接运送、停泊在施工现场，再由“振浮8”号起重船前来吊装、就位、振沉、入海，这套全新的施工方法流畅自如，一气呵成，震撼了现场的所有人。荷兰海工专家目睹这一切十分感慨：“全世界只有你们中国，才有可能一个企业全链条地完成这样的工程！”

9月11日，在第一个钢圆筒振沉入海后不到4个月，西人工岛61个钢圆筒全部打设成功，顺利成岛。

紧接着，东人工岛打设开始。来自中交三航局的东岛Ⅱ工区项目经理刘海青，却没有孟凡利那么好的运气。八锤联动振沉系统在东人工岛的钢圆筒打设中受到了挑战！东人工岛地层条件比西人工岛要复杂得多。地质构造中有一个名词叫透镜体，是指在土层中间出现的由于构造破碎带、矿体或夹石而形成的硬夹层，由于这种硬夹层中间厚、边缘薄而被称为透镜体。钻探或打桩一旦碰到透镜体就是件很头疼的事儿。

东岛的第一个钢圆筒就碰上了这种地质条件，打到了透镜体的边缘上，地基一半硬，一半软，钢圆筒打斜了！西岛的钢圆筒几分钟就能打下去，垂直度可以达到1/500，而东岛这第一个，垂直度只有1/70。当时海面上忽然刮起了季风，队伍只能迅速进行筒内回填，然后撤离。怎么办？上岸后林鸣立即召集所有副总工程师开会商议对策。

林鸣的周围，有个强有力的技术决策班子。项目部的几位副总工都是从中交集团属下的航务工程局或设计院副总工程师岗位上抽调来的，是具有多年的工程经验和很强实战能力的技术带头人。每逢遇到难题，集体进行技术攻关已成为项目部的常态，设计与施工联动更使他们在每一个问题的解决中能尽快找到捷径。有人提出，透镜体的问题难以避免，在透镜体上强行打设容易对振动锤造成损害，关键问题是副格能否插进榫槽？可以先在陆地模拟现场情况 1∶1 试验一下，如果副格能插打到位满足止水条件，就不必去强行纠正钢圆筒的偏差。这个想法得到大家的一致认可，试验马上在陆地进行，结果十分满意，14 毫米厚的副格在倾斜的情况下仍顺利地插入钢圆筒榫槽之中，现场问题迎刃而解。

但东岛的麻烦还不止这一次。在林鸣为后面的沉管安装、预制厂生产奔波筹划的同时，东岛钢圆筒打设碰到的问题也一次次追随着他。

林鸣对两次出差记忆犹新。一次是正在烟台为预制工厂考察钢筋加工设备，上午 9 点多钟忽然接到刘海青的电话："东岛有一个副格打撕了！"身在几千公里之外，看不见也赶不回去，真让林鸣心急如焚！

后来在日本考察时又接到电话，东岛有个钢圆筒打不下去！大概有 4 个多小时，不停地打也打不下去。身边北海道的海浪哗哗地翻滚着，一幅画面也在林鸣脑海里来回翻滚，平时钢圆筒打到只露出海面 4 米多高，现在中间忽然冒出个高于海平面 10 米的，这让全世界怎么看我们！还有那么多圆筒要打呢！外界的看法，内部的团队，大家会是一个什么心态啊？要是振动锤、动力站打坏了怎么办？如果打坏了工期会耽误多长时间？后面一系列的问题随着海浪一波一波地冒出来……

"那会儿那个心情急得，甚至连跳海游回去的心都有了！"林鸣回忆说。

在他心里，搞工程就跟打仗似的，一旦开弓就没有回头箭。作为一个指挥员，唯一的出路就是带领你的队伍把它做成功，这就是唯一的目标。

自从第一个钢圆筒振沉开始，项目部负责人工岛设计的设计负责人梁桁就没离开过现场，他每天背着个挎包盯着每个钢圆筒打设的全过程，记录着每一组数据，随时处理现场施工中需要解决的问题。梁桁是中交四航勘察设计院副总工程师，是正在承担着院里许多重要项目的技术带头人，林鸣在跟他交谈了15分钟后，便义无反顾地把他要了过来。面对打不下去的钢圆筒，梁桁在现场带领设计人员反复进行测量计算，在分析了各种测量数据后，认为目前这个钢圆筒打设虽然离设计标高差几米，但已经打到了持力层中，证明了打下的钢圆筒可以满足设计要求，达到了振沉目的。遇到这种特殊地质条件，如果继续打下去，振动锤有可能损坏。来自设计团队的数据分析使现场施工迅速找到了解决问题的办法，设计施工联动，问题迎刃而解。在这个关键时候，设计施工总承包的优越性充分显示了出来。

西岛钢圆筒打设的顺利曾让林鸣怀疑过自己，当初采用8个锤的决策是否错了？有点浪费啊！

“我记得当时在会议室讨论振沉系统定多少个锤，6个还是8个?”中交四航院设计大师卢永昌回忆说，“林总最后定的是8锤这个方案。从现在来看，如果是6锤，可能有更多的风险，30%的筒可能就沉不下去了。”东岛施工的难度恰恰证明了当初幸亏选择了8锤。

2011年12月21日，在人们满怀期待的目光中，东人工岛的最后一个钢圆筒打设顺利完成。随着最后一片副格插入水中，东、西两个人工岛宣告筑岛成功！此时，离东人工岛筑岛开工只有77天，与西人工岛开工时间加起来也只有7个月。

港珠澳大桥岛隧工程的第一战役顺利完成！在茫茫大海中，

7 个月筑成两个 10 万平方米的海中人工岛，创造了工程史上前所未有的奇迹！岛隧工程项目部“当年开工、当年成岛”的目标成为现实，节约建设工期 2 年半。

站在西人工岛已经抛沙回填好的沙地上，望着四周浩渺的伶仃洋，所有人都为脚下踩着的坚实土地而兴奋。朱永灵局长在庆祝仪式上发表了热情洋溢的讲话：“港珠澳大桥人工岛施工打了个漂亮的第一战役！为整个港珠澳岛隧工程的顺利推进铺平了道路。但这只是开始，后面的路还很长，很艰巨！”

面对媒体的采访，林鸣的脸上没有露出一丝轻松的笑容，表情仍然很凝重：“这个工程新结构、新东西太多了，如果是纯粹干一座桥没有这么辛苦。钢圆筒直到第一个打完了我才确信这个方案是可行的；沉管预制厂搞了这么多试验，到最后第一段沉管预制完了我才能讲它的工法设计、工艺设计、整个设计是正确的；沉管沉放只有到沉管沉下去对接好了，我才能知道这个设计是正确的；因为几乎都是全新的东西。”

“谋划的过程要举轻若重，实施的过程要举重若轻，这是我们工程的一个思想，一种境界。工程一定要做到这样，我们追求的就是这种东西。”

积小胜为大胜！这是林鸣为岛隧工程谋划的第一步。在这个漂亮的开局之后，果然如朱永灵所说，后面的路还很长，很艰巨！

第三章
给你唱首祈祷歌

人工岛快速筑岛旗开得胜，使所有建设者深受鼓舞！但这只是港珠澳岛隧工程的一个漂亮开场！

真正的难题在于中国人还没有做过的外海沉管隧道，这是林鸣和他的团队面临的一个完全未知的领域。港珠澳沉管隧道第一节的安装，经历了一个异常艰难曲折的过程。

2007年的一天，一艘快艇载着周海涛、朱永灵、林鸣、罗冬等一行人在朝鲜海峡的海面上行驶，这是正在建设中的韩国釜山—巨济跨海通道沉管隧道工程。林鸣远远地看到了停在海中的沉管基础施工的关键设备——碎石整平船，这正是他们此行考察的主要目的之一。林鸣迅速举起相机拍了一张照片，他向接待方提出能否把快艇开得离整平船更近些，最好能登上船，看得更清楚些。但对方很热情地向他们做了些宏观介绍之后，便带着他们在海上远远地绕了一圈就回来了，带回的只是一张距离 200 米远的照片。

在 2005 年港珠澳大桥前期“工程可行性研究”阶段，确定了港珠澳大桥采用桥岛隧集群方案，但还留下了一个悬而未决的问题，那就是这条水下隧道选择什么方式？是盾构隧道还是沉管隧道？2008 年进行的“工可”深化研究再专题比选，开始对盾构方案和沉管方案进行比选。

“给 30 万吨油轮预留航道，如果采用盾构隧道需要将隧道设置在水下 60 米深，有三分之一的隧道将穿越岩层和软土层界面，隧道长度将达到 8 公里，连接隧道的两个人工岛长度将变成 1300 米。而根据珠江水利委员会关于阻水率的要求，人工岛长度必须控制在 600 米左右。”岛隧项目部副总经理罗冬对当初关于盾构隧道与沉管隧道两个方案比选的过程记忆犹新，“沉管隧道方案可将隧道长度减少到近 6 公里，隧道埋深从水下 60 米提至 45 米左右，两个人工岛长度可以控制在 650 米以内。尽管面临外海沉管隧道施工需要深挖基槽、管节海上浮运安装作业难度极大、中国设计与施工均没有成熟经验等问题，但它是唯一能满足珠江口水域全桥阻水率指标，保证通航需求的理想方案。”

国外专家更多地倾向于采用盾构隧道的方案。因为建设盾构隧道可以直接依靠国际上已经成熟的盾构机挖掘技术，比较有把握。他们认为在中国当时的条件下，采用沉管方案，建设风险太大，不可接受。

当业主第一次提出实施沉管方案倾向意见时，外国专家直言不讳，当即提了两个问题：“节段式沉管无法实施外包防水，对于将近 50 米水深的沉管，中国有能力保证防水和耐久性吗?在横流条件下开挖 45 米的深槽，你们对边坡稳定和回淤控制有成功的经验和把握吗?”

林鸣认为：“选择沉管虽是选择了风险，但也是选择了更大的机遇。从珠江口通航的环境要求，从国家技术进步发展全面考虑，选择沉管隧道更有必要。”

中交集团做出决策，全力支持业主推进实施沉管方案。

2007 年开始，韩国釜山—巨济通道施工现场，来了一拨又一拨的中国工程师。国际上的几条著名沉管隧道已经建设完成，这条正在建设中的韩国釜山—巨济沉管隧道，正是港珠澳岛隧工程千载难逢的学习机会。

韩国工程师告诉他们，韩国釜山—巨济通道的沉管安装，全部是由荷兰人完成的。每到沉管安装时，荷兰公司派出 30 多位工程师飞抵釜山，负责沉放对接，完成后再飞回荷兰。

这个信息给林鸣以极大的震撼！釜山—巨济通道的沉管隧道共 3.7 公里长，需安装 18 个沉管节段，而且是穿过天然岛屿不用海上筑造人工岛，工期是 6 年。而港珠澳大桥的沉管隧道共 6.7 公里长，需安装 33 个管节，包括建造两个海上人工岛在内，工期是 7 年。海床下 20 多米的深埋又使它成为世界上最长的、唯一深埋的沉管隧道。在此之前世界上已经建成的沉管隧道，长度没有超过 4 公里，而且都是浅埋在海床下 2~3 米。工程的艰巨性和风险性远远超出想象！

“我当时拿定一个主意，”林鸣说，“这个工程一定要找到世界上最强的沉管隧道公司合作，把工程风险降到最低。”

采用国际化视野，集合全世界最优势的资源，与国际一流公司合作，是港珠澳大桥建设伊始就形成的共识。

2007 年，中交集团选择了荷兰一家沉管隧道工程公司作为合作伙伴。这是一家有 30 年工程经验的世界顶级公司，承担过 36 项沉管隧道施工，是被国际上广泛认可的，具有最强专业水平和能力的一流沉管浮运安装企业。与这家公司合作，正好弥补了中国建设团队在大规模外海沉管浮运安装施工方面的欠缺，完全符合业主和政府所倡导的集成融合全球优质资源，把港珠澳大桥做成世界一流工程，成为地标性建筑的意愿。

2010 年元月，中交集团与荷兰这家公司签订了港珠澳大桥岛隧工程标前战略合作协议。这是一个排他性的协议，意味着中交集团沉管安装施工要找国际合作单位只能找这家。协议签得很死，因为大家对这个“强强联合”充满信心。

在投标前期，荷兰沉管隧道工程公司的工程师每月从阿姆斯特丹飞来，与林鸣的团队进行技术交流。双方的合作是真诚的，完全按照国际商业惯例进行，这对中国人进一步了解和掌握沉管安装施工技术给予了很大的促进和帮助。

但是，新的问题出现了！

在中交联合体中标后进一步洽谈实施时，这家荷兰沉管隧道工程公司向中交提出，他们可以提供 26 人的专业施工技术团队负责沉管浮运安装施工的技术咨询，初次技术咨询费报价为 1.5 亿欧元，按照当时的汇率相当于 15 亿元人民币。

林鸣和罗冬一下子愣住了！港珠澳隧道沉管安装的总预算才 6 亿多元人民币，单单是技术咨询费就要 15 亿元人民币？这几乎是天价！

也许从国际工程市场来看，1.5 亿欧元不算是漫天要价，韩国人也是花了 1.3 亿欧元请荷兰人帮助完成了沉管浮运安装。但是即使花了 1.3 亿欧元，韩国釜山—巨济沉管隧道的沉管安装船上，操作的都是荷兰人，韩国人根本进不了主控室，接触不到核心技术。韩国釜山隧道的庆典实际上是荷兰人的庆典。

后来林鸣他们才知道，韩国人开始也是接受不了1.3亿欧元的高价，准备自己干，但安装了2节干不下去了，最后还是找了荷兰人帮忙。所以，荷兰人要价是有底气的。

“我们是2010年11月26日中标，荷兰公司是在2010年三四月份进行的专利注册。”负责计划合同的罗冬对这段经历记忆格外深刻，“荷兰公司后来在谈判中告诉我们，他们的专利在中国、韩国、日本、东南亚等周边国家和地区都已经完成了注册。这是荷兰这家公司做的部署，当时他们也是信心满满，准备像韩国釜山隧道的模式一样做切块分包，一定要做主导施工。”

在北京中交集团会议室里，董事长周纪昌、总裁孟凤朝、副总裁陈奋健和总工程师林鸣面对面地商议：面对这1.5亿欧元，我们怎么办?

林鸣沉思片刻，抬起头说：“我们自己干!”

集团几位领导立即表示支持，1.5亿欧元买不回核心技术，只有走自我研发的道路才是掌握核心技术的根本途径。

林鸣尝试着跟对方再做最后一轮谈判。在2010年12月到2011年6月，持续了整整半年的谈判过程中，双方对技术咨询工作范围的划分充分优化再优化，讨价还价再还价，最后荷兰公司做出的最终咨询报价为7300万欧元(相当于7亿元人民币)。

林鸣提出：“我们出3亿人民币，只需要你们在核心技术上给予咨询支持，其他的我们自己完成。”

其实，集团给出的底价是2亿元人民币，林鸣随机加了1个亿，他认为3个亿能谈成也可以接受，其实那多出的1个亿他还不知道上哪儿找去。

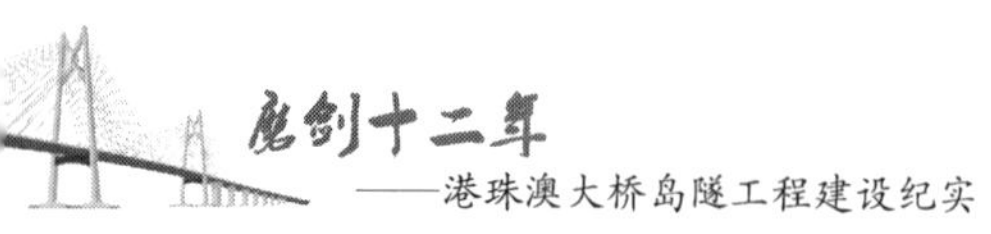

林鸣等待着对方回话，却看到翻译忽然愣了一下，对方抛出了一句话：“那只能送给你们一首歌了。”

“什么歌?”

“给你们唱首祈祷歌!”

这个出乎意料的回答强烈地刺激了林鸣的民族自尊心，双方彻底“分手”。

临“分手”时，这家荷兰公司谈判代表说：“你们要是干不成再回头找我们，那可就不是这个价了！记住千万不要去碰我们的技术专利!”

荷兰沉管隧道工程公司并不甘心放弃，为此他们曾两次去管理局询问朱永灵局长：“你们的预算搞错了吧?”朱永灵证实预算确实就是这样。这家荷兰公司说：“中国在浮运安装部分的预算怎么这么低? 我们外国人没有办法干。”

与荷兰这家世界著名沉管隧道工程公司的“分手”给林鸣带来了空前巨大的压力。由于之前与这家公司的标前战略合作协议是排他性的，意味着不能再找任何一家国外公司合作，沉管安装至此华山一条路，只能由中交自己干了。

林鸣说：“我在港珠澳之前对于沉管隧道的经验就是去上海外环隧道的预制工厂看过一次，还没看明白隧道是怎么接起来的，这大概就是我对于沉管隧道了解的基础。当时很多专家跟我讲这个东西很难搞，容易出事，风险太大!”

原想凭借世界上实力最强的安装团队的技术，边学边干，现在却要完全靠自己独立完成港珠澳沉管隧道安装，这是林鸣原来根本没有想到的局面！在这期间，他和他的团队搜集了世界上已有的关于沉管隧道的所有资料。

沉管隧道工程具有的高风险、高难度、高技术特点，令其被称为是基础设施建设领域的金字塔。尤其是外海沉管隧道施工核心技术，一直掌握在为数不多的几家外国公司手里，他们在工法和装备技术上处于垄断地位，荷兰这家公司就拥有沉管安装时用于调整管节对接精度的关键技术。曾想自己解决沉管对接施工难题的韩国釜山—巨济沉管隧道，正是因为没能突破这道技术难关，最终不得不以更高的代价与这家欧洲公司进行合作，这也是欧洲公司要价底气十足的原因。

由于风险极大，全世界范围内至今一百年来才做了 150 多条沉管隧道。中国大陆的第一条沉管隧道始于 20 世纪 90 年代，迄今仅有 20 多年的历史，已建成的 15 座都是在江河里。

这是一个完全未知的领域，中国人将第一次在外海做沉管隧道。难度空前，每一步都有着难以预料的风险。

朱永灵非常担心，对林鸣说："荷兰隧道公司原来是你们的主要技术依托力量，现在变成自己干了，到底有没有把握?"

面对这个局面，林鸣表示："我们要的是中国人自己的庆典，韩国釜山—巨济通道这一幕绝不会在中国的港珠澳大桥重演!"

在中交集团的全力支持下，林鸣决定组建自己的沉管安装团队，由中交集团的队伍独立完成沉管浮运安装。不能找新的国际公司合作，就请国外的专家做顾问，以直接聘用专家个人的方式进行合作。

朱永灵代表业主对这一操作方式表示了支持。

作为业主的朱永灵做出这个决定，也把自己置于了风险之中。中交联合体前期投标时，标书里写明是由这家荷兰国际公司来负责沉管安装这部分施工的。由于中国还没有外海沉管施工的经验，整个港珠澳大桥的施工，唯独浮运安装这个专业分包开了个口子，允许国际公司进来。现在变成完全自己干了，这个风险到底有多大？最后的结果只能由他和林鸣一起来承担。

林鸣明白，朱局长做出这个决定是要承担风险的。而此时处在岛隧工程核心位置的林鸣，内心的压力又有多大，只有他自己最清楚。

但是，他们只能义无反顾！

2011 年 6 月下旬，中交集团经过慎重研究和比选，最后确定了中交一航局二公司作为沉管安装的主力。2011 年 8 月，港珠澳大桥岛隧项目部在负责东、西人工岛的Ⅱ、Ⅰ工区，负责沉管预制和基础开挖的Ⅲ、Ⅳ工区成立之后，组成了负责沉管安装对接的Ⅴ工区。

“集众人之智，扬各方所长，择优秀队伍，投精良设备，干亮剑工程。”

担任Ⅴ工区常务副经理的宿发强一进项目营地，就被总部提出的这几句话深深触动，只觉一股豪情在心中激荡，自己退休前的这几年，太值得在这个工程中拼搏一把了！根据他的日记记载，从 2011 年 10 月底到 2012 年 10 月，由项目总部牵头全部集中办公，分成总体协调、沉管浮运、沉管对接、沉管基础 4 个组进行专题攻关，编制《沉管安装整体技术方案》。分组讨论将近 350 多次，专题讨论 184 次，直到第四次专家组会议，才基本把这个方案确定下来。

项目部邀请了荷兰的海工专家林内坎普、日本的海工专家斋藤、参与过土耳其隧道和东京湾隧道工程的日本著名隧道专家花田幸生担任项目部的技术顾问，几位国外专家每月飞抵珠海，在项目部工作 5 天，就安装技术、工艺、设备制造等方面给予具体指导，就每一个步骤进行具体切磋，深入细致地进行交流。

“方案中的每个专题、每个细节都进行过非常细致的讨论，对我们真是非常大的促进。在这个过程当中，我们从一个沉管隧道的起步学习者慢慢地变成了一个熟悉沉管隧道的人。”当时担任Ⅴ工区总工程师的王强，就是在这样的学习过程和以后的实践中，成长为总部的沉管安装专业副总工程师，编写了中国第一本外海沉管隧道安装的专著，成为在中国的沉管隧道安装领域有话语权的人。

那时候，每天晚上总部办公室、会议室的灯光都亮到11点多。岳远征，从机关技术处来到Ⅴ工区的80后大学生，在编制技术方案的600多天里，每天晚上的7点到12点都在加班，路过篮球场心里再痒痒，也只能投个篮就转身离开。

就这样封闭研究了一年多，岛隧项目部Ⅴ工区，成为中国第一个开始掌握外海沉管安装技术的团队。

然而，仅仅是封闭研究还无法应对复杂的外海作业，正如同航天发射、航母出海、石油远洋勘探这些与天空、海洋打交道的特殊工程一样，外海沉管安装必须在风、浪、流的作业环境中建立自己的作业“窗口”。确定可以进行浮运安装作业的边界条件，这个沉管安装作业“窗口”成为沉管安装施工必须解决的前提。

2010年下半年，林鸣和罗冬找到国家海洋局，说明来意，海洋局接待他们的一位老教授喜出望外！他告诉林鸣：“当时中海油搞海洋石油钻探，就有过要搞区域化精细预报的需求。国家海洋局一直想搞这个东西，技术上没有太大问题，只是一直苦于没有大项目作为支撑。”

林鸣大大舒了一口气，在此之前，他们曾经找了世界上在气象窗口预报方面最先进的丹麦水科所。日本的隧道、欧洲的隧道，都是由丹麦水科所预报中心提供气象专业预报服务的。但谈到合作，对方报价要 1 亿多人民币，并且提出要收集珠江口几十年来的水文地质海况资料。项目部没有这个预算不说，国家南海地区的海况资料也是无法提供的。现在国家海洋环境预报中心对与港珠澳岛隧项目合作表示出极大的兴趣，这真好比是雪中送炭。

国家海洋环境预报中心总工程师王彰贵对林鸣说："我们有一部分国家科研经费，你们项目上出一半钱就行了。我们共同开发，产研结合，为国家搞这个项目。"

国家海洋环境预报中心把这个项目作为国家任务来完成，迅速组成了攻关团队，在北京设立一个研究工作组，在珠海设立一个现场工作组。预报中心 300 余名科研人员，有 100 多人来到过现场，前方后方联动，及时将现场观测积累的基础数据及相关信息传输到后方，通过超级计算机运算及专家会商实现精确预报。

王彰贵回忆说："国家一般海洋气象预报周期是 7 天，而每一节沉管安装从准备到最后完成一般历时 2 个月。为了适合岛隧团队施工需要，我们进行了技术攻关，把气候预测、天气预报、气象系统分析结合起来，针对伶仃洋珠江口沉管安装区域的风、浪、流变化，把预报周期从 7 天提高到 15 天，建立了长历时小区域精细化预报系统。"

在每节沉管安装准备前，王彰贵总工程师都会带着预报中心强大的保障团队飞抵珠海，在沉管浮运安装过程中，随船开展各项观测和预报服务，为我国首条外海沉管隧道建设保驾护航。国家海洋环境预报中心与岛隧团队一起经历了海上沉管安装的全过程，成为工程项目最为亲密、最为坚定、最敢担当的合作伙伴。

岛隧工程团队向着掌握外海沉管安装技术的目标一步步前进着，只是这个路程还很长，很长……

2013 年 5 月 2 日，中国人第一次外海沉管安装的时刻终于到来！

广东珠江口以西 30 公里的伶仃洋海面上，牛头岛西北面凹进去的曲线形成了一个天然的港湾，一道精心设置的堤坝隔开了岛内和伶仃洋海面，外面是浩瀚的伶仃洋，里面就是存放沉管的坞池。安装团队已经忙碌好几天了，当坞池里面的水位加到和外面的海平面一样高时，打开坞门，8 万吨的沉管就可以借着水的浮力由安装船携带到海面上。

中午 13 时，汽笛长鸣，船舶云集。牛头岛巨大的红色坞门打开了，在一阵鞭炮声中，E1 沉管像是一个待嫁多日的新娘，在“津安 3”号、“津安 2”号安装船的提带下缓缓移出船坞。长 112.5 米、重 5 万多吨的 E1 管节，稳稳地吊在两艘安装船之间，将由安装船最终把它沉入到海底指定位置，完成安装对接。

海面上，远远驶过来 8 艘大马力拖轮，迅速向安装船靠拢，通过缆绳与安装船紧密连接，它们恰似八抬大轿，给安装船提供动力，负责把安装船和沉管拖运到安装地点，护送沉管走完浮运航程。

在它们的外围，是广州海事局派出的 12 艘白色的海事护卫船。为了配合沉管安装，广州海事局把“海趸 1550”号趸船停留在海上，作为“港珠澳大桥海事处”的海上工作基地，海事人员吃住都在船上，每次沉管安装招之即来，负责为沉管安装清理航道，保证施工现场畅通无阻。海事护卫船矫健威武的雄姿更增加了浮运船队的壮观。

船队在伶仃洋上浩浩荡荡地前进，站在指挥船上的林鸣兴奋、感慨、忐忑，五味交织。

海上施工拼的就是大型装备，沉管安装船、碎石整平船这样的关键设备就相当于沉管安装施工的手和腿。没有它们，施工将寸步难行。

可是工程前期筹备时，这些大型装备对他们来说还一无所有。他的团队从开始就面临着一个重要任务，就是必须着手研发大型施工装备，通过高、新、尖的装备来实现宏大的设计构思，支撑复杂的施工工艺。

“招标前，我们用2个月的时间研究基槽如何挖？设备有什么，没什么，如何造？”项目部副总工程师刘亚平说，“开始还在考虑有什么样的设备做什么样的施工方案，林总提出‘缺什么造什么！’一下子就打开了我们的思路。海洋工程离不开大型装备，必须在装备上有所突破。”

2007年从韩国釜山拍摄回来的那张照片并没有帮助林鸣解决碎石整平船的问题，他决定放弃釜山的碎石整平船设计方案。伶仃洋海况比韩国釜山巨济岛海况更恶劣，岛隧工程隧道基床宽度和面积比釜山隧道更大，碎石垄精度要求更高。中交集团旗下的上海振华重工已经在国内外海洋工程装备领域里崭露头角，港珠澳岛隧工程需要大量的海工装备对振华来说正是个难得的机遇，何不依托振华重工，走自我研发之路？

当振华重工这一蜚声海内外的重型设备制造企业，接到林鸣交代的为港珠澳岛隧工程制造沉管安装船、碎石整平船的任务时，还不知道这些设备长什么样。但工程不等人，他们从能找到的国外工程资料上寻找灵感，从模拟施工现场环境的试验中寻找参数，依靠已经在海工领域积累的强大研发能力和大型机械设备制造能力，经过无数次的实验和摸索，“津平 1”号碎石整平船、“津安 2”号、“津安 3”号沉管安装船只用了 1 年多时间就如期交付使用，成为工程师们海上安装沉管的利器。

“津安 2”号、“津安 3”号分别为安装船的主船和副船，各配置 8 台和 9 台沉放施工用的卷扬机。而这些卷扬机的布置、拉力选择、与管节的连接方式、控制系统参数等问题，很难通过理论计算确定，最初项目部曾向一家欧洲专业公司咨询，按照给出的参数设计，卷扬机将有两层楼高，外形尺寸如同一个大房间。十几台房间大小的卷扬机同时布置在安装船主甲板上难以想象！

面对这种情况，林鸣决定通过自己团队的科研力量来摸索设备参数，通过选择国内多家科研院所进行物模试验，模拟施工作业海况，分析水流、波浪、风力对管节的影响，同时邀请上海振华重工对卷扬机选型进行优化，通过对不同功能的卷扬机进行细化调整最终达到了合理配置。

制造好的安装船上采用了最先进的变频控制技术、集中控制技术和同步控制技术。主、副船 17 台卷扬机钢丝绳能在 2.5 厘米的控制精度下同步作业，能够控制管节在每秒不大于 1 厘米的位移速度下移动，能够方便地调整沉管在海中的姿态。船上还配备了自主研发的沉管拉合系统、深水测控系统和沉管压载水调节系统，进行远程集中控制，足不出舱就能掌控沉管浮运和安装的每一个环节。

先进的装备好比给即将出征的军队配备了精良的武器，剩下的就是实际操作能力了。

由于沉放船自身没有动力，它要通过连接构件把沉管吊在船下面，到达沉放位置后再通过一系列控制系统把沉管准确平稳地放入水下基槽。在到达沉放地点之前的浮运，要靠拖轮船队通过对沉放船和沉管的拖航来完成。沉管重达8万吨，相当于一艘航空母舰的重量，需用8~13艘5000匹以上的大马力拖轮编队出坞才能完成，这在中国还从来没有做过。

2013年1月，沉管浮运拖航试验开始。

第一次拖航演练用了8艘拖轮，8位船长的喊声此起彼伏。“你快点!”“你慢点!”“你先停一停啊。”因为心里都没底，演练专门选择了退潮的时候，顶流从外海往里面拖，结果不进反退了六七百米。

第二次演练，10艘拖轮同步作业，“沉管”终于前进了，但航行的轨迹竟然像是蛇在爬行。负责指挥的总船长是位有30年航行经验的老船长，可也从来没有同时指挥过这么多艘船，从来没有碰到这样的难题，50多岁的汉子急得一个人捂着脸掉眼泪!

项目部为此开发了数字化导航定位和辅助指挥系统，经过反复演练摸索，用10多艘大马力拖轮拖运沉管的编队浮运终于达到了要求。

但是，难题还没有结束。由于港珠澳隧道沉管高11.4米，宽37.95米，而伶仃洋岸边大部分的海底都是水深10米左右，不像日本的海，管节从预制厂出来水深就超过14米，土耳其沉管隧道的管节从预制厂一出来水深也有100多米，拖航到哪个位置都可以。港珠澳沉管隧道还要挖掘从桂山岛预制厂到沉放位置的航路，保证至少14米深，200米宽的航路，才能完成沉管出坞后从预制厂浮运到安装现场的过程。

观看拖航试验的日本专家花田很是感叹:“管节拖航日本以前一般都是4艘拖轮，最多的时候用了6艘。因为港珠澳海底这样一个复杂的构造，有这么多风险，所以港珠澳使用10多艘拖轮进行拖航。这在日本是难以想象的!”

在1年多的时间里，岛隧项目部自主攻关，研发出了外海沉管安装成套装备；创新了深水沉管免调整精确定位技术；攻克了沉管外海拖航、锚泊定位、作业“窗口”管理诸多难题，初步形成了具有中国自主知识产权的外海沉管安装成套技术方案。

今天，2013年5月2日，浩大的船队像是披挂上了最新武器的勇士，终于威武地出征在伶仃洋上！它需要经过12.6公里长距离拖航，安全通过大型货轮和渔船密集往来的主要通航水域和施工狭窄地段，最终完成精度苛刻的沉放，与西人工岛的暗埋段实现对接。

十几个小时的海上拖航浮运之后，E1管节到达指定地点，完成转向和定位，系泊作业开始。起锚艇牵起安装船上的12根缆绳，分别带到300~500米开外的锚点上固定住，沉管从拖轮控制状态转为锚定控制状态。然后就是关键的沉放、对接环节了。

林鸣坦言：“第一节真的是没有经验，把沉管拖出去的时候心里很忐忑，突然要去过这一关、过这个坎了！因为是第一次，这意味着工程实施的每一步都需要去探索，让最初模糊的不确定的构思逐步清晰、逐步完善，同时必须考虑是否可行，是否能在施工中实施。尽管我们做了很多工作，非常精心地反反复复地准备，但一切还都是纸上谈兵，成败有待这一次的验证。”

沉放准备开始，工人们在沉管上拆除舾装件，沉管与沉放船开始脱离，沉管内的水舱开始加水加载。在经过对海底基槽测量监控、现场海况气象分析、人员设备状态一系列检查确认后，林鸣下达了沉放命令。

“津安 2”号、“津安 3”号船上的卷扬机同时转动起来，粗大的缆绳一点点伸向海水深处，沉管的平顶渐渐被海水淹没，随即在海水中越隐越深，一步步下沉，落向海底基槽。指挥舱中，各种仪器的指示灯、监视器不断变换，把沉放的数据返回到显示屏中。经过 22 个小时的紧张操作，5 月 3 日 22 时 50 分，第一管节终于沉放完毕。

在众人的期盼中，沉放安装的检测报告传来：南北误差 3 厘米，高程误差 11 厘米。所有人的心都往下一沉。

林鸣后来这样描述自己的心情：“总算到地方了，好不容易放下去了，结果一看怎么是跷跷板？当时不知道发生了什么，高了差不多 12 厘米，跟我预想的差这么多！心里那个火苗子啊，嘭地往上蹿，不知道出了什么事？哪里出了事？能不能放得下去？”

指挥舱内的空气顿时紧张起来！但听见的，是指挥长林鸣沉静的声音：“沉管安装施工方案经过了多次专家会论证，要相信我们的能力。轻轻松松地就安装成功了，还叫什么超级工程？这次安装不成功，我们重来！”

5 月 4 日深夜 1 时，潜水员开始清淤作业，用泥泵从沉管底下去抽淤积的泥沙。负责基槽整平的张建军带人在水下一垄一垄的，一条一条的进行检测。

林鸣端了一个凳子静静地坐在安装船的甲板上，双目凝视着海面，纹丝不动，仿佛要穿透因高含泥量而有些浑浊的海水，看清海底究竟发生了什么，安装出现误差的原因在哪里？在场的每一个人都清楚，从 5 月 2 日上午 10 时管节绞移出坞开始，林鸣就一直盯在施工现场，和现场操作人员讨论编队、浮运、转向、系泊、沉放等每个细节，下达各种指令，没有合过一次眼。

5月4日中午13时，清淤工作完成，安装工作再次进行。林鸣站在了指挥舱操作人员的后面，和三位船长开起了玩笑："你们都是我们的宝贝，一个姓刘，一个姓闫，一个姓王，合起来就是'刘阎王'，阎王在此，小鬼闪开。"

刘建港船长在"津安3"号上负责主、副船之间的指挥协调，闫志辉船长和王汉永船长分别负责"津安2"号与"津安3"号的操作。刘建港是一个典型的山东大汉，年富力强，体重达200多斤，当初林鸣在众多船长中特地把他挑选出来。这次沉管出坞前的带缆和绞移已经熬了10多个小时，连续的紧张施工让刘建港非常疲惫。林鸣时不时拍拍他的肩头，"坚持，老刘，再坚持一下，你一出错，大家都要跟着出错哟。"刘建港后来谈到这件事情的时候总觉得不可思议："林总年龄比我大多了，身体也没有我强壮，他怎么总那么有精神？我好几次指挥不到位，林总都及时给我纠正了。"

林鸣后来回忆起这段，仍然记忆清晰："一条陌生的路你要去走，到底中间会碰到什么，真的是走完才知道。当时的意外是怎么发生的呢？主要是回淤，因为这个600多米的人工岛横在海里面，水流过来以后，就要从岛的两头绕过去。我们当时为了解决水流问题，保证能顺利安装，就做了两道挡流堤把水挡起来。但是挡流堤里的水流会有回旋区，回旋水流带着的泥沙会沉下来，一二十天沉了大概有10厘米那么厚。沉的面积应该是10多米宽，那时对回淤的认识和检测经验也不多，所以开始时忽略了这件事情。"

第二次沉放开始。由于E1管节并非平躺在海底，而是呈现2.996%的坡度，这个坡度让沉管下沉到指定位置后，在沉放的最后一刹那总是翘起头来。第二次对接的结果，误差还是超出要求标准。而这时候，所有人员已经连续战斗了 70 个小时！

5 月 5 日凌晨，港珠澳大桥管理局朱永灵局长来到指挥船上，面对一双双疲惫不堪的眼睛，他的心里矛盾至极：四天三夜了，大家甚至站着都可以睡着了，有的人已经躺在了甲板上，人的体力已经消耗到了极限状态！再操作下去是否可以？可是，如果不能完美达到对接标准，工程将留下无法弥补的遗憾。

林鸣心里更是纠结，从绞移准备工作开始，工人已经 70 多个小时没有休息了，再来一次，是否会有安全隐患？这么复杂的操作，在人员极端疲惫的状态下万一出事怎么办？弄不好会船毁人亡！看着已经躺在甲板上的操作人员，他心疼至极！这样的外海沉管安装谁也没有做过！他心里判断着，可能是一块十来米长的泥巴，时间久一点，泥巴会慢慢压缩变形，应该是可以压下去的。人在已经疲劳到了极限的状态下，要把水底下对接的精度做到 5 厘米以内，那时真是很头疼的事情！

但是就此罢手吗？那会给工程留下永远的遗憾！这又是他们谁都不愿意接受的结果。

朱永灵局长希望再做一次尝试。他提议大家先上岸休息一天，缓一缓精力，再来试最后一次。

林鸣心想，疲惫到极点的团队一旦上岸，短时间内很难恢复到最好状态，气可鼓不可泄，既然这样，那就接着干！

作为业主的朱永灵局长和作为岛隧项目部总经理的林鸣，都感到这个选择是如此艰难！但是，他们还是做出了决定，第三次重新对接。

林鸣对后勤保障组下了命令：“有什么提神的东西都拿上来！”

沉管安装团队四天三夜没有回来，项目部办公室主任樊建华带领的后勤保障组也四天三夜没有安生，她们无数次地跑到码头张望，希望能像四天前欢送他们出征一样，迎接他们胜利归来。听到前方传来的指令，她们立刻跑去买了各种能迅速补充体力的东西：巧克力、香烟、咖啡、西洋参、红参片、参茶……用快艇送到前方。

林鸣要求大家快速补充体力，把精神都提起来！吃巧克力、喝咖啡、喝浓茶、把红参含在嘴里恨不得当饭吃，把清凉油直接抹在眼皮上让眼睛睁大……能用的办法都用上！他知道："那时候你不能崩溃，越困难的时候就越要坚持住，这样才有可能迈过那些坎。任何犹豫都会带来巨大的风险。"

林鸣盯着每一个操作动作，不停地拍拍操作人员的脑袋，"不要睡觉啊，看清楚啊！"生怕发错一个口令，生怕操作出现任何误差。

朱永灵发现前两次操作，都是最后一刻沉管的前端往上翘起来，他建议，改变方式让前端先着地，后端顺着坡度再落地也许会稳妥些？

这个方法被很快采纳，经过再一次的姿态调整、数据复核及清淤作业等一系列技术措施，5月5日14时35分，安装团队第三次沉管对接开始。又是十几个小时的鏖战！

5月6日上午10时，胜利的消息终于传来！E1管节顺利安装就位，完成了与西人工岛的"海底初吻"。

在宣布成功的一瞬间，所有的现场施工人员一扫疲惫，雀跃欢呼，而健壮的刘建港船长却一头倒在了指挥室的沙发上，睡了个昏天黑地。至此，他们整整经历了五天四夜，已经连续不眠不休96个小时！

第一节沉管安装原来计划完成时间是 36 个小时，最后坚守下来的 96 个小时鏖战，是对中国工程师铁人般意志力的考验，也是中国第一条外海沉管隧道不得不交的学费。

当所有建设者欢欣鼓舞的时候，林鸣面对媒体的镜头，意味深长地说："考验才刚刚开始。"

这样的考验一生经历一次，已让人刻骨铭心。而港珠澳大桥工程海底隧道是 33 节沉管，需要这样的对接进行 33 次，平均每月将进行一次。任何人，也许能咬紧牙关经受一次，但要连续承受 33 次这样的煎熬，几乎让人难以想象！

林鸣对此有一个比喻："这好比 4000 人 6 年集体走钢丝！因为海底沉管的风险概率极高，当中只要有一节出问题就会导致你全线崩溃。做得越长，风险越大。每一次沉管安装的成功，不是取决于我这个总指挥、总工程师，而是取决于所有的这几百个工序的所有环节。"

全线为海底沉管安装服务的有 4000 人，也就是说，4000 人中的每一个人在这个过程当中都要保持状态，保持张力，始终绷紧弓弦。几百个工序的每一个环节都必须保持一丝不苟，始终毫厘不松。这需要什么样的毅力、耐力和承受力啊！

不是每个人的神经都能这样坚强，这才是第一节！这个工程何时才能完成？有的人在这第一次安装之后就离开了，而留下的人则将经受更多的磨砺和考验，并在其中如凤凰涅槃般成长。

第四章
"半刚性"诞生

2010年2月，初步设计方案审查会前夕，有一个问题还悬而未决——沉管的深埋问题。

如果说，外海沉管安装虽然是第一次，但毕竟还有国外工程经验可以借鉴，那么，深埋沉管隧道则是前无古人，没有任何经验可循。

在教科书上，沉管隧道被定义为浅埋隧道。一般是利用水的浮力把沉管放在海床下面2~3米处。到目前为止，全世界已经做成了一百多条沉管隧道，都是贴着海床或者河床面建设的。

但是，港珠澳大桥所在的珠江口，未来30万吨油轮预留的航道水深需要27米左右，沉管自身高度有11.4米，加上覆盖层，沉管必须深埋在海床下20多米深处。深埋成了这条隧道的最大特点和最大挑战！它是世界上唯一的深埋沉管隧道。要在这种条件下建设沉管隧道，传统的沉管隧道概念就要受到颠覆。

面对这样的难题，科威公司的国际隧道专家提出两个“深埋浅做”的方案作为保底方案，一个是在沉管顶部回填与水容重差不多比重的轻质填料，但这需要增加十多亿投资，工程工期也会延长；另一个是在 120 年运营期内通过维护性挖泥，控制回淤物厚度，这可能需要花费数十亿元的维护费。

科威公司是一家创立于 1930 年的国际知名的工程咨询公司，至今已在 175 个国家实施了 5 万多个项目，设计和监理了丹麦 1624 米长的大贝尔特桥、香港昂船洲大桥等多个创世界纪录的桥梁工程，同时，它在隧道工程领域也很有发言权。在沉管隧道的前期设计中，科威公司充分利用自己的优势和资源，为岛隧项目部提供了许多可以借鉴的国际经验，使中国的工程师迅速进入沉管隧道这个全新的领域。但是，这世界第一条深埋沉管隧道如何跨过“深埋”这道坎儿，他们也处在摸索中。科威的隧道专家在初步设计文件上注明：深埋问题还没有解决，需要在施工阶段进一步论证。

面对国外隧道专家介绍的保底方案，林鸣陷入沉思之中。作为工程师来讲，他内心有一种“不甘”的感觉。“深埋浅做”虽然对工程有了交代，但代价很大。多年的工程经历让他养成了一种习惯，面对问题不满足于只找到一种解决方案，而是要在多种方案里找到那个最好的、最科学的。工程直觉告诉他，一定还有更好的方法，只是要想办法找到。

林鸣要求他的设计团队从结构体系的角度进行研究，“能否跳出‘深埋浅做’的思路，从结构设计上找到一条出路?”他对设计负责人刘晓东说。

传统概念中的沉管隧道只有刚性和柔性两种结构体系。

刚性管节又被称为整体式管节，是一个连续的结构，形状好比一整条长积木，承载力好，但缺乏柔韧度，对地基变化的适应性差，适合用在比较平顺的刚性地基上。柔性管节也称为节段式管节，由数个小节段连接而成，形状好比数个小块积木连接而成的一个长条。它的健壮性不如刚性沉管，但对地基变化的适应性好，适合用在变化比较大的软土地基上。

港珠澳大桥水下是30~50米的软土地基，显然不适于采用刚性结构。按照外国专家最初设计的柔性沉管结构方案，将会有200多个水下接头，只要有一个接头遭到破坏，后果都将不堪设想。通过大量的计算分析，在上面有20多米厚的覆盖层，沉管荷载超过传统概念5倍的情况下，采用传统的沉管结构体系，安全问题很难得到保障。

刘晓东带着年轻的设计师们查阅了世界范围内的相关资料，开展了大量的计算分析研究，在基础、结构、接头等方面想了很多办法，反复尝试，但是经常被卡在那儿走不下去，花了差不多一年的时间也收获甚微。一直到了2012年11月，前景越来越渺茫。在这段时间里，整个团队都非常困惑，很多人对这条路能否走通产生了怀疑，不少人的信心开始动摇了。

2011—2012年，是沉管隧道设计最艰难的一年。

那段时间林鸣内心也非常矛盾，眼前的困境让他不得不思考：这条路是否还要走下去？如何走下去？面对这个难题，是绕开难关干脆“深埋浅做”，还是闯过难关找一条新路？这是可以选择的，你不去做谁也不会要求你，外国专家原本方案就是这么设计的，你去改它反而是给自己找了个难题。但他心里还有个更强烈的声音：既然你是工程师，你又是设计施工总承包方，你总要看看能不能找到一个更科学的方法，更好的方式，探索一条新的路径。

“120 年的使用过程中，这个柔性结构如果是一盘散沙的话，很容易被撕裂。”这个问题日日夜夜地困扰着他。一天夜里，躺在床上的林鸣辗转反侧，一个又一个的画面在脑子里交替出现，忽然看见一排管节散成了一堆，就那么七零八落地躺在海底，林鸣一下子从梦中惊醒，一个激灵坐起来，发现自己一身冷汗！在岛隧工程 7 年的建设期间里，这种半夜惊醒已经成了家常便饭。久而久之就形成了习惯，差不多每天睡到一两点的时候就会惊醒，然后开始半睡半醒。那半睡半醒的时候，脑子里全是工程急需解决的问题。

巨大的压力和责任促使他下定了决心，一定要坚持下去，为工程找到一条突破难关到达彼岸的出路。

2012 年 11 月 7 日，是一个非常特殊的日子。研究工作进行快一年了，所有的尝试几乎都进了死胡同，林鸣一夜无眠，大约凌晨 4 点多钟，他的脑海中突然闪出了一个概念——“半刚性”！采用“半刚性”方法提高小接头的能力，可能是从结构上解决深埋沉管的一条出路。他立刻给设计负责人刘晓东发了一条短信：“尝试研究一下半刚性。”

早上 5 点刚过，刘晓东在手机上看到林鸣发来的短信。在工程最紧张的这些年里，他们的手机夜里从来不关机，因为经常会收到林鸣半夜打来的电话或发来的短信，多半是突然产生了新的想法。他们已经习惯了在午夜第一时间分享林鸣突然迸发的灵感。

“半刚性？什么半刚性？”刘晓东迷迷糊糊地说道，但他很快明白了林鸣的意思。刘晓东一下子兴奋起来，他敏锐地意识到，这可能是突破难题的方向。“深埋浅做”的两种方案，都是从减轻隧道上方荷载的角度考虑问题，但这两个方案都花费巨大，而且工期不可控。现在是跳出了原来的思路，与其去改变隧道的外部环境，不如改变它的内部结构。

刘晓东立刻起身去办公室，林鸣早已等在那里，两人开始商量部署“半刚性”的研究工作。

“半刚性”概念的提出让整个团队都非常兴奋，一下子大家都看到了希望，设计团队不分昼夜地连续奋战了30多天，完成了“半刚性”沉管结构方案设计。项目部为终于找到了突破点而兴奋不已！但谁也没想到，后面的方案论证和决策过程竟是如此周折！

林鸣提出的“半刚性”结构的基本概念，是通过不剪断原先节段式管节临时预应力的钢索，来确保节段接头端面的摩擦力，用摩擦力与剪力键一同抵抗剪力；同时维持节段之间的相对转动能力，让管节结构的健壮性得到提高。通俗地讲，就好比把拼成长条的数个小块积木用橡皮筋连接起来，在不失柔性的同时，加强它的健壮性。

“半刚性”结构与原设计方案的变化，只是不剪断沉管隧道的临时预应力索，而且将它永久使用。这个方案减少了大量海上作业时间，在降低了海上作业风险的同时，也降低了工程成本。

这个方案的巧妙之处，正好比是中国太极拳常用的“四两拨千斤”，用极简单的方法解决极复杂的问题。在传统的“刚性”和“柔性”沉管之间，增添一个“刚柔相济”的新成员。

理清了思路之后，林鸣和刘晓东迅速飞到北京向徐光汇报，徐光认为从机理上说得通，让他们进一步验证完善思路，适当时在专家会上汇报。

林鸣他们又先后找到清华大学、同济大学、上海交大等相关专业机构进行咨询。在上海嘉兴一个酒店的大堂里，林鸣和刘晓东与正在这里开会的同济大学、清华大学教授进行了详细的讨论，得到了教授们对这个概念的认同。

12月初，项目部迅速整理出“半刚性”的初步设计概念和5份专题研究报告提交给专家会进行讨论，正式向业主和交通运输部有关专家汇报了“半刚性”设想。

第一次专家会，满怀兴奋的林鸣团队做了汇报，听到的却是一片质疑的声音。

管理局聘请的设计施工咨询联合体成员、荷兰TEC公司执行总裁汉斯·德维特毫不掩饰地表示反对：“你们是第一次做沉管，还有这个必要去搞什么新结构吗?”

荷兰TEC公司在世界沉管隧道领域居于领先地位，从事沉管隧道项目有将近30年的历史，参与过连接丹麦和瑞典的厄勒海峡跨海通道工程、韩国釜山—巨济跨海通道工程、连接丹麦和德国的费蒙跨海通道、卡塔尔Sharg通道工程等世界主要的重大跨海工程，以及荷兰和世界众多的沉管隧道工程。汉斯·德维特在这个领域中有足够的话语权。

汉斯个子高高的，蓝眼睛深凹下去，斯文中透着不容置疑的自信。参与国际上众多沉管隧道的建设及其发挥的主导作用，使他确实有资格在此“一览众山小”。

林鸣对半年前与汉斯打交道的经历仍记忆深刻！2012年4月，岛隧项目部第一批沉管设计图纸完成后交由TEC审查，将近2个月的时间，汉斯只提问题，不签字。项目部计划在6月20日召开隧道结构评审会，可直到6月初汉斯还是没有签字。这让林鸣和他的团队焦急难耐！此时桂山岛沉管预制厂建设已近尾声，沉管预制生产马上就要开始，汉斯不签字，沉管就无法投入施工。

林鸣心急火燎，他不能再等了！必须尽快跟汉斯沟通意见，可汉斯远在荷兰。在6月已是酷暑的广东，林鸣带着刘晓东等主要设计人员跑遍了珠海，却找不到一个可以进行国际视频通话的地方，最后驱车赶到广州，在广州香格里拉饭店终于找到了可以进行国际视频会议的设备。

6月25日下午，林鸣团队和管理局副局长余烈、总工程师苏权科、管理局技术顾问陈韶章、总工办主任陈越等业主代表、TEC公司中国区经理李英博士共20余人赶到广州香格里拉饭店，与远在荷兰的TEC专家召开视频会议。设计主要负责人刘晓东、隧道设计负责人陈鸿，与TEC公司汉斯等专家就施工图设计进行了详细的交流。虽然在大的原则性问题上达成了一致，但这并不等于TEC愿意签图，他们认为还有细节内容需要进一步解决。

沟通进行了好几个小时，林鸣很想能够把问题彻底解决掉，但按照时差，荷兰已到了下班吃饭时间，视频通话到此结束。这让林鸣心里很有些不爽，他隐约感受到了一种西方人的“傲慢”。

当天夜里3点，陈鸿和设计人员连夜整理出对TEC专家意见的回复，在第二天荷兰上班时间前全部发给了荷兰专家。晚上7点，刘晓东、陈鸿和李英继续与TEC专家汉斯·德维特和瑞内·库柏进行视频沟通，讨论各种设计细节，又交流了近5个小时。这两次视频会议开完，TEC总算基本认可了第一批隧道管节所有施工图设计。

第一次打交道就不太顺利，这一次又会怎样？汉斯正在发言，他认为：现在提出新的“半刚性”方案已经偏离了设计的正确轨道，而且支撑资料不足。应该回到原来的设计重心上来，集中精力解决隧道的柔性纵向结构的设计问题。

汉斯的发言显然很有代表性，颠覆传统结构概念可不是一件小事情，新的结构又是由第一次承担沉管设计的中国年轻团队完成的，专家会上反对的声音显而易见。

第一次专家会就这样不了了之。

随着 11 月底 E1、E2 节沉管的预制完成，E9 ~ E27 这些即将进入深埋段的管节设计问题显得更加迫切。林鸣心里不免有些焦虑。设计施工总承包本身就是一把双刃剑，对于总承包方来说，权力与责任、空间与风险并存，在获得更大的决策与支配空间，可以最大限度地发挥创造力的同时，压力和风险也不可推卸地全部担在自己肩上。沉管预制和沉管安装工序一环扣一环，“半刚性”方案能否尽快落地，直接关系到整个沉管隧道建设的进度。工期如此紧张，一分一秒都极其宝贵，可“半刚性”方案何时能通过？这成了他的一块心病。

12 月 13 日，在汉斯即将准备返回荷兰之前，汉斯的助手李英博士意外地接到林鸣的电话：“我们希望能够与汉斯先生面对面地进行一下交流，能否请汉斯先生在珠海多留几天？”

李英当即把林鸣来电转告汉斯，汉斯沉吟了一下，表示要征得业主同意。李英又向管理局有关部门询问，但没有得到回应。

12 月 14 日，岛隧项目部两封加急的工作联系单，同时发给了大桥管理局总工办和李英所在的设计与咨询联合体，内容基本相同：“目前，岛隧工程深埋段沉管结构研究正处于关键阶段，由于时间紧、工作量大，需要与贵部沟通交流的问题多，我部衷心希望汉斯先生能够在珠海现场再多工作一段时间，便于大家面对面交流，提高工作效率。我部将积极配合贵部工作，及时提供贵部所需要的各种资料，便于工作的开展。”

这样的两份加急联系单在当时都没有得到应有的答复。汉斯按照原来的行程返回了荷兰。

事情的发展常常会这样！因为一些极其偶然的因素错失了机会而改变了方向。本来可以走到这边，结果却走到了那边。

但是，当时已是错失良机了！

李英博士后来谈起此事时还掩饰不住满脸的懊悔：“也许历史就是要让人留下一些永远的遗憾，这样的联系单没有得到任何回应，当时谁也没觉得它重要，回过头来进行总结时，心里真是后悔到极点。如果我当时再考虑细致一些，如果我已看到了介绍厄勒海峡‘伙伴关系’的那本书，我绝不会这么简单的处理问题，一定会想办法说服汉斯晚走的。那么，也许港珠澳大桥隧道建设的历史要改写很多，至少是咨询和总承包人的伙伴关系发展历史要改写。”

她后来特地翻译了《伙伴关系：厄勒海峡通道项目管理成功之道》那本书，因为她看到了在设计施工总承包中，业主、咨询与承包方之间的伙伴关系有多么重要。

12 月 20 日，沉管隧道纵向设计专家咨询会召开。林鸣的团队精心准备了这次专家咨询会上的报告，他们希望提出的新方案能得到专家的认可。

岛隧项目设计负责人刘晓东介绍了“半刚性”设计方案，并表示要在下一步设计中深化采用。接着同济大学、清华大学、日本 NCC 公司在会上发言，都表达支持设计承包方的观点。随后李英受汉斯委托代表咨询方发言，用 50 张照片在 20 分钟内完成汇报，代表TEC表达了非常坚定的意见：反对目前采用新方案。TEC专家认为创新方案在施工图设计较晚阶段提出，采取的计算方法也偏于乐观。在没有提供足够计算和试验验证的基础上，容易低估带来的风险，而且这些风险在如此紧的工期下无法全部克服，因而建议坚持全力推进初步设计已经批复的原方案，并设法解决原方案存在的问题，对“半刚性”方案不予支持。

TEC的发言对岛隧项目部的设计方案和前面所有报告的观点来了一个差不多180°的大转弯！空气中凝重的味道越来越浓，各参与方的面部表情异常严肃，这让会议气氛出奇得紧张。港珠澳大桥多年来召开过多次这样的专家会，这是第一次在会议结束时出现了非常不和谐的结果，业主、咨询与岛隧项目总承包人之间一下子形成一种对立和僵局。

总承包人两份联系单没有人理会，20号专家会咨询不和谐的结局，这两件事情彻底让设计施工总承包团队与咨询方TEC公司的关系降到了冰点！林鸣团队不再与汉斯就原方案进行交流，而是坚持“半刚性”方案的方向，独立继续开展研究和相关试验。

一时间更多的猜测随之而起。有人认为，是否承包方出于目前的工期压力，用这种变更来获取更多的时间和费用？连一向理解和支持林鸣的朱永灵局长也一时难以定夺。

林鸣内心焦急而烦闷：“怎么有理就是说不清呢！”

汉斯也想不通，甚至建议召开一个世界沉管隧道工程专家咨询会来明确隧道前进的方向，还向业主和总承包方推荐了可以参会的世界沉管隧道专家名单。

外部的各种质疑声、猜测和传闻从各个层面不断传递过来，在这样的氛围下，岛隧项目整个设计团队都感到有些沮丧。

林鸣压住内心的焦虑对大家说：“如果相信‘半刚性’是一种科学的方法，我们不坚持，我们就没有尽到责任。”他不甘心中国工程师创造的“半刚性”就这样夭折，决心通过自己的努力来证明。

顶着巨大的压力，设计团队夜以继日地细化方案的设计工作，来澄清外部各方面的疑问。2013 年春节前后，他们 4 次赶赴中交二航局远在武汉的试验室，进行模型试验，从原理上对“半刚性”结构进行验证。被此事困扰的朱永灵局长，也特地赶到武汉，观察试验的全过程。不断地试验，不断地改进，最后试验的结果终于得到了与设计相符的数据，这让他们信心大增。

林鸣又亲自带领设计团队奔波于清华大学、同济大学、中交公路规划设计院、中交四航院、日本 NCC 公司等国内外高等学府与科研单位之间，与他们探讨设计思路，并邀请国内外 6 家专业研究机构协助，平行开展分析计算。3 个月后，令人兴奋的消息传来，6 家不同单位在不同地点背对背计算的结果获得了一致的数据！这个研究成果进一步证明了“半刚性”方案具有从结构上解决沉管深埋的可行性。

8 个多月的时间在论证中过去，“半刚性”方案 3 次提交专家会讨论，3 次被否决。从 2012 年底到 2013 年 8 月，林鸣和他的团队经历了 200 多个倍受煎熬的日子。

2013 年 8 月 19 日，业主提请交通运输部召开港珠澳大桥第五次技术专家组会议，听取各方面关于沉管隧道设计方案的汇报。港珠澳大桥专家组组长、交通运输部副部长冯正霖主持了这次会议。

会上，林鸣的团队以半年来进行试验和多方面的计算验证为依据，据理力争，提供了试验的详细报告和 6 家单位平行计算的数据，坚持“半刚性”方案，认为这是解决沉管隧道深埋问题的有效途径。

汉斯提出了一系列分歧意见，认为计算方法不成熟，缺乏工程先例，风险太大，坚持采用原方案。

会场上仍有各种质疑声：

“已经有两种解决方案了，有必要再去搞一个新结构吗?”

“只是保留了预应力钢筋而已，这种方法能行吗?”

“还是不要过度创新了吧?”

会上意见莫衷一是。这让林鸣深深体会到：“工程中什么最难? 开工时觉得动工最难，建预制厂时觉得把盲点看清楚最难，到了‘半刚性’时觉得面对陌生的领域，统一认识达成共识最难。在面对一个陌生的领域时，如何找到统一认识的方法真是非常难的一件事情。”

管理局局长朱永灵建议：“大家不要争了，明天听各位专家的意见。”

心情压抑到极点，林鸣和刘晓东对当天晚餐的记忆都是暗淡的。所有参会代表都在大餐厅就座，项目部设计团队包括请来合作的参会代表在一个小餐厅里，大家心情沉闷，连灯光都显得昏暗。林鸣陪着参会嘉宾坐了一下便来到小餐厅团队中间，对着服务员说：“拿酒来!”专家会的结果似乎大势已去，一年来的努力就这样白费了? 明明是个好方法，怎么就不被理解? 大家喝着闷酒，大有一醉解千愁之感。

刘晓东建议：“要不要去找一些院士专家沟通一下，做做工作?”

林鸣毫不迟疑地回答：“不去! 这不是考我们，是在考我们的中国专家!”

晚饭后，林鸣见到冯正霖副部长。冯正霖对林鸣说：“林鸣，你可不要过度创新啊！”

林鸣对冯副部长坦言：“我们不是为了创新，更不是过度的创新。深埋沉管的问题历史性地摆到了中国工程师的面前，绕不过去啊！要不就是用外国专家提的那些方法，费时费力费钱，要不就让我们中国工程师用自己的智慧来解决这个问题。”

第二天，专家会议继续讨论，中国科学院院士孙钧第一个发言：“我昨晚仔细地看了林鸣他们提供的材料，认真思考了一下，6 个单位背对背计算得出的数值是一致的，说明这里有科学性。我认为‘半刚性’方案值得考虑。深埋沉管的问题中国人没有做过，外国人也没有做过，怎么能说就一定不行呢？何况这 6 家的计算逻辑从理论上是站得住脚的。”

孙钧院士的发言引起了汉斯的注意，但他并不赞同。

汉斯认为：沉管隧道工程是一个高风险的领域，需要竭力规避各种可能发生的风险。目前世界上已经建成的沉管隧道还没有“半刚性”的成熟经验，中国又是第一次做，不应该采用这种带有不确定性的方案。

孙钧与汉斯就“半刚性”展开了“辩论”，从计算理论上汉斯说不过孙钧，但从沉管工程的实践经验上汉斯比孙钧更有发言权。孙钧院士后来向专家组提交了书面报告，表示支持“半刚性”的研究。

专家组副组长徐光在会议间隙与汉斯进行了交流，他对林鸣团队的方案进行了补充说明：“‘半刚性’构想的合理之处在于，用不剪断预应力钢筋的办法来控制小节段之间的张开量，最大限度地减少软土地基由于差异沉降可能带来的管节漏水的风险。同时又在管节节段两端保持预应力钢筋的可转动性，达到适应地基变形时一定的张开量的要求。”

汉斯听了似乎有所松动，但还是不能完全接受。这时徐光给朱永灵提了个建议："现在双方主要是在方案机理的解释上达不成共识，最好由业主提供一些经费，让 TEC 也做一个研究测算。根据双方计算结果再来讨论。"

朱永灵认为这是个好主意。

冯正霖副部长发言中表示：总承包方和咨询方存在不同意见，通过讨论找到风险点是好事。要坚持研究在前，试验先行，为决策提供可靠的依据。

在最终的会议纪要中，专家组意见认为：岛隧项目总承包经理部组织开展的平行计算结论基本可信。同时，鉴于对"半刚性"结构体系还有不同认识，建议委托咨询方 TEC 公司开展"半刚性"结构体系计算，以解决技术分歧。

第五次技术专家组会议后，汉斯回到荷兰，组织技术人员采用独立方法进行了 2 个月的详细平行计算。虽然仍不同意设计单位采取的"半刚性"计算方法，但 TEC 的计算结果表明，与设计方的计算结果分歧很少。而且 TEC 看到在隧道地基沉降的监测报告中显示，林鸣团队已安装的隧道沉降量远远小于设计值，这表明了岛隧项目部良好的隧道基础施工质量，这也提供了足够的理由让 TEC 去接受最后余留的个别分歧。

"在各种不利的工况下，计算结果都算得过去，所以最后我们敢于批准。"朱永灵说。

2013 年 12 月 10 日，深埋段管节施工图设计第二次审查会议最终获得了各方都能认可的结果，汉斯在"半刚性"设计图纸上签字同意。整整困顿一年多的争议终于告一段落。

岛隧项目部设计部的工程师林巍在一篇科技论文里写道："一个值得关注的现象是，厄勒海峡隧道采用的是柔性管节结构，施工时 E13 管节曾掉入海中，按初步计算节段接头应当严重受损，但实际情况只是轻微损伤。这节沉管恰恰还没有剪断连接各小节段的预应力钢筋，尚未解除的预应力带来的节段接头的摩擦力，很可能无形地保护了节段接头，拯救了厄勒海峡这个工程。其实，这恰恰就是‘半刚性’结构的表现。”

“半刚性”沉管结构方案在港珠澳大桥沉管隧道深埋段得到全面实施，相比原来隧道上方的减载方案，节省了 10 多亿元人民币的工程投资和 1 年半工期，减少了大量海上作业时间，大大降低了工程风险。

但林鸣的思考没有止步，在多数人都在为“半刚性”创新结构的诞生欣喜的时候，他意识到，“半刚性”沉管结构只是解决了深埋状态下沉管小接头之间的连接问题，深埋段管节大接头剪力键承载力的问题还存在盲点。

2016 年，林鸣带着技术人员来到荷兰特瑞堡公司，希望从这个专门研究工程聚合物的百年公司中找到答案，但是未能如愿。于是项目部针对这个问题开始了科研攻关，林鸣在黑板上画出了一条曲线，这就是大接头支座需要达到的可以调节超载压力的状态。为了达到这条曲线，负责科研的副总经理尹海卿带着课题组历时 8 个多月，做了上百组试验，几乎尝试了所有能够找到的材料。开始用铜的支座来试，发现太跳；换成了锡的支座，又太软；最后找到了锌，做成支座一试，发现摩擦力和剪力都达到了他们梦寐以求的那条曲线要求。

这种支座的作用在于，当沉管管节受到超常荷载时，它可以通过自身的变形起到对承载力的调节，从而保护沉管不发生结构破坏。工程师们给它起名叫“记忆支座”。

工程师林巍后来在荷兰代尔夫特理工大学与工程师交流时曾

做了这样的解释："如果把记忆支座放在车里，设定安全时速是120公里/小时，当你的车速低于安全时速时记忆支座不约束你的车速，一旦超速，记忆支座会将车速刚好限制在120公里/小时。记忆支座帮助结构记住了它的承载力的极限，同时允许结构发挥它的最大的能力，所以记忆支座是一个可持续发展的方案。"

"半刚性"结构和"记忆支座"的创新，成为中国工程师对世界第一条深埋沉管隧道做出的新贡献。

林鸣深有感慨："我们坚持了大半年，是因为我们相信自己的工作，这种方式一旦做成以后，工程的进度要快一整年的时间，工程的投资要少好几个亿。这几乎不用花很多钱，工程比原来更简单，比柔性结构还要更容易做，这是多好的事情呀！我们用的是我们的智慧，我们收获的是社会的价值，为什么不去做呢？我们觉得很值得坚持！这就是你对自己智慧的一种信心。"

2017年4月7日，汉斯在中国接受《桥梁》杂志的采访。当时，国内业界对"半刚性"的创新作用还抱以将信将疑或者讳莫如深的态度，汉斯则明确表示："中国工程师们真正将这个方法提升了另一个台阶，实现了真正的创新。这是项目挑战促使技术创新的一个很好范例。"

汉斯成了国内外第一个在媒体上对"半刚性"创新价值表示认可的专家。

"半刚性"的争论终于尘埃落定，随着岛隧工程的一步步进展，林鸣与汉斯的故事还将生动地继续……

第五章
桂山岛的故事

2010 年 12 月 28 日，桂山岛北面的牛头岛上，轰隆一声爆破巨响。港珠澳大桥岛隧工程沉管预制厂建设，在岛隧项目部中标 28 天后，从桂山岛开始起步。

布局谋篇的智慧

这是伶仃洋上的一座小岛，地处香港、深圳、澳门和珠海之间，西距澳门、珠海香洲 17 海里，北距香港大屿山仅 3 海里，是各地船只通往珠江口的海上交通要道。距港珠澳隧道位置约 12 公里。

2010 年 12 月，岩石裸露、沙砾茅草遍布的桂山岛最北面的牛头岛上，出现了一行身穿白色工装的身影。走在最前面的高个儿是林鸣，后面紧跟着项目部副总经理吴凤亮和桂山岛预制厂设计负责人梁桁，再后面是梁桁带着的设计团队。岛上海风凛冽，迎接他们的只有一个废弃的大采石坑，坑里还积满了水，这让他们不由得喜忧参半。

来自中交一航局的副总经理吴凤亮先后参加过东海大桥、杭州湾大桥、舟山连岛工程金塘大桥的建设，从 2007 年听说了港珠澳大桥，就梦想着能来参加这个工程。2010 年 12 月项目中标后正式上任，主要任务就是桂山岛沉管预制厂的生产。

林鸣带着大家径直向坑底走去，边走边问："这水是从哪儿来的?"一时无人应答，谁也无法判断。走在林鸣身边的梁桁心里明白，这个大石坑可以为工程节约很多的开挖量，是天上掉馅饼的好事！可是如果坑里的水是由周围岩壁的裂隙渗漏而来的海水，那么周边两公里长的岩壁都需要进行探查漏点和灌浆处置，这又会是很麻烦的事。

但是，会不会是积存下来的雨水呢?

想到这儿，梁桁迅速把手里喝了一半的矿泉水往地上一倒，蹲下身去灌了半瓶坑里的水，准备拿回去化验一下。

"别那么麻烦了，"林鸣说，"时间不等人啊!"说着也蹲下身去，从坑里掬起一捧水低头一尝，"是淡水!"大家喜出望外。桂山岛预制厂的建设就此打响。

沉管预制厂的选址先后经过大半年的时间，做了 6 个地点的调研，最后在南沙港和桂山岛之间经过两个方案的比选，才最终得以确定。

广州的南沙港对承包商来讲是一个比较好的选择，因为是在大陆上生产，市政用水、用电，各种生活物资、生产物资的运输都非常方便，价格也便宜很多。而且南沙港是从伶仃洋插进去的一个内港，只要做少量的工作，就可以把沉管积存在安全可靠的港池里。

相比之下，桂山镇的牛头岛是一个外海孤岛，没水没电，与外部无道路相连，人员可通过桂山镇客运码头与外界联系，生产生活物资则需海运上岛，一切要从无到有，建设难度要大得多。而且要考虑海上条件不允许的时候工厂还能继续生产，工人还能正常生活，水、电设备、物资储备要远比在大陆上投入的更多。

但是南沙港是一个港口，有很多船厂，在那里建厂相互干扰较多。而且南沙距隧道 45 公里，如果从南沙拖运一个沉管到现场安装，封航时间要 36 个小时左右，对当地港口的生产和生活都会带来比较大的干扰。

桂山岛没有环境干扰，花岗岩的地质条件比南沙的软土地基更有利于建设。从桂山岛拖运一个沉管到现场，封航时间是 12 个小时左右，对周围环境干扰比较少。而且从安全的角度考虑，封航的时间越短，海上出现交通事故的风险越小。

权衡之后，项目指挥部决定把厂址选在桂山岛，既可减少对当地经济和生活的干扰，又可降低浮运安装的施工风险，由此增加的难题，则由项目部承担。

桂山岛预制厂的选址，是林鸣很感欣慰的一笔，他说："牛头岛是个废弃的采石厂闲在这个地方，我们因它的地形地势，造了这样的一个工厂，没有占用任何农地良田，没有给地球造成新的垃圾，可以说是做到了为地球减负。"

选址终于有了结果，同时还需要确定的是，选用什么样的预制方法。

目前世界上的沉管隧道只有两种沉管预制的方法：干坞法和工厂法。

已建成的沉管隧道大多采用干坞法制造，工艺比较成熟，有很多现成的经验可以借鉴，制作成本相对较低。目前世界已有100多座沉管隧道运用了这种方法。采用工厂法制造沉管的，只有1996年建成的厄勒海峡隧道一个先例，3.7公里长，20个管节。但距今已经22年了，去考察时预制厂只剩下一个空壳，可借鉴的经验很有限。

但是，干坞法是建一个移动的浇筑棚，每浇筑完一批沉管要进行灌水、移动、清理，无法实现不间断连续施工。工厂法则是建固定的厂房和生产流水线，模板和浇筑点相对固定，每个批次之间不必移动设备，可以满足不间断连续施工的进度要求。

是否采用工厂法？大家都没有做过，很多人担心：建设一个这样规模的预制厂，需要10个亿，投资巨大，手上可借鉴的资料又太少。毕竟这是全世界第二例工厂法沉管预制厂，规模比厄勒海峡隧道要大很多，沉管体量上也大了很多。能不能把厂建成？能不能保证顺利地造出沉管？万一做不成呢？这么大的投资风险谁来承担？

林鸣和大家反复讨论："要实现港珠澳大桥设计使用寿命120年的目标，只有采用工厂法预制才是根本的保证。"其实在他的心里还有更深一层的考虑，他要让这个预制厂生产的沉管做到百万方混凝土浇筑无裂缝。这样的目标，唯有工厂法才能实现。

港珠澳大桥沉管隧道33个超大管节的预制工作量，要达到工期的要求，需要365天每天24小时不间断地施工，工厂法在这方面有明显优势。在6年漫长的施工期里，工人可以在固定的厂房里，不受天气的干扰，在固定的工作点上，按照专项分工完成精细化的操作，通过不断地重复提高工作技能，达到熟练度越来越高、品质越来越好的预想目标。采用工厂法预制，建设桂山岛沉管预制厂的这个关键决策最终确定下来。

战略方向已定，布局就成为关键。

仅有的一个先例厄勒海峡隧道沉管预制厂，采用的是一条直线式分布，由工厂到浅坞再到深坞，均在一条直线上。这种方式对以后的沉管出坞绞移是最方便的。而桂山岛没有这样的现场条件，只能另辟蹊径。

最初的设计构想是在岛外做两道防波堤，形成一个环抱式的水域，把沉管寄存在里面。这样投资大不说，一旦台风登陆，防波堤提供的掩护条件很有限，还会有一些不可控的因素。在不能保证沉管安全万无一失的情况下，尽管图纸已经设计好，大家还在苦苦思索更佳方案。

林鸣也因为这个问题睡不着觉。一天半夜，他拿起电话打给施工负责人梁杰忠："量量那个大坑，看看能不能放下大坞门。"

得到了梁杰忠肯定的答案之后，林鸣在心中反复斟酌的一个新方案终于成熟。

凌晨 3 点，梁桁接到林鸣电话："我们这个深坞和浅坞能不能平行放?"梁桁眼前一亮，当即回答："可以啊！这可是个好点子！"

"当初拿到厄勒海峡那本技术报告时，关于沉管预制厂的内容也不超过 10 页纸。"设计师陈良志说，"它的平面是一字形布置，作为设计本身拿到这个方案的时候，有一种思维的定式，觉得应该套他们的方案，所以老是绕不开。有一次林总提了一个方案，为什么深浅坞一定要一字排列，为什么不可以并列?一下子就把思路打开了。"

几天之后，四航院总工程师卢永昌大师被林鸣请去开会，商量桂山岛工厂法布局的可行性，整个布局思路的调整让他觉得豁然开朗："原来的方案是从桂山岛西面的小湾出坞，南向出沉管。但是这要在岛外面做很多防护堤用来储存沉管。从工程的费用来说，建防护堤至少要两三个亿。而且防护堤靠近航道，很难被批准。现在林总提出利用采石场原来那个石坑做沉管储存之用，沿着石坑来做深坞，外边的防护堤全部取消。这样就调转了一下方向，西边的小湾变成原料进来的码头，西北向的深坞变成沉管出坞的方向，这样对出运的航路更加有利。"

利用岛北边的岩壁做坞门的天然屏障，把深浅坞之间现有的岩体保留下来，2 公里长的坞坝则充分利用了天然山体连接，中间只做了 600 米的人工堤坝，形成了一个环抱式的坞池来存放沉管。台风出现的时候，只要把坞门一关，里面就非常安全。这种布置，把对桂山岛地形特点和条件的利用做到了最大化。

这个方案的修改起了至关重要的作用。桂山岛上台风频繁、气候多变。在后来的一次台风期，沉管存了 6 个月时间，巨大的风浪把缆绳都绷断了，工人们在坞池边的陆地上重新带缆，很快控制了险情。如果是在岛外建防波堤，遇上这样大的风浪，工人出不去，船也出不去，情况将难以想象！6 年的施工中，管节的寄存都得到了很好的保障，足以证明当时选择的正确性。

一个 L 形的沉管预制工厂布局在港珠澳岛隧工程中创造出来。工厂车间与浅坞通过轨道直线相连，深坞与浅坞横向并列。当沉管在车间预制完成后，直接顶推至浅坞，在浅坞完成一次舾装，然后关闭浅坞门，坞池内开闸灌水让沉管向深坞横移，完成二次舾装并等待出坞，形成一个完美流畅的工艺流水线。

以厂区和坞区为中心，沿着采石坑上面的台阶和天然的山坡，分布了办公区、生活区。厂区跟办公区、生活区既分离又不太远，形成了整个岛的自然和谐的布局。

按照林鸣的说法："确定这些方案的时候，你有好多个可能性，每一个决策都面临很多选择，每个选择都有利弊。而我们工程师的水平就在于选择了今天的这条路径。"

6年的施工证明，预制工厂决策的大胆和智慧，使桂山岛成为港珠澳大桥沉管隧道顺利安装的大后方和坚实的根据地。

把盲点覆盖住

建造一座具有现代化生产流水线的沉管预制厂，对于长期从事交通基础建设的路桥企业来说，并非易事。尽管我国在东海大桥、杭州湾大桥建设时已经开始了50~70米混凝土预制梁的生产，有了桥梁行业工厂化的雏形，但港珠澳大桥"大型化、工厂化、标准化、装配化"的理念，把我国土木工程建设的工业化水平推向了一个新的阶段。因此，桂山岛上能否真的建成一座现代化的沉管预制厂，也受到业内广泛的关注和期待。

一天，曾经担任过苏通大桥指挥长的江苏省交通运输厅厅长游庆仲来到桂山岛，看过建设现场后问林鸣："你感觉最难的是什么?"

林鸣回答："把问题搞明白看清楚，把盲点覆盖住最难，我是努力往前走的，实际上却很难把它走得很周全很细致。"

林鸣的脚步无数次地停留在桂山岛上，他的脑子里是一张桂山岛预制工厂的全景图。他不断设想着、思忖着工厂建成后运转的每一个动作，像过电影一样筛过每一个细节、每一个局部，寻找着那些被卡住的地方。哪些地方被卡住了，运转不流畅，哪些地方就存在盲点。

这个经验得益于他年轻时一位老领导的传授："在工程开始之前，一定要先在心里面把这个工程想通透，然后变成电影画面，在脑子里面放电影，要放到非常流畅，这个电影过得去了才能做。要胸有成竹了，做工程才能立于不败之地。"

林鸣认为："工程的难点在于发现盲点。解决盲点并不困难，但要把盲点全部覆盖住是很难的。"

现代化生产流水线，是整个预制厂的生命线。这条生命线上每个节点的设备，其生产的高效率和性能的稳定，是保证生命线运转的关键。

在建设大军纷纷开赴桂山岛之时，林鸣和项目部副总经理吴凤亮已经开始在全国各地考察设备。他们跑遍了国内各地，目标是找到最好的钢筋加工成套设备，但都没有如愿，不是设备不配套就是已经闲置多日。于是寻找的足迹又扩大到日本、新加坡等地，最终在日本找到了理想的现代化数控钢筋加工设备。

很多人开始时对这一选择并不太理解，钢筋加工有必要非采用进口数控设备吗？一般的设备也可以完成啊。

林鸣深知，沉管预制工厂一旦开工，工人们要将 32 种钢筋原材料加工成 336 种钢筋成品及其组合类型，而且加工精度必须控制在 1~2 毫米。只有为钢筋加工流水线配备最精良的设备，才能确保生产的高效率和产品的高精度。

两台数控钢筋加工设备在流水线运转中大显神威，只需 25 人，每天即可加工出 150 吨半成品，相当于传统工艺每天 100~200 人的工作量，而且加工精度可严格控制在 2 毫米内。这使所有人意识到了当初设备选择的先见之明。

当1000多人日夜不停地艰苦奋战，天天炸坑、挖坑，车水马龙似地往外运几百万方的沙石料时，预制厂全自动流水线最核心地装备——全断面液压模板成套设备的采购也到了关键阶段。这套设备将承担混凝土浇筑成形模板功能，与前道工序钢筋笼顶推和后道工序预制管节顶推形成流水线衔接。它如同预制厂的心脏，直接决定了预制厂建设的成败。

2010年12月上旬，岛隧项目部三楼的会议室里，气氛有些凝重。正在召开的是沉管预制厂模板设计制造决策会，讨论进行了十多个小时，有些问题似乎难以决断，最后林鸣决定第二天早上通知奥地利一家模板公司到珠海进行合同谈判。

这家奥地利系统模板公司具有雄厚的设计和制造实力，迪拜塔、小浪底水坝和大亚湾核电站等重大工程均采用了该公司的系统模板。林鸣在担任润扬大桥项目经理时，就与他们合作过。

港珠澳沉管预制有5节是曲线段，这在工厂法生产中还没有先例，模板如何适应这种特殊要求呢？2008年以来，他们与这家全球顶级系统模板公司进行了长达3年时间的合作与研究，奥地利公司对曲线段沉管预制提供的设计方案始终不太理想，模板钢结构重量达到1万多吨，总体造价极其昂贵。这让林鸣很难接受，而项目部提出的修改方案，对方又难以做到。预制厂建设迫在眉睫，双方在系统模板方案优化和合作方式的谈判中举步维艰。

当天晚上，林鸣难以入眠，这件事情在他的脑海里挥之不去。辗转反侧中他想到最近刚接触到的一家德国系统模板公司，也是世界顶级的模板专业公司，这两家公司的名字在他脑海里来回翻腾。下半夜，他非常强烈地感觉到这家德国公司与上海振华重工的合作，可能是解决模板难题的钥匙。不能再犹豫！他拿起电话打给设备部部长杨秀礼，告诉他暂缓通知奥地利模板公司，立即联系那家德国模板公司近期到珠海，商议与上海振华重工联合进行模板设计建造的可行性。挂上电话时已是凌晨4点。

12月14日，德国PERI(派利)公司派技术代表来到珠海，与项目部进行技术交流。派利公司液压整体性浇筑模板的优势，以及参加过厄勒海峡隧道沉管预制的经验，让林鸣很满意。而且，对项目部提出的曲线段管节预制的具体技术问题，派利公司的技术人员有明确的解决方案可提供选择。交流当天，双方签署了备忘录。

12月20日，仅仅一周以后，中交股份联合体港珠澳大桥岛隧工程项目总经理部就与德国派利公司签署了《模板设计、监造和技术服务合同》。

派利公司的业务经理郑宽志是个德籍华人，业务精练，作风务实，他可以打破欧洲人休息日不办公的惯例，随时与中国进行业务接洽。当郑宽志拿着合同去向公司老板汇报时，老板根本不相信："别开玩笑了！怎么可能一个星期就把这么重要的事情定下来了?"之后，他们再三追问一个问题："为什么这么快就选择了我们?"林鸣笑着回答："因为我做了一个梦！"德国人很开心地大笑。

这个合同伙伴的选择让林鸣也很开心，在随后一年的时间里，这家德国模板公司和上海振华重工携手合作，由德国派利公司负责整套模板的设计、监造、技术服务以及提供模板成套液压设备和附件；上海振华重工(集团)公司承担钢结构制造、安装和调试。

由双方合作的全新方案，系统模板钢结构重量仅数千吨，比原设计减少了近一半；整套模板系统的价格也从原来的 3 个亿减少到了 1 个亿。

当时负责预制厂工艺技术设计的副总工程师翟世鸿，对这个谈判过程深有感触："派利公司很诚恳，便于沟通，我们提出的一些想法他们会尽量采纳，特别是在顶推过程的很多细节上他们考虑得更清楚，感觉跟他们合作很踏实。而且 1 个亿多一点就把整套模板干下来，我觉得这是一个非常成功的选择。"

一个个难题迎刃而解，林鸣心里却并不轻松。他在脑海里不断地寻找着可能存在的误区和隐患。他对桂山岛设计负责人梁桁说："你们考虑过没有，预制厂一旦运行起来，最大的风险点在哪里?"

梁桁反复地分析排查，发现浅坞门、深坞门，甚至深坞旁边高耸的山坡，都有测控设备和预防措施。那么，最大的风险点在哪里呢? 梁桁按照林鸣的要求来回地过电影，终于发现了一个最容易被忽视的风险点。

"用来顶推沉管的 4 条轨道，看似朴实无华毫不起眼，却是整个运行风险的关键。一旦出现问题谁也承受不起。因为一旦推不动了，上面至少有一个节段，最小的节段也有 9000 多吨的重量压在上面，这个时候如果正好卡住浅坞门关不上，既不能通过灌水让它浮起来，又不可能吊得动，怎么办? 唯一的办法就是用风镐把管节砸掉，这么大的体量砸也得一两个月。无论是在经济上还是进度上，这都是无法允许的。"梁桁说，"我们最怕的，就是这几条轨道出现额外的沉降。如果预留爆破出来的基槽内有浮土碎石，一旦重力压上去，就可能会有超过我们原来计算混凝土变形以外的沉降出现，那可就没办法了。所以一定要把这个爆破后的基槽内清得一干二净，碎石和浮土一点都不能留下。”

梁桁带着他的设计团队守在现场，与施工团队一起分析如何控制风险。直到亲眼看到施工人员用水枪把这套预留爆破出来的基槽清洗得干干净净，验收认可了，才下了浇筑令。

施工负责人梁杰忠深有感触：“我是第一次做这种顶推轨道梁。去的第一天，同事就跟我讲，基槽已经清得很干净了，但还不行，要吸尘，继续吸。港珠澳的标准就是这样，真的是拿吸尘器去吸那个轨道槽底。整个轨道梁的施工，包括灌浆，都极其精细，这就是港珠澳的标准，是一个最高的标准。”

作为总工程师的林鸣，早已意识到这条顶推轨道是预制厂流水线上的一个风险点，一个管节重量接近 8 万吨，这 4 条轨道要承担 33 个预制管节(共 252 个小节段)的顶推作业，可不是一件轻而易举的事情。只要稍微不慎一个管节掉下去或顶不动都无法收拾。为了做到万无一失，他找到了国际上在预应力后张拉系统方面最具权威性的瑞士 VSL(威胜利)公司进行顶推轨道的设计。

瑞士威胜利工程有限公司是预应力后张法体系和相关工程领域的顶级跨国企业，而且有过厄勒海峡隧道沉管预制顶推的经验。岛隧工程项目总经理部选择与他们合作，联合研发港珠澳沉管顶推系统。

“厄勒海峡隧道是 6000 多吨的顶推力度，在沉管屁股上纵向顶推。我们一个小管节就是 9000 多吨，8 个连接起来就有七八万吨，纵向顶推可能实现不了。”翟世鸿对当时的研发过程记忆犹新，“我们突然想到动车的概念，火车都是靠车头带或者车尾带，而动车是每节车厢都有动力的，可否让每节管子底下都有顶推力？所以，我们提出一个分散顶推的概念。”

这个概念得到了威胜利公司的充分认可，他们根据港珠澳沉管超大体量的特点，按照这个总体思路制造出液压式分散多点顶推系统。

这套顶推系统在两条生产线的每条线各配置一套顶推设备，每套顶推设备包括 192 台支撑千斤顶、96 台顶推千斤顶及顶推架、4 台侧导向千斤顶，同时配备了 19 套液压站、全自动电控系统、近万米长的管线配件。可以具备支撑力和顶推力自动平衡调节功能，自动化集中控制多点同步分散顶推功能。顶推重量和难度均达到了世界前列。

但林鸣对这个方案还不够放心，他提出要求，在原设计基础上把顶推轨道和钢板厚度再增加 1 倍，这一下要增加 2000 吨钢材。

威胜利公司技术总监 Christian Venetz 深感意外：“我们以往遇到的甲方一般都是要求用料往下减，越少越好，像这样的要求从未见过。”

林鸣毫不犹豫地回答：“是钱重要还是工程的安全重要？我们必须保证顶推轨道万无一失。”

威胜利公司按照林鸣提出的要求，把千斤顶的支撑力做了进一步加强和提高，而且采取了双油路设计，即使一台机器出问题，另外两边的也可以把它支撑住，做到了 2 倍的安全系数保证。

即使是这样，后来顶推的过程仍很艰难，第一个管节就足足顶了 1 个月才到位，后来几个管节恰逢冬天，润滑油遇冷凝结问题更增加了顶推的难度。工人们拿着小碎布，钻到管子底下，弯着腰、弓着背去清理千斤顶、轨道上的灰尘，很多看不见的地方只能歪着脑袋，伸手去一点点擦拭。所有设备材料都一遍、两遍地清理再清理，直到戴上白手套在表面来回擦，手套还是白的，轨道表面就像镜子一样，反射着白光。此时，奇迹发生了：顶推压力一降再降，越来越顺利，时间由原来的30天缩短到6天、5天、4.5天、4天，最后仅仅用了3天！关键就差这一点点！如果不是事先对顶推风险进行了预判并采取了相应措施，顶推的难度还不知会增加多少！

林鸣认为："认识的盲点随处可见，这个盲点的认识过程，处处都是风险，只要稍微不慎，一个细节都会让你掉下去，就会让整个大桥的建设陷于困境，国家要承担很大的风险和损失。这个工程只要走错一步，我们都要付出极大的代价。"

随着关键设备的配备到位和一个个节点的突破，预制生产流水线开始渐渐成型。最早只是从一篇文章中了解到厄勒海峡沉管隧道工厂化预制概念的翟世鸿，按照林鸣的要求，带着技术组成员夜以继日地讨论。最终把工厂化预制从概念变为图纸，再从图纸变为现实。

在距桂山岛的开山炮响14个月后，一座总投资10个亿，占地面积约56万平方米的现代化工厂拔地而起。高达15米的白色钢结构厂房矗立在牛头岛上，在四周蓝天碧海的映衬下，格外优美壮观。

与厂区总体的L形布局相呼应，宽敞明亮的车间内呈现出一条L形沉管预制生产流水线，各个工序既紧密衔接又和谐流畅。

走进大门是横向的钢筋进料切割区，钢筋的锯切及弯曲采用日本进口的现代化数控钢筋加工设备。

顺着切割区的方向，纵向布置了两条并列的生产线，每条生产线依次布置了钢筋加工区、模板区、浇筑区、保养顶推区，直至浅坞区。两条生产线之间还保留了宽敞的固定通道。

钢筋加工区分为底板、墙体、顶板三个区域，每个区域又分为原材料存放区、原材料检验区、钢筋加工区、半成品存放区以及半成品检验区。

厂房上空安装着十几台门吊与桥吊，可以根据需要，把原材料及加工后的半成品从空中运送到各条流水线的原材料堆放区和半成品存放区，无须工人在地面上来回搬运。

按照派利公司的设计，沉管钢筋采用分区绑扎、顺序顶推的流水线施工工艺。在底板、墙体及顶板钢筋绑扎台座分别设置了移动式胎架，每一步绑扎完成后，顺序顶推钢筋笼至下一作业区，顶板钢筋笼绑扎完成后顶推进模板区。

翟世鸿说："我们设置了 12 条滑轨，把钢筋笼放在支架上一块移动，上面再用桁架悬吊、系统下放，这是一个非常好的切合实际的方法。"

德国派利设计、振华重工制造的全断面液压模板成套设备处于流水线的中心，当钢筋笼顶推到达后，其底部的气囊通过充气抬升钢筋笼，撤出滑移台架，利用气囊和钢筋笼吊架将钢筋笼置换至底模上，实现全断面钢筋笼的受力体系转换，由钢筋胎架受力转换为底模受力后进行浇筑。

沉管所有预制作业在厂房内 24 小时连续进行：180 米长管节分为 8 个节段，每个节段长 22.5 米。当一个节段在固定的台座上浇筑完成，并养护达到顶推强度要求后，向前顶推 22.5 米，模板上的浇筑台座空出，下一节绑扎好的钢筋笼进入模板，与刚顶出的节段相邻匹配预制。如此逐段预制逐段顶推，直至完成全部8个节段。

这样具有世界先进水平的现代化沉管预制流水线让人一进入车间便目不暇接，跃跃欲试。

当初随着开山炮响来到桂山岛的建设大军，在海岛上一片荒芜，没水没电，物资运输困难，建设条件极为艰难的条件下坚持奋战。夏天高温裸露，冬天强风刺骨，晴天烈日下找不到一片遮阴的绿叶，雨天满地是泥，一脚踩下去没过膝盖。所有人除了安全帽带子留下的一条白印，已找不到自己原来的肤色。艰苦的程度超过了想象！很多怀揣建设“天字号”国家工程梦想的年轻人开始困惑：这哪里看得到宏伟工程的踪迹？“这简直就是个坑啊！”有很多人离开了。现在，看到这座矗立在眼前的现代化工厂，留下的人都为自己的坚持和贡献倍感庆幸和自豪！

林鸣的心里也分外欣慰，现代化的装备和工艺流水线完全按照预想的设计完成，距离心里的目标又近了一步。多年的工程管理经验告诉他，要让你的团队去实现目标，必须要匹配相适应的资源和环境。这样现代化的流水生产线，无疑为沉管预制达到高品质提供了可靠的基础和保障。

从决定采用工厂法预制时就在林鸣心里萌生的目标，现在到了传递给全体建设者的时候了。

现代流水线上的人

宽敞明亮的车间厂房上方悬挂着一条醒目的大标语——确保120年设计使用目标，打造不漏水的港珠澳大桥沉管隧道。

全厂 2000 人的视线，被统一到这个最高目标上。桂山岛预制厂所有的厂房、设备、工艺、人员都以这个终极目标的实现为轴心在转动。

站在现代化厂房里，林鸣的思绪迅速集中到一点："人，是这条流水线上最关键的因素。正如同当年打下了上海能否管理好上海一样，我们一个施工的队伍能适应工厂的管理吗？我们如何用工程管理的思路去管理现代化的工厂？"

从 2012 年起，项目领导分批带领员工去参观广汽丰田发动机有限公司和广州文冲船厂有限公司的生产车间，调研不同制造行业的生产车间标准化管理。

林鸣亲自带着分管两条流水生产线的Ⅲ工区一分区副经理杨红和Ⅲ工区二分区副经理陈伟彬到丰田制造厂参观学习，告诉他们："不要建好了工厂管不好工厂，要把日本的 6S 管理经验运用到我们的工厂管理中。"

林鸣对他们提了一个要求：整个预制厂从开始就要管住烟头，管好烟头。不能把烟屁股丢到混凝土里面去！

港珠澳大桥这样的世纪工程，这样现代化的生产流水线，居然一开始就和烟头纠缠在一起，这让很多人感到不解。

但林鸣清楚地知道："在土木工程领域，标准化施工的程度还很低，6S 管理刚刚引入，大部分工人没有经过这方面的培训，必须要经过一个痛苦的过程。港珠澳大桥这样的超大工程正是提高行业素质的一个极好机会，没有文明施工的高素质，高品质的产品从何谈起？"

林鸣提出，要建设最美的现代化工厂，就要从烟头做起。他明确规定，现场发现烟头就罚款，甚至有时候自己戴着白手套去检查卫生，不允许厂区出现脏乱差的环境。

工人们开始时不以为然，干活累了吸口烟是常事儿，他们懒得为扔一个烟头走那么多的路。但总部下来检查工作，现场有没有烟头是其中一项，发现烟头就罚款。在铁一般的严格要求下，陈伟彬急了，他对工人讲："你们要多少烟灰缸、要多少吸烟点都听你们的，只要不往地上丢烟头就行。"陈伟彬买了几十个烟灰筒，设了三四个大吸烟点，解决了工人到固定的地点吸烟的问题。专职、兼职安全员在现场管理中，采取初次说服、再次警告、三次开罚款单的方式。当事人要么接受罚款处罚，要么下工后捡拾20个烟头，要么由班组长代其受罚，"犯规"的工人自己都觉得不好意思再犯了。

这件事让杨红的想法也产生了变化："我们以前在其他地方见得多了，领导随便说说，反正说完以后干得怎样就怎样，但在这里领导说话是认真的。"

他们最初觉得把几百个烟民的烟屁股都管到垃圾筒里去，这件事是做不成的，但发现经过努力不可能的事也可能做成。

解决烟头不能进混凝土的问题，只是文明施工的入场券。陈伟彬由此想到，要从源头上杜绝一切杂质带进模板，带进混凝土。他准备了一些袋子发给工人，每个人在进入工厂大门时先自己把身上的杂物拿出来装到袋子里。浇筑混凝土时，在每个浇筑点都放一个垃圾箱，集中收取杂物，防止任何多余的东西进入混凝土。钢筋笼里面随时清理，不能有一点儿杂物。

从烟头的管理开始，总部发了两个文件专门对工作服提出规定。要求上班时必须穿工装，着装整齐，拉链拉好，袖子系扣。犹如当年红军"三大纪律八项注意"一样细致的规定，让工人感到了总部对文明施工的要求和决心，项目部从总部领导到普通员工，包括施工工人，工作服都是一样的，要求也是一样的。这些具体的要求很快落实到了现场。

主管预制厂生产的副总经理吴凤亮，现在的任务是负责组织职工 6S 培训。吴凤亮回忆说："我们下了很大的功夫请了一个培训机构，培训了 2 期，一期 7 天。整理、整顿、清扫、清洁、素养、安全，每天讲一个部分，上午培训，下午就去现场实操。讲整理，就让你在现场进行整理，把用的挑出来，不用的放一边；挑好了以后，你不能放在那里，有用的要整顿好，没用的清走它；然后就是清扫，清扫以后达到清洁；最后提高整体素养，达到安全文明生产。那时候的人来自四面八方，通过 2 期 14 天的培训，大大提高了进厂人员的素养，班组长和骨干人员有了全新的理念。授完课每人发一个证书，回去后每天按照标准要求来做。"6S 管理的培训把员工素质的养成从被动行为变为了主动行为。

接着，总部要求工区要通过各种形式让工人明白 3 个问题：我们到这儿来干什么？我们要做成什么样的产品？我们要怎样做才能达到这个目标？

林鸣提出："核心理念是 120 年的寿命，反复地灌输这种理念。要求所有人，从上到下特别是工人，围绕 120 年的建设目标去想怎么操作，怎么达到，怎么执行。细化到每一个工序，每一个细节，每一个环节。让工人能够几年如一日地坚持这样去做。"

"人的因素是关键作用。"这句话已经成了预制厂各个层面管理者的口头禅。参与港珠澳大桥建设的自豪感、现代文明施工的 6S 理念、精细化施工的标准，逐渐在员工心中建立起来并逐步转化成自己的行为习惯。渐渐地，车间里的错误率开始降低，整个队伍的纪律性明显提高，执行力越来越强。

陈伟彬深有感触："工人在车间的表现，如果说从一进厂相当于小学生的话，随着逐渐变化，第一年小学毕业，两年初中毕业，三年是高中毕业，干到第四年可以说是大学毕业了。"

"人在事上，事在心上。"

"一群普普通通的人把一件普普通通的事情做到极致，就是不普通。"

这些信念逐渐深入人心，工厂里形成了追求干净、整洁环境的氛围和一丝不苟干好工作，一心一意追求品质的风气。

2012 年 5 月初，终于盼到第一个钢筋笼开始绑扎了。对于这些在桥梁工地征战多年的建设者来说，绑钢筋笼是再熟悉不过的了。但是，谁也没想到，这第一个工序竟难住了大家。他们发现自己要搭设的，是一个由 2 万根钢筋组合而成的"骨架"。

沉管钢筋笼绑扎的复杂性大大高于桥梁，一个小节段的钢筋笼长 22.5 米，宽 37.95 米，高 11.4 米，由几百种类型的钢筋构成，需绑扎的钢筋密度前所未有，让人不知从何下手。有的地方绑上了前面，后面就根本绑不上去了。

Ⅲ工区二分区技术部副部长董政，带着几个计算机高手把绑扎工艺做成三维动画，让工人直观地看到操作过程。又按照 1：100的比例用铁丝绑成了一个钢筋笼的模型，一步步研究绑扎顺序，还特地在钢筋笼里增加了劲性骨架。尽管做了这么多准备，第一个钢筋笼还是出了问题。让董政意想不到的是："整个 11.4 米高、37.95 米宽的钢筋笼庞大的体量立在那里，竟像个豆腐块一样，哪里受力哪里变形。"

凌晨 6 点，Ⅲ工区二分区常务副经理梁杰忠被急促的敲门声叫醒："钢筋笼倒了！"他跑出来一看，发现钢筋笼像麻花一样倒在那里，一团糟！"员工都掉眼泪了，那时候绑一节钢筋笼要半个月啊！就这样倒下去，真是很心疼！”他回忆说。

Ⅲ工区一分区的生产线稍微幸运些，第一节没倒，但第三节也遭遇了同样的命运。技术负责人张洪正在进行 6S 培训，忽然接到电话：“快下来，钢筋笼垮了。”跑下去看到的钢筋笼 4 个立柱已经歪了。

难度更大的是，这么高的钢筋笼立起来已经很不容易，还必须要顶推移动到入模处，这中间的 30 米距离可成了“拦路虎”。

“一个小节段 22.5 米长的钢筋笼，荷载有 120 吨重。在钢筋笼绑扎了 20 多天以后，焊渣、灰尘掉进滑轨里不少，由于缺乏经验，千斤顶上的不锈钢滑板和滑轨没有认真清理，根本推不动，即便是打了油也没用。最后达到了千斤顶极限的荷载才把它推动。顶板绑扎区到浇筑坑 30 多米的距离，竟推了 6 天的时间。”张洪对当时的场景记忆格外深刻，“后面的体系转换更不容易，钢筋笼胎架一撤出去，这个钢筋笼就跟人喝醉了酒一样，直接往下掉。一般的桥梁钢筋笼每立方米混凝土配置 100 多公斤钢筋就不得了，这里要搞到每立方米 300 多公斤！密度这么大！”

翟世鸿说：“厄勒海峡隧道钢筋笼的配置大概是每立方米 100 公斤钢筋，而我们这里是每立方米 280～300 多公斤，配置率非常高，钢筋非常密，管节跨度也比厄勒海峡隧道大得多。”

“听说厄勒海峡隧道钢筋笼的配筋率只有我们的 1/3，当时真有点埋怨设计，怎么设计这么重的钢筋笼？后来才明白这个沉管确实埋置太深了，荷载太大，配筋率必须是厄勒海峡隧道工程的 3 倍。”张洪说，“第一次体系转换就整整用了 8 天的时间，才把钢筋笼稳稳当当地放进了模板。”

就这样拆了绑、绑了拆，在反复的实践中总结经验，在精细化上磨炼技能。以前绑钢筋一般买的是成品扎丝，不管粗细绑上就行了，现在就铅丝选多粗都开了很多会，选择不同的铅丝来比较实际效果，最后确定粗钢筋用什么铅丝，细钢筋用什么铅丝；加工后的 336 种钢筋半成品，主筋、箍筋、拉钩筋长度误差范围控制在 3 毫米以内；绑扎台上，绑扎间距偏差小于 1 厘米；钢筋绑扎过程中，间距和保护层厚度精度控制以毫米级来计算。这种精细化程度，保证了钢筋笼绑扎和顶推达到技术要求标准。

按照最开始的情况，一个小节段差不多要干 20 天左右，通过不断调整工艺，摸索经验，最后两条生产线的钢筋笼绑扎都做到了 7 天完成一个。

在生产过程中，工厂按照专业化的分工不断培训工人，每个岗位相对固定，做钢筋的专做钢筋，做振捣的就做振捣。工人的技能通过培训后迅速得到提高，达到本岗位要求的水平。

但是，新的问题又出现了。

自动化的模板每次用完，都需要用螺丝刀等工具去调整，但很多工人习惯了用锤子去敲。

有一次，林鸣还没走进预制厂车间，就听到了一个很不和谐的声音，回头一看发现，一个工人正拿扳手当当地敲打着模板。林鸣当场发火，让车间立刻停工检查。

工人不按照操作规程使用模板的一些做法，已经引起了德国派利公司的业务经理郑宽志强烈的不满。有的施工队野蛮操作，擅自切割了模板上前、后底模的连接销；有的工人不按照说明书要求的用六角扳手拧六角螺栓的规定，随手捡一块钢板切出个六角形，或者拿个铁丝弯成个圈就上去拧。这些违反操作规程的做法遭到派利公司现场技术人员的制止，但工人们却不以为然。

林鸣要求工区负责人必须纠正这种现象："表面看来是一个工具的事情，实际上这是对工作的态度问题，说明作业人员对这个工作很随意、不敬畏。这是一个工匠的最基本的职业操守问题。"

之后，总部专门下发文件，要求不允许随意修改操作规程，随意改动模板；杜绝自行使用简易的切割工具，必须使用统一购置的工具。林鸣说："我们跟国外公司合作，不能只接受他们的外壳，而是要接受他们的现代施工理念。"

设备部部长彭晓鹏对这个场景记忆犹新："林总后来要求我们与派利公司建立周、月报制度，由派利公司现场技术人员每周提供一次周报，每月提供一次月报，对现场使用模板施工情况进行评价，就'不能容忍''适度容忍''可接受'三个选项给予评定，评定结果上报项目总部。"

总部领导以此为根据，每周用半天时间，召集工区负责人一起同派利公司的工程师进行交流，专门就派利公司提出的问题和要求，进一步规范工厂的标准化施工。林鸣对文明施工的高度重视和解决问题的务实态度让郑宽志感到满意和放心。而工人们做到了每使用完一次模板，都细心手动打磨，用抹布、拖把擦拭，给模板上油。因为他们知道，只要有一个地方不平整，或者稍微带有杂质，沉管就会存在"漏水"的风险。这样做的结果是，桂山岛上的模板已经使用了100多次依旧如新。

在这个世界最大、中国第一例的工厂法沉管预制工厂，流水线作业和6S管理的概念被全面引进。从一根钢筋、一方混凝土到一节180米长的巨型沉管，需要经过钢筋加工、钢筋笼绑扎、混凝土浇筑、管节一次舾装、深浅坞蓄排水及管节起浮横移、管节二次舾装、绞移出坞等156道工序，每一道工序都关系着120年的使用寿命，每一个过程都充满风险，每一个环节都关乎产品质量。

为了让每个岗位上的人员都有操作标准，项目总经理部和工区共同制定出《港珠澳大桥岛隧工程沉管预制质量控制点管理》体系文件，涵盖了钢筋加工及绑扎、预埋件安装、模板施工、混凝土浇筑、顶推及体系转换、管节一次舾装等各个方面，对所有工序全面实行星级管理，对每一个小项的质量标准、质量控制层级、检查方式、检查频率、质量控制要点、质量缺陷处罚制度都有着明确的标准。

流水线上的人和现代化流水线一步步融合在一起，车间的生产日益呈现出新的气象。

控裂的奥秘

2011年初，北京中交集团会议室，港珠澳大桥混凝土控裂研究技术方案比选正在这里进行。集团的各个科研单位都汇聚到这里，这样一个课题无论对哪家来说都充满了吸引力。

港珠澳大桥沉管隧道采用的是自防水混凝土结构。这种结构完全靠混凝土自身来解决防水问题，不采用任何外包和涂层。这就对混凝土沉管的水密性提出了极其严格的要求。按照沉管节段的设计要一次性浇筑3000多立方米混凝土，这么大方量的一次性浇筑，要靠混凝土自防水，在40多米的水深下保证120年不开裂，无论对谁来说都是巨大的挑战。

各个科研单位在会上提出了各种方案，都没有得到认可。

很多资深专家认为，像这样大方量的混凝土浇筑，一般都采用在混凝土外面加一层外包防护或者涂抹防护层。这样大体积的混凝土浇筑不出裂缝，没有人敢打这样的包票。直接采用自防水混凝土结构真是太冒险了！

林鸣清晰地记得，在业主第一次提出实施沉管方案倾向意见时，国外专家曾直言不讳地提出："节段式沉管无法实施外包防水，对于将近 50 米水深的沉管，中国有能力保证防水和耐久性吗？"从那时起，沉管的水密性问题就已经是他心里的重中之重。他在寻求一个不做任何外部防护措施，靠混凝土自身去防水的方案。

对于林鸣和岛隧项目部坚持采用的自防水方案，不少单位开始知难而退。二航局混凝土试验室主任屠柳青博士却不肯放弃，也许是有点初生牛犊不怕虎，她很想接受这样一个挑战。按照自防水控裂的思路，她带领自己的团队不断地研究各种方案，一次次地调整，争取得到林鸣的认可。但是，林鸣对每一次的方案都有新的要求："你们还要去国内、国外调研，了解不同行业包括交通行业、水电行业到底是怎么做的。"

林鸣之所以敢坚持自防水方案，是因为他亲自做过调研。

2011 年，林鸣与副总经理吴凤亮、副总工程师翟世鸿一行人来到广东台山核电站，为的是考察混凝土搅拌机。他发现核电站中间都有一个核岛，混凝土量很大，这与港珠澳大桥沉管的大体积混凝土很相似。核岛的混凝土控裂要求是最高的，他们是如何控制裂缝的？林鸣在与核电站商谈混凝土搅拌机的同时，就核岛的混凝土控裂技术进行了仔细的交谈。随后，他又跑了好几个核电站，寻找大体积混凝土控裂的奥秘。他发现大体积混凝土浇筑不出现裂缝并非不可以做到，关键是要有一系

列科学有效的温控措施，而且需要全体人员在施工过程每一个细节不折不扣地落实到位。

林鸣提出取消大体积混凝土中常用的冷却水管，想尽一切办法降低混凝土入模温度，在温控上取得突破。

按照林鸣的要求，屠柳青把国内的核电工程都跑了个遍，调研的足迹甚至还到了越南。她发现大型核电站、水电站的混凝土控裂，都是建造一个庞大的风冷系统，用风冷集料或水冷集料，从源头上控制住集料温度，进而控制住混凝土的温度变化。但是建造这样的系统投入太大，核电站一般几百万方的混凝土摊销成本还可以，港珠澳大桥沉管混凝土是近百万方，建一个庞大的风冷系统从经济上肯定是不可行的。那么，有没有别的办法呢？屠柳青和她的团队经过分析，发现沉管混凝土浇筑环境与核电站不同，集料温度不必控制在15℃，在24℃即可。通过在集料搅拌过程中添加碎冰可以达到这个要求。相比风冷、水冷来说，加冰是一个技术和经济性价比最好的方案。

屠柳青的团队建立了一个大型有限元温控仿真计算模型，按照沉管设计的浇筑要求，寻找实现温控的三个关键数值：混凝土的最初入模温度、内部最大应力变化和最高温度。经过上百次计算，方案的雏形几度修改。

“林总一直很坚定地给我们信心，告诉我们控裂肯定是可以做到的，只要你们通过计算达到了标准，我们就可以去实现。”屠柳青说，“在这样一个信念的支持下，我们最终在投标阶段拿出了计算可以过关的方案。”

但林鸣要求屠柳青的不仅仅是做一个科研，更要做过程中的质量控制，把中心试验室也承担起来，不只在纸上论证了它是可行的，必须要通过自己的工作把质量控制好，真正做到不裂。

“其实在当时我们也只是一个理论的计算，觉得是可以控制住的，但是实际上过程中还有太多的细节，都可能会导致失败。这种工程如果出现了很严重的裂缝，大家都是没法面对和交代的。”屠柳青很为难，她有很多理由可以退缩，但是林鸣的坚定让她最终下了决心，“林总当时给我们单位发了一个函，如果想做这件事，我本人必须要到现场。我从一个搞科研的人，突然像从军了一样，到战场上来真正实践自己的科研目标，应该说真是有很多的挑战。”

林鸣没有让屠柳青孤军作战，他还组织了另一支力量，中交四航研究院建材研究所副所长张宝兰带队，组成了桂山岛预制工厂混凝土控裂试验室，专门负责沉管浇筑全过程的控裂。

两位女将，一个在总部营地，一个在岛上预制现场，里应外合，分头把关，为沉管混凝土编织了一张密布的温度监控网。

好几个月的时间里，屠柳青团队跟着副总经理吴凤亮跑遍了大半个中国。按照林鸣提出的“只选最适合的，不局限于地点和成本”的原则，他们在选材上动足了脑筋。矿粉来自北京首钢，粉煤灰选自江苏，水泥从广西运来。选择广西的水泥，不仅是因为广西的水泥体积稳定性好，水化热比较低，而且考虑它有一个船运的过程，可以让水泥在运输的过程中降低温度，这对控裂非常有好处。如果就近选择一些水泥，可能运输很快，但是它的温度很高，对控裂有很大的影响。

混凝土的配合比是混凝土诞生的关键一步。张宝兰为了寻找最适合沉管预制混凝土的配合比，做了上千组试验。中交四航研究院依托 20 年来在湛江暴露试验站采集积累的数据，进行的 120 年混凝土耐久性科研课题研究，为混凝土配方的确定提供了有力的支撑。跟混凝土打了 20 多年交道的张宝兰已经做过无数次混凝土配合比试验，但这次与以往不同，沉管预制厂位于孤岛上，“同一配合比经常上午打的状态和下午的状态都不同，甚至相同的一堆材料，前一罐和后一罐的状态相差都会较大。”张宝兰说。为了摸索找出原因需要不停反复试验，找到稳定的“重现性”，在耗时近1年、用坏了5个混凝土搅拌机进行了海量的试验后，一种适合港珠澳岛隧工程的低温混凝土配方终于被张宝兰找了出来。

中心试验室研究了一套原料入库、冰水冷却、防止回温、仓面喷雾、棚内养护、实时监测的综合温控方案。

原材料存放处用棚顶遮盖，整个料堆场加了喷雾管，夏季高温的时候从屋顶雾状喷淋，通过降低环境温度来降低对原材料的温度影响；搅拌机输送廊道加装了空调和风冷设备，进行风冷降温，进一步降低集料温度；对片冰拌和系统计量进行精度控制，保证冷却效率大于80%；对泵管、泵车等运输环节用隔热的保温棉包裹住，减少冷量损失。所有混凝土与外面温度相接触的地方全部都采取了封闭措施。

新浇筑的混凝土像个初生的婴儿一样受到呵护，第一个节段浇筑出来后，立即进入与模板衔接的自动喷雾混凝土养护棚，进行恒温养护和喷淋，在养护它的14天里，养护棚将根据温湿度变化自动开启，根据温度、湿度的测定结果来确定拆模时间。

不仅如此，为了全方位监控混凝土的温度变化，还运用了全自动远程监控软件，在原材料区、浇筑区、养护区、混凝土入模内部、周围环境区，全覆盖设置测控点，混凝土温度从进场到浇筑养护，完全置于保护和监控之中。

岛上的现场试验室则从严把材料关入手，对每一船运到桂山岛码头的粉煤灰、石子、水泥等进行抽样检测，合格后才准许卸货。有几次发现检测不符合标准被张宝兰坚决退了回去，谁说情也没用。这种一夫当关、万夫莫开的架势杜绝了任何不合格材料给混凝土质量带来的隐患。但也给张宝兰招来了麻烦，被退回去的船主不满意，车间等着用料也不满意，来自两面的埋怨让张宝兰委屈得直掉眼泪，差点打了退堂鼓。

这时候，林鸣频频光顾岛上试验室，询问工作情况，并给试验室立功颁奖。他对张宝兰说："你们这个试验室可是桂山岛上的一颗明珠啊！你们在最高处面朝大海，这可是咱们全岛最好的位置。"

张宝兰笑了，重新精神百倍地投入了工作。

在每一次浇筑之前，岛上试验室的技术人员都要对本批用的原材料进行现场取样做拌和试验，按照原来设定的配合比去复验调整。在试验室获得准确的配合比后，再开始按照配合比输送砂石、胶材、粉煤灰、矿粉和外加剂等所有材料进入搅拌机。搅拌机上的全智能生产线会对各种物料的百分比进行监控，如果出现误差会自动报警。这一系列严密的措施，保证了每一次浇筑的混凝土都处于最佳配比状态。

当搅拌机把经过自动计量器监控的物料倒进搅拌仓混合搅拌时，岛上试验室要依据加冰比例加入碎冰，这是最终控制混凝土的出机温度不超过 22℃的关键环节。

这也是张宝兰的集中关注点："混凝土配置的时候采用 5℃以下的冰水做拌和物，搅拌的时候用碎冰片来代替拌和水，整个混凝土的拌制过程就降低了温度。加冰量要根据季节变化和早晚温差变化调整，深夜可能加到 50 公斤、60 公斤，白天最炎热的时候要加到 70 公斤，通过调节出机的温度控制混凝土温度的上升，降低它的温升峰值。"

岛上试验室的人员要全程跟踪3400立方米混凝土浇筑的过程，随时监控混凝土温度变化并进行调整处置，保证符合要求的混凝土顺利地运送到浇筑现场。

张宝兰感叹道："3400方一次性连续的浇筑，这么密集的钢筋，浇筑点又那么远，6.5米的距离要全部流动填满，对我们混凝土的要求是相当高的。"她跟踪了第一个足尺试验节段浇筑的全过程，不断地追问现场施工人员，"你们完成振捣需要多长时间?"听到陈伟彬回答"大约6个小时"后，她立即通知试验室把缓凝的时间调整至8小时。她要让混凝土凝固的时间正好吻合在混凝土被振捣均匀的时间点上，达到一个完美的融合。

一系列严密的措施保证了混凝土浇筑的入模温度、模内最高温度和温升峰值始终在可控之中，达到了温控的关键指标。

但桂山岛上的控裂措施还不止于此。

在工厂的西南侧，4座混凝土拌和楼高高矗立在蓝天白云之下。每座拌和楼尺寸约为60米×30米，每小时生产150立方米混凝土，占地面积为约9400平方米。旁边是排列成一条直线的十几台搅拌车，与不远处布置的砂石料棚共同组成混凝土搅拌站。

这个搅拌站已经生产了将近100万立方米混凝土了，至今仍然清清爽爽，像新的一样。林鸣经常戴一个白手套去检查搅拌车、搅拌站，要求设备做到一尘不染。在每一次3400立方米的浇筑中装备不能停，要保障灌注一次完成，这是林鸣对设备站的要求。

人们印象中的混凝土搅拌站、搅拌车是被水泥灰包裹着的，可这里的一切干净得令人惊奇。"我们的设备一尘不染。"设备站副站长吴斌的话让人难以置信。可当你下意识地摸一摸搅拌机时，手上还真的一点灰都没有。

“你们的设备里不允许有一粒混凝土吗?”面对采访者的提问，吴斌的回答是：“是不能有灰，不是混凝土。”

这样的精细实在让人惊奇！

吴斌说出了其中奥秘：“混凝土有一个特点，就是在生产的时候突然某个部位污染了，在第一时间它还没凝固的时候，用一个抹布或者用水很简单就清理掉了，假如你过了 10 个小时、20 个小时再去清理它，当初可以花 10 分钟搞定的事情，后来就是用 3 天时间也达不到这个效果。我们要求工人在浇混凝土过程当中随时要去清理，就像给自己洗脸一样，随时用毛巾擦或者用水清洗。”

工人开始不习惯，混凝土粘在上面了就慢慢地敲。结果不但敲不掉，还会破坏设备表面的油漆。现在他们聪明了，一看见上面有脏东西马上冲洗或者全部抹掉，一直就保持这么新。

“让标准成为习惯，让习惯符合标准。”这是设备站总结出的管理真经。

每天生产完成后，搅拌机里面的皮带就要清洗一次。每天下午 5 点交接班，上一班要把保养做好，把油加满，把清洁做好再交给下一班，固化成一种自觉的行为。

排列整齐的搅拌罐车旁边，司机们正在洗车。对他们的要求是一样的，任何时候都要弄得干干净净。一到下暴雨，罐车司机不是往屋里跑，而是往罐车这儿跑。司机们要用雨布把罐车遮挡住，怕雨水流进去影响混凝土的质量。他们甚至会给罐车称“体重”，生怕把任何残渣带进混凝土里。

2012 年 12 月下旬的一天，Ⅲ工区一分区分管设备的副经理李阳带队到现场进行设备例行检查。来到搅拌站，不远处一字排开的 10 辆罐车在阳光下格外醒目。走近一看，洁白的车体反射着阳光；伸手一摸，光滑的表面一尘不染。但当他登上了罐体爬梯俯身往接料口方向一看时，立刻发现了问题。罐车表面虽然一尘不染，但罐体内叶片上的一大片混凝土残渣却犹如皮肤上的疤痕一样刺眼。叶片上尚有混凝土残渣，罐车“肚子里”的积料就不难想象了。李阳找来手电筒往罐体内一照，眼前所见让他感到担忧。

按照工区设备维修保养办法，每次混凝土浇筑完成都需要对罐车进行从里到外的清洁。如果不及时对罐体内的混凝土残渣进行处理，久而久之，固化的混凝土会使罐车运输量下降，混进去的残渣还会影响混凝土拌和的质量。

李阳想到了一个妙招。他要求工区每月定期在罐车油箱、水箱加满的情况下过磅，车体重量一目了然。以罐车进场时的原始重量为基础，结合每次过磅重量形成动态台账，罐车超重过多肯定是因为罐体内没有清理干净。超重部分要求驾驶员必须立即清理，超重 80 公斤对驾驶员进行警告，超重 120 公斤直接扣除驾驶员当月文明施工奖。

每次浇筑完混凝土，驾驶员都会钻进罐体内进行清洁，久而久之，罐车从内到外都得到了“减负”。5 年多来，10 辆罐车累计完成 85 万立方米混凝土的运输，而水泥罐车过磅的故事，让文明施工理念在工区所有设备操作人员心里扎了根。

吴斌和他的同伴认为：“每一个细节上都要做到极致，你才能保证这个沉管放到水里面去不出现问题。”

杨红打了个生动的比喻：“整个桂山岛生产是一个自动化的生产流水线，现代自动化生产没有设备就得卡壳，就跟打仗没有武器一样。你切割加工机坏了，绑扎就没有材料，后面混凝土肯定就浇不了。顶推出了问题推不走，后面绑扎好了钢筋笼也走不了。工厂化流水线就是这样，像流水一样，要流得动才行，设备就是这条流水线有序正常运行的保障。”

承担桂山岛管理设备的专职人员有150多人，组成了一个完备的设备管理体系。对设备的管理也像流水一样，从上游抓起。李阳对设备管理胸有成竹：“我们的要求是设备在生产过程中不能出故障，就是说有问题发现在萌芽状态中，有预见性地修理。在它还没出现问题之前，就要去维护它，保养它，维修它。比如使用一个配件，不能让它达到一个使用极限才去管它，使用达到60%~70%时，就拆下来维修，保养好再装上去，这个使用过程就没问题了。不能说一直使用到不能用了再换，那就影响生产了。”

他们专门有一个维护保养的团队，对每一台机器、每一台设备甚至部件都要建立一个档案，去摸索琢磨它究竟能使用多长时间，预判性地估计它可能出问题时，就提前更换掉或者维修好。通过这些工作，维持设备完好，让它真正做到在混凝土浇筑的时候不出问题。就是这样，细化到每一个工序，每一个细节，每一个环节，几年如一日地去坚持！

李阳觉得：“我们操作这个设备，设备就是你自己个人的口碑，你的颜面。设备不好了，你自己脸上都无光。”

难怪所有来过桂山岛上的人，都对已使用了6年还崭新如初的搅拌机、搅拌车惊叹不已。

一个来自日本的工程考察团抚摸着罐车轮胎赞不绝口，说走了世界上很多国家，参观了无数的工地，没有看见过有一个工地的混凝土罐车能保养到这个水平，只有东京的汽车轮胎能够和这个颜色相媲美。

原中港集团总裁刘怀远来到混凝土运输车前，看见所有的车辆停放得整整齐齐，白色的车身上一尘不染，连轮胎上都没有灰尘，问道："你们这些车辆是不是昨天才上岛，还没有投入使用?"当得知所有的混凝土运输车已经完成了几十次管节浇筑和运输任务后，这位和建筑工地打了一辈子交道的老交通人十分感慨："你们颠覆了传统建筑工地的概念，谁说建筑工地就是脏乱差的代名词? 这是我见过的最美的工地!"

一向以严厉著称的林鸣，对设备管理给予了很高的评价："我们混凝土的设备，在浇筑过程当中没有出现过一次故障。四五年时间在这样一个海岛不出任何问题，对装备，对管理，对我们操作工人来说，都是非常困难的。但是我们做到了，这就是我们提倡的工匠精神。"

浇筑的精髓

2012 年的一天，林鸣来到桂山岛。刚下船登上码头，竟发现岛上预制厂全体人员站在道路边热烈鼓掌列队欢迎，这让林鸣颇感意外！因为不久前，他还因为混凝土泵送输送系统问题跟他们拍过桌子。

沉管混凝土的全断面浇筑施工，从料场到浇筑点，选择什么样的混凝土输送系统是必须解决的问题。

当时负责预制工厂生产工艺的翟世鸿认为："常规一般都是泵送混凝土，我们也想搞点创新，这次搞皮带输送。我们调研了好多次，几个工序在一块讨论，大家都觉得用皮带输送完全可以。"

林鸣对这个方案颇感疑虑，但在工区的坚持下，他同意让工区进行一下试验。当时分别用两个小节段进行了足尺模型浇筑试验，第一个节段利用皮带机输送进行混凝土浇筑，第二节段采用搅拌运输车+地泵方式输送浇筑。

试验结果表明，用皮带输送方式很不顺利，一个小节段足足浇了 40 个小时，现场乱七八糟。而用泵送方式输送的第二个节段在浇筑时间和混凝土性能上都优于第一个。

翟世鸿回忆："林总很明确地表态，取消皮带输送系统，不用这个工艺了。我当时这个思维还没有转过来，不愿意放弃，认为皮带输送没问题，只是设备没调好。林总在会上拍了桌子说，不要再折腾了！这个事情不能这样弄了，马上换泵送，安排重新采购。现在回忆起来，当时这个决策要有很大的勇气。"

混凝土皮带输送系统已经准备了 4 个多月了，现在要更换设备，重新采购和安装调试，这么大的变更，来得及吗？对方要是不同意来回扯皮怎么办？翟世鸿心里非常犹豫和担心！但林鸣认为发现失误就要马上纠正，一切从工程实际出发，不能犹犹豫豫，贻误战机。

林鸣制定了上、中、下三策，带着翟世鸿与对方重新谈判变更合同，舌战群儒，晓以利害，还是与这一家供应商合作，把原来的粉料皮带输送系统全部换成泵送系统。最后以上策取胜，成本没有增加，泵送系统迅速安装调试成功，为混凝土管节正式浇筑做好了准备。

梁杰忠回忆说："后来我们改成了泵送，整个系统很清爽，效率、成本都更可控。总部在工艺调整上非常务实，发现不合适的地方就马上决策，实事求是改进，港珠澳大桥岛隧工程进展顺畅，跟总部的务实决策作风有很大关系。"

这一次上岛，全岛人员用列队和掌声表达了心里对这一决策的拥护和叹服，员工眼神中满含的信任让林鸣心情格外舒畅！每当提起此事，他都会眉开眼笑："这可是我上岛受到的最真诚的一次欢迎!”

万事俱备，只欠东风。

浇筑环节即将开始，这是决定管节预制成败的关键。“百万方混凝土浇筑无裂缝”的目标能否实现也将在这个环节见分晓。

土木工程行业内混凝土有裂缝是常规现象，小体积混凝土浇筑裂缝问题还没有完全解决，何况这么大体积的混凝土？要做到浇筑没有裂缝，在此之前还没有实现过。

为保证沉管耐久性要求，管节预制采用全断面浇筑工艺，一次浇筑混凝土3413立方米，而且必须保证在30小时内浇筑完毕，平均浇筑强度约114立方米/小时。

林鸣提出：“混凝土浇筑的关键是均匀。一个管节每一次浇筑混凝土3400方，一定要按照一个规定的强度去做，底板几个小时，侧墙几个小时，先做哪一块后做哪一块，一定要按照工艺的规定要求做得非常均匀。”

为了达到振捣均匀，总部和车间采取了极为细致的措施。把振捣区域划分成责任区，落实责任人。对整个下料的过程，每个部位下多少料，每一片区多长时间振完，都做了精细计算，精确到每个区要振多少棒，每个棒要振多少秒，按照这个路子保证每一片、每个点的振捣均匀。

在几次浇筑试验中，林鸣在现场仔细观察着工人的动作，他发现在密集的钢筋笼里，工人手里的振捣棒又大又重，操作起来很不方便，有些地方难免出现振捣不到位的死角，于是总部考虑在国产振捣棒和进口振捣棒之间进行比选。进口振捣棒虽然成本比较高，但体积小，分量轻，振捣频率高，工人拿在手里好操作，对保证浇筑质量可以提供更可靠的保障，最后决定全部使用进口振捣棒。

钢筋笼的密度前所未有，有些地方振捣难以达到。设计负责人刘晓东带着设计师与工人一起钻到钢筋笼里寻找解决办法。设计与施工密切结合，在不影响整体结构受力的情况下，设计团队不断优化调整钢筋笼设计，让钢筋为预埋件让路，为振捣留出通道。

每一位操作人员都有明确的振捣标准：振动棒作用半径约为35厘米，振捣棒移动距离不能超过振捣棒作用半径的1.5倍；每个振捣点振捣时间为15~30秒；快插慢拔，严格控制棒头插入混凝土的间距、深度；上层混凝土的振捣要在下层混凝土初凝前进行，并且应插入下层5~10厘米。

底板和顶板混凝土浇筑时，配置4米左右长的振捣棒，便于操作人员站在钢筋顶面进行混凝土振捣。

侧墙和中隔墙混凝土振捣时，配置长振捣棒，电动机放在顶板钢筋上，振捣人员可以从顶板钢筋的预留孔道进入墙内，站在事先布置的脚手板上，随着混凝土面的升高，更换脚手板的位置进行混凝土的振捣，以确保不出现漏振、欠振和过振的现象。

对每一振捣部位，必须振动到该部混凝土密实为止。密实的标志是混凝土停止下沉，不再冒出气泡，表面呈现平坦、翻浆。

有了如此明确的工艺标准和细致的技术措施，混凝土浇筑质量应该是万无一失了。但还有一个更重要的方面，人的因素。

林鸣要求："领导用心管工程，工人用心做工程。领导要用心对待每一位工人，要为工人创造最适合的工作条件，每一个细节都要考虑到位。"

在工地干过的人都知道，混凝土连续浇筑是一场硬仗。工人要在高达12米的巨型模板内连续振捣30多个小时，混凝土水化热产生的温度高达70℃，密闭的钢筋笼就像一座“桑拿房”，空气湿度都在90%以上，伸手一抓都能拧下一把水来。

为了防止工人中暑，厂房里加装了精心设计的空调机组，把一条条冷风管犹如“章鱼”的无数条根须，散布到每一个“人孔”，让“桑拿房”变成“空调房”。

但Ⅲ工区二分区常务副经理梁杰忠还是发现了一个问题，工人不愿意进侧墙，即使进去也待不过15分钟就出来了。他一头钻了进去，发现11.4米高、80厘米宽的侧墙里面又高又窄，转动不便，空气流通不畅。随着浇筑工作的继续，混凝土凝固过程中产生的水化热会致使模板内气温逐渐升高，在里面时间长了几乎喘不过气来。

工区立即采取措施，架设多条高压充气管道向钢筋笼内强制排风，促使笼内空气流动，加快热量散发，安装大功率的排气扇通过振捣通道提供新鲜空气，选派身体素质、心理素质过硬的振捣工人入内施工，按照每2小时一轮换的频率进行人员替换，以保证施工人员的体力充沛。采取一系列措施后，侧墙里的温度保证在了25℃左右。既改善了作业环境，又降低了钢筋笼内的温度，工人高高兴兴地进去工作，甚至进去后反而不愿出来了。

林鸣曾在项目部大力推荐过一本书，讲的是日本料理的精髓。他提出：“日本烹饪会用很多不同的刀，刀刃有厚的、薄的，带齿纹的、直线的，不同的刀切出的食材烹饪效果会不同。同样是清水煮白菜，在日本厨师手里会做出十几种不同的风味。这其中的精髓是什么？我们在土木工程上该如何借鉴？”

精细极致的追求和持之以恒的用心，就是浇筑出高品质混凝土的精髓吧！

经过6次现场小尺寸模型试验，2次足尺模型试验，18个人工岛沉箱混凝土浇筑验证，正式浇筑的日子到来了。

2012年8月5日下午3时，第一个管节开始浇筑。

在阵阵热烈的掌声和响彻云霄的鞭炮声中，林鸣签署了沉管预制厂第一号浇筑令，大桥管理局朱永灵局长按下了第一号拖泵的启动按钮。顿时，雄浑强劲的轰鸣声在这亘古荒凉的孤岛上响起，随着第一车混凝土倒入拖泵的料斗，港珠澳大桥岛隧工程首段海底隧道沉管混凝土浇筑开始。经过连续51个小时的奋战，8月7日下午6时，震耳欲聋的欢呼声和惊天动地的鞭炮声再次响起。3281立方米混凝土浇筑工作圆满完成，首段世界最大的海底沉管正式诞生！

33节沉管的生产过程，如此多道工序的严格把控，用“过五关，斩六将”来形容毫不为过。在首节沉管浇筑成功之时，首节沉管浇筑的现场总指挥——Ⅲ工区一分区生产副经理杨红却累倒了！高烧40℃，嗓子哑得说不出话来，但他觉得值得：“保大桥使用120年，质量是关键。港珠澳大桥岛隧工程海底沉管从钢筋加工到舾装完成，是一个包含着上百道子工序的生产过程。中间有许许多多的施工人员的参与，有许许多多的工序交接，任何一个人的疏忽，任何一个细节的缺陷，最终都可能形成质量事故。就是把每一个环节都做到99.9%的好，100多个工序下来，还会是一个千疮百孔的管节。必须做到100%，才能配得上这个超级工程。”

已担任Ⅲ工区二分区总工的董政在第一节沉管预制之后，深刻体会到了99.9%的工作跟100%的工作的差别有多大！他感慨地说：“在桥梁上，混凝土的浇筑质量、施工的质量只要做到99.9%，人家就认可你是非常完美的。但是水下防水的混凝土结构和钢结构，跟水上的混凝土结构完全不是一个量级，它绝对是用百分之百安全来考验你，而不是99.9%。水是无孔不入的，做防水的工作一定要追求百分之百，不能只追求99.9%，这个差别是一个质上的差别。”桂山岛预制厂的实践过程给董政提供了丰厚的土壤，他后来担任了总部的专项副总工程师，成为岛隧项目沉管预制技术专著的执笔人。

在桂山岛上，“每一节都是第一节”的理念已经在每一个员工心里深深扎根；要100%而不要99.9%的标准已经在每一个环节的质量控制中融会贯通。桂山岛的那6年，在2000多名建设者澎湃的豪情和挥洒的汗水中，充满了激情和张力，似乎什么样的人间奇迹都能创造出来。

2016年12月，随着最后一个管节E30的预制完成，港珠澳大桥桂山岛沉管预制工作完美收官，为它在港珠澳大桥中担当的重要使命画上了极为精彩的一笔。

有的人惊奇：“桂山岛预制厂真的造出了沉管?”

有的人怀疑：“上百万方混凝土浇筑没有裂缝? 怎么可能呢?”

有的人揶揄：“怎么可能从小学生一下子就变成教授了呢?”

林鸣只回答4个字：“眼见为实。”

港珠澳大桥管理局局长朱永灵确定无疑地说：“每一节沉管都经过检测，确实做到了没有裂缝。”

徐光惊喜地给林鸣打电话：“没想到你们真的建成了沉管预制工厂，更没想到你们真的把沉管做出来了!”

12月26日，在沉管预制工厂总结大会上，林鸣为沉管预制厂团队颁发锦旗，上面是5个醒目的大字——岛隧梦之队。他亲自拟就了讲话稿，面对着队列整齐、精神抖擞的团队，难抑心中激情:"6年的奋斗，你们创造了浇筑百万方混凝土无一裂缝的'神话'；6年的奋斗，你们创造了连续高强度施工，设备无一次故障的奇迹；6年的奋斗，你们创造了2203天生产无事故的安全纪录；6年的奋斗，你们创造了全世界最整洁、最温馨的沉管预制工厂！正是凭着这种艰苦创业的铁人精神，这种超越自我的工匠精神，这种不懈探索的科学精神，才让我们的团队坚强与坚韧，用6年的时光一米一米地丈量这座世纪工程，实现了6公里海底沉管隧道的延伸。"

6年来，这里从一座无人问津的荒岛变成了一座世界最大、设备最先进的现代化沉管预制工厂。2000名建设者，2000多个日日夜夜，在这里锻造成了一支追求极致、甘于奉献、无坚不摧的铁军。桂山岛让无数人感到惊异。

林鸣说:"人生能够做一两件不留遗憾的东西，实在难得！我们挑战一下自己，看能不能做一个不后悔的工程，做一个不留遗憾的工程。如果再有机会，我们会做得更好。"

当最后一节沉管浇筑完成，桂山岛预制厂完成了使命之时，硕大的车间里，机器的轰鸣已经停止，工人站立在机器旁，依依不舍地等待着跟他们的林总告别。林鸣从车间里穿过，与几百个工人一一握手，每一双手都是那么坚实有力，那么难舍难分，紧握，再紧握！这一握胜过千言万语！之后的好几天，林鸣还感觉到自己的手在隐隐作痛！

很多工人舍不得离去，林鸣给每个工人赠送2套工作服留作纪念，告诉不愿走的工人:"你们想在岛上再住多久就住多久！"

工人的身影、机器的轰鸣、流水线的转动似乎仍然依旧，曾经喧嚣而充满张力的厂房变得空空荡荡……林鸣站在沉管预制厂的厂房里沉默无语，肃然起敬！他坚信：所有的奇迹背后都是人的因素，是人的探索、智慧、创造力！

林鸣感慨地说："我这辈子，工作中的成败不会让我落泪，唯有团队、工人能够让我感动。和工人的告别会让我受不了！他们的付出，他们那种坚守和奉献……"

此后的 1 个月，林鸣一直不肯再走进预制厂。

2017 年初，一位曾参与过世界著名厄勒海峡沉管隧道建设的 77 岁荷兰隧道专家马丁·万德泼士，自费来到中国，专程来参观港珠澳大桥岛隧工程。当他在桂山岛预制厂走完一圈，看到依然整洁如新的设备、明亮清洁的厂房和似乎随时准备整装待发的流水线之后，竟然十分感慨地说了一句：

"他在等谁?"

▲ 海上钢圆筒快速筑岛，八锤联动振动系统吊起大钢圆筒振沉入海 （乔晓辰摄）

▲ 东人工岛即将合围成岛 （黄乔摄）

▲ 桂山岛沉管预制工厂全景

（陈向阳摄）

▲ 预制完成的沉管正在从桂山岛预制厂的坞池里出坞，准备浮运安装

（陈向阳摄）

▲ 沉管安装沉放演练 （王有祥摄）

▲ 第三次沉管浮运安装准备 （钟凡摄）

▲ 港珠澳大桥桂山岛沉管预制厂生产车间　　（朱宇光摄）

▲ 沉管预制模板浇筑系统　　（朱宇光摄）

▲ 沉管预制管节绑扎好的钢筋笼 （陈立通摄）

▲ 完成 GINA 止水带安装的沉管管节 （郭文宇摄）

第六章
龙潭虎穴也要闯

2014年元旦前夕的北京，在电子信息产业集团工作的林鸣妻子胡玉梅下班回到家里，心里隐隐有些不安，好像缺了点什么。结婚几十年了，林鸣一直是在外边跟着工程到处奔走，两人聚少离多。但不管怎样，每天肯定会有一个电话打来。

胡玉梅说：“这点他做得特别好，每天都会打个电话给我。我一般不给他打，因为他不像我们8小时工作制那样定时定点，所以总是他打电话给我。其实也没什么事儿，就问候一下。”

几十年每天都打的电话那天却没有来，晚上10点半没有，11点还没有。胡玉梅绷不住了，拿起电话打给林鸣，电话打不通，关机。胡玉梅心里更不踏实：“一般他都是24小时开机，不会关机的。这种没电的情况也极少，很少说没电了一下子蓄不上的。怎么关机了？我就挺着急的，又打了几个都是关机。过了一会儿，他打来了，说话的声音听着就跟平时不一样。”

“我说你说话声音怎么有点不对，是不是感冒了？他说没有，没什么事儿！就这样吧，这么晚了。”

胡玉梅将信将疑地挂了电话，总觉得不放心，那一晚上就不踏实了：“心想是生病了还是工程有什么事儿了？因为我知道他这个工程难，是不是有什么事儿了不告诉我？你说我多紧张，弄得那一晚上，我就乱做噩梦。”

实在忍耐不住了，胡玉梅第二天一早给项目部办公室打电话询问，办公室小李第一句话就告诉她“林总不让说……”再三追问下才知道，林鸣已在医院里，正准备手术。小李告诉胡玉梅：“林总说你不用过来了，小手术。”

胡玉梅立刻拿了两件衣服，直奔机场，赶到时，林鸣已经在手术室里了。项目部陪同的几位领导告诉她，林鸣那天正在工地现场布置工作，突然鼻子流血不止，用纸巾根本堵不住。紧急送进珠海市中大五院，医生诊断鼻腔内小动脉血管破裂，需要马上手术。

胡玉梅在医院陪护了 3 天，终于等到了第 4 天拆线的日子。没想到拆完线林鸣刚一站起来，鼻子里的血就又喷了出来。血不停地流，嘴巴里鼻子里都是血，护士用仪器吸都吸不过来，眼看着下面那个瓶子里血越来越多，根本就止不住了，大夫赶快又把鼻子堵上。

手术医生紧张得已经没主意了，赶快找专家会诊。陪同的人一边等着专家来会诊，一边把纸巾不停地往林鸣鼻子里塞，不知道拿了多少纸巾，就是止不住血。

那个时候林鸣却格外镇静，流血过多令他身体发虚，不能使劲说话，但他头脑很清醒，自己做着下一步的判断。他让旁边的人把胡玉梅叫到身边说："不能拖，要尽快手术，尽快手术！"

项目部的几位领导都赶到了医院，准备调用海事的直升机立即送广州最好的医院，但从办理手续到直升机起飞太费时间！医院联系请广州著名的耳鼻喉科专家过来，却又赶上这位专家，正好出诊不在广州。

朱永灵局长在周六下午4点多得到消息，迅速从广州赶到珠海中大五院，协助联系珠海卫生局的领导和相关专家落实治疗措施。从下午2点半拆线，到晚上10点半把专家接到医院，8个小时的时间里林鸣的鼻子一直在流血，接在瓶子里的血达到1000多毫升。

马上进行第二次手术，失血这么多，血色素已经很低了，但林鸣拒绝输血，坚持靠自己的体力恢复。

朱永灵一直看到林鸣做完手术，夜里1点才离开医院。管理局工程总监张劲文闻讯第二天也赶到医院，和项目部领导轮流陪护着林鸣。

第二次手术完成以后，医生要求卧床不能下地。可是第二天护士就看到胡玉梅陪着林鸣在医院长廊里走路了。护士惊奇地说："你怎么下床了？这可不行啊！""没事儿，我走走，练练……"林鸣一米八几的个子这时候更显得瘦高，微微摇晃着，苍白的脸上还向护士露出一丝笑意。

胡玉梅回忆说："他走得很慢，很慢。他就是这样，一般不表露出来痛苦什么的，再难受，再有什么，从来不哼哼，让你看不出来他多难受。其实他那个时候确实流血太多了，已经很虚了。"

第二次手术完已到元旦，元旦一过，胡玉梅要赶回北京上班了，林鸣也急着要出院。他心里惦记着1月17日开始的E8节沉管安装。

胡玉梅急得立刻去问医生，医生说："那怎么能去呢？刚动了手术，伤口还没长牢，要防止颤动，要卧床休息才行。海上风浪那么大，条件那么恶劣，肯定不行！"

胡玉梅对林鸣说："医生都说不行，你遥控打电话指挥是不是就可以了？"

林鸣回答："再说吧，再说吧。你放心！"

结果胡玉梅前脚走，林鸣后脚就出了医院。4 天做了 2 次全麻手术，2 次手术加起来住院一个多星期。

项目部领导班子集体去医院也没劝住，因为林鸣早就在心里对自己许下了承诺："这 33 节沉管的每一节安装我都要亲自参加指挥。"

2014 年 1 月 17 日，E8 管节如期安装。林鸣与前几次管节安装一样出现在安装指挥船上，不一样的是指挥船旁边多了一条船，船上装满了医疗设备，珠海市中大五院的医生紧随指挥船，随时准备进行必要的抢救。

自 2013 年 5 月 2 日第一节沉管历时 96 个小时安装完成之后，伶仃洋海底的沉管隧道在一米一米地延伸。E2、E3 管节用了不到 29 个小时便安装完成，随后安装的 E4、E5、E6 管节，都只用了 16 个小时便顺利告捷。12 月 8 日，E7 管节突破海底隧道 1000 米大关。所有沉管对接误差控制全部达到了 5 厘米之内。

E8 管节顺利完成后，E9 管节——水深突破 40 米关口，安装时间缩短到 19 个小时。而 E9～E27 管节的安装，将是一个重要拐点，沉管安装进入了整个隧道的深埋段。

中国的第一条外海沉管隧道，极大地吸引着林鸣和他的团队去迎接挑战，这个未知领域的探索无时无刻不在考验着他们的勇气、毅力和智慧。但，风险无处不在！一个从来没有人遇到过的深水深槽的考验正向他们迎面袭来，他们做好准备了吗？

2014 年 3 月 24 日，E10 管节开始安装。安装位置水深达 43.5 米，基槽深近 30 米，已接近 W 形基槽的最低处，位置又正好在临时航道与伶仃航道之间，隧道基槽流速加快，流向紊乱，洋流的冲力明显加大。

管节顺利浮运至安装位置，一切准备工作完成，与前 9 节操作程序一样，沉管开始下沉、顺利对接、拉合。导向杆准确地落入了导向托架，深水声呐测控系统和 GPS 测控系统数据显示，对接在正常范围内。一切显示正常，操作人员随即对 E10 管节 4 个点位进行了临时锁定。随即，测量人员从岛头进入已经安装对接完成的 E9 管节内部，打开小舱门，进入 E10 管内进行贯通测量。报告回来的测量结果却让所有人愣住了，横向偏差 8.5 厘米，超出了 5 厘米之内的预定标准。

是不是测量有问题？林鸣很奇怪这个结果，立即召集大家分析原因。发现除了当晚 GPS 短时间失锁外没有发现异常，当时为了不错过安装“窗口”没有等 GPS 恢复，是否是这个原因造成误差偏大？但 GPS 定位主要是用于沉管尾部位置的复核，这次却是头部发生了偏移，按照以往经验，只要导向杆准确落入托架，纵向偏差一般不会超过 5 厘米，而且声呐测控系统检测也没有问题。到底是怎么回事？林鸣反复地让测量人员查找原因，测量队长急得几乎快哭了。这次的内部会议开了很久，负责安装的 V 工区不甘心，主张脱开重做。林鸣把目光投向设计负责人刘晓东，问道：“从设计上审核一下，目前状况在安全上有没有问题？”

刘晓东回答：“设计上预留了 15 厘米偏差，目前 8.5 厘米

在运营安全上不会有问题。”

“为什么不能脱开重装?”项目部副总工高纪兵说，“世界上已经安装的沉管还没有在 GINA 止水带已经压接完成后再脱开的，韩国釜山隧道出现过一例拖回的，是由于 GINA 止水带侧翻，还没有形成水压力。现在 E10 已经完成压接，GINA 止水带没有超过管节的钢端壳，安全没有问题。如果脱开后损坏了钢封门，海水涌进去后果将不堪设想。而且这个位置已经处在珠江口黄金航道，一旦出现问题无法控制，会影响整个珠江口的航运，这个后果谁都无法承担。”

在找不到原因的情况下，林鸣认为风险太大不主张重新脱开。

情况上报给业主，管理局决定召开技术专家组会议进行讨论。

一时间，外界议论纷纷，“沉管安装出问题了!”各种消息迅速传开。

项目部感觉压力巨大。当时人工岛、桂山岛预制厂同时都在紧张施工生产阶段，林鸣召开内部会议对大家说:“E10 的事情别人都不要参与，由我和刘晓东、高纪兵 3 个人负责处理这件事，组成一道挡火墙，不要让整个团队受到影响，要保证生产照常进行。”

此时负责沉管安装的 V 工区技术人员拆下导向杆查看，发现上面有很多碰撞的痕迹，整个导向托架被碰歪了。这种情况在之前的 9 个管节安装中从未出现过，大家隐约感觉到这其中似乎有什么情况。

副总工程师高纪兵代表施工方在专家会上汇报安装情况，由于确切的原因一时还未找到，只能把发现导向杆被碰撞，导向托架移位的异常情况提交会议研究。这让专家们很不满意。尽管监理方汇报说，跟踪了安装施工全过程，没有发现问题，但所有专家认为问题严重。咨询方 TEC 公司提出："你们在安装工艺上有没有问题?"很多专家也对安装工艺提出质疑："你的安装方案、测控系统、成套技术会不会有问题?"有的专家甚至提出要对全部工艺重新评定改进，这等于项目部已经研发了 1 年半，安装了 10 个管节的成套安装技术遭到怀疑甚至是被全部否定。

专家会的意见，给项目部带来了空前的压力。此事也引起了交通运输部的极大重视，出现了这样的情况，项目部在管理决策上是否有问题? 交通运输部决定成立督查组，由专家组组长冯正霖带队对项目部沉管安装工序进行督查。这可是新中国成立以来，第一次由交通运输部对一个施工工序进行督查，从未有过这样的先例！香港特区政府、澳门特区政府和广东省政府对此事也极为关注，事态变得严重起来。

沉管安装作业被要求暂时停工，接受督查组的审查，整个团队感到迷茫和压抑。外界传来各种质疑，包括林鸣独断专行造成失误的议论也被传得沸沸扬扬，甚至有要把林鸣从项目部调走的传言。

督查组要求项目部把所有内部资料全拿出来，外部风险评估的资料也全部拿出来，分别审查在管理上和技术上有无问题。

将近一周的时间，高纪兵白天陪着督查组审查，晚上写汇报材料，不停地汇报各种各样的东西，回答专家提出的各种各样的疑问。这种被人审查的不信任感让他实在是受不了！

高纪兵是在 2011 年 3 月，刚刚完成中交二航局崇启大桥项目副总工的任务后，直接赶到珠海的。他已接到来港珠澳大桥岛隧项目部担任总工办副主任的通知，于是放弃了原来干完崇启大桥先回武汉总部把家安置一下的打算，直接来到港珠澳大桥岛隧工程报到。这个工程的难度和风险超出了他的想象！在沉管安装之前和第一节沉管安装之后，都有人感到这个工程风险太大而先后离开，已经担任了项目部副总工程师的高纪兵始终没有动摇过，可这次他也萌生了去意。

委屈和烦闷在高纪兵心里翻腾，他忍不住对林鸣说："我实在受不了，我们沉管安装以来付出那么多辛苦，那么多努力都白费了！真不想干了！"

林鸣直视着他的眼睛，语调舒缓地说："你怕什么？有什么事我在这顶着呢！"

高纪兵看着林总清矍的脸庞、高瘦的身影，一时语噎，竟不知说什么好。工程开工以来，人工岛施工、桂山岛预制、海底基槽基础控制、平均每月一节的外海沉管安装，几大战场同时展开，设计、勘察、科研、施工同时并举，精力和体力的消耗都超乎寻常。林鸣的体重在不知不觉中已经掉了 40 多斤，工程开始时圆润的脸庞、健硕的身躯早已不见踪影，现在的脸色还微微发青。

"林总那时手术后的身体还没完全恢复，脸色很不好。"高纪兵心里很不忍，"他平常一着急很爱发脾气，可那段时间他一次脾气都没发过。外部已经这么大的压力，他只要发一次脾气，我就真的走了。"

林鸣处在所有压力的集中点上，内心的压抑只能自己消化，作为总指挥，出现了这样的问题，他自然要负全责。他心里非常清楚："督查组来审查，一是看我们自己这套技术到底行不行。二是看我指挥这个事情有没有失误，管理上有没有漏洞，决策上有没有独断专行。”

工期这么紧张，整个团队干得这么辛苦，却要停工好几个月接受审查不说，外界的各种怀疑和猜测也让林鸣心里难以接受，一种不被信任的委屈感深深地啃噬着他。

“在职业生涯中最困难的就是你用心了，恨不得掏心掏肺在做，甚至用你的生命去做事情的时候，别人却不能理解你。这是最困难的！辛苦不算什么，不睡觉也不算什么，担风险也不算什么，皮肉之苦都不算什么。你的付出被别人误解了，精神的折磨，不被信任的折磨，这才是人生最大的痛苦。”

但作为岛隧项目的总经理，他是整个团队的领头人，他不能有任何的情绪和犹疑：“搞工程跟打仗似的，一旦开始，就没有回头路了，你作为一个指挥员，你唯一的出路就是把它做成功。带领你的队伍把它做成功，这就是你唯一的一条路，唯一的一个目标和目的。

“那个时候你伤了心，还要坚定不移，还要让你的团队不受到任何影响，让团队仍旧充满信心，感受到祖国、组织、业主都是相信我们的，让你的团队始终保持激情去完成目标。因为只有这样，你的团队才会有力量，才能爆发出持续的战斗力，否则你的团队会成为一支受伤害的团队。做这个选择是很痛苦的，什么你都得放在心里，你跟谁都没法说。”

在接受督查停工的那 4 个月里，林鸣经常深陷在自己的思绪里，各种片段不停地在他脑海里转来转去，别人跟他说话有时竟像没听见一样。

“回宿舍吃饭，想着想着事儿就出门了，连招呼都不打，思想跟身体完全处在游离状态。”胡玉梅说。

不会是得了抑郁症吧？身边的人都担心起来，刘晓东他们

建议他学学英语转移一下注意力。靠着每天背英语单词，林鸣才让自己最后捱过那段难熬的日子。

林鸣对下面提出要求，采取全面开放的态度，接受督查组的审查，督查组要求的所有资料都可以提供。他有个习惯，每一次沉管安装中的风险分析、决策分析过程，都要进行现场录像，为的是留存资料。没想到这些录像在此时派上了用场，这些现场记录让督查组看到了每一次决策程序和风险分析的全过程，现场的每一步重要决策执行前都经过了指挥小组讨论，以及监理、业主代表的认可，管理程序上无可厚非。对安装工艺的审查过程也很艰难，技术督查组的专家们也是第一次涉足外海沉管领域，一边通过看录像弄清楚沉管是如何安装的，一边审查沉管安装工艺实际操作过程有没有纰漏，结果也没有发现任何漏洞。

在配合督查组工作的同时，林鸣心里虽然压着大石头，但这并不是他最焦虑的，他相信督查组最后会有客观的结论。最让他心里着急的是问题的原因，到底是哪儿出了问题?

从导向杆的碰撞痕迹中，林鸣已经隐隐约约感觉到水下面很可能有些未知因素在起作用，但还找不到根本原因。这个碰撞力到底是怎么来的呢?

项目部没有坐以待毙等待审查结果，而是组织内部力量从各方面抓紧查找原因。负责安装施工的Ⅴ工区更是不甘心，他们反复回忆当时安装的过程和每一个细节，测量员把 E10 整个安装过程的测量数据还原，做成了一条曲线。果然发现了问题!在这条曲线上可以明显看出，管节拉合之后进行 GINA 止水带压接到 3 厘米时，突然出现了很大的摆动，从刚开始的 3 厘米突然摆到了 8 厘米，这说明海底洋流确实有异常情况。

林鸣马上找到国家海洋环境预报中心进行海流气象分析。王彰贵总工程师告诉林鸣，通过一系列数模分析，他们发现 E10 出现的情况很像洋流中的“内波”现象。

王彰贵说：“海流通常情况下是上面流速大，下面流速小。但当海水两层盐度不一致时，形成上面密度高下面密度低的分层现象，船行至密度低的区域时浮力忽然变小，就会向下沉，像到了悬崖一样，这种现象叫‘内波’。这种类似齿轮似的剪切力非常大，台湾海峡曾出现过军舰在遭遇‘内波’时被剪断的现象。”

港珠澳工程所在的珠江口是江海交汇区，咸淡水交叉。汛期大量的江水倾泻入海，重力流往下走，下面的海水密度高浮力大；而枯水期海水倒灌，重力流往上走，高密度的海水浮在上面，下面反而密度低浮力小。E10 管节安装时间是 3 月，正是珠江口的枯水期，这时海水的咸淡分层发生了变化，加之海底深槽造成的地形变化，很可能引起了“内波”现象，造成了沉管突然发生大幅度的摆动。

王彰贵总工程师带领国家海洋环境预报中心检测组对现场进行了实际检测，发现水下流速可达到 1 米多/秒。

“1 米/秒的流速对我们沉管可以产生上千吨的力，足可以把沉管推动。”高纪兵说，“这也正好和我们测量还原的那条曲线相吻合。”

“在 E10 之前我们从来没有遇到过这种情况，按照基本理论，水流应该是上层流速大，越往下流速越小，特别是深槽内还会有衰减才对，可是我们发现在某段时间槽底竟然存在大流速现象。”副总经理刘晓东很惊讶。

副总经理尹海卿感叹：“大自然的东西太神秘莫测了。确实要尊重自然规律，海洋里面还有很多东西是我们不了解的。”

林鸣找到冯正霖副部长，恳切地说：“希望督查组能给我们更多的信任和支持，看看我们是出了问题还是遇到了问题。如果我们出了问题应该审查我们，如果我们是遇到了问题应该帮助我们。”

港珠澳大桥沉管隧道自 E9 管节开始直至 E27 管节共计 19 个管节的安装水深都超过 40 米，最深处超过 45 米，E10 安装位置水深达 43.5 米。虽然土耳其博斯普鲁斯海峡沉管隧道，最大水深也曾达到约 60 米，但有别于世界范围内其他深水沉管隧道的是，港珠澳沉管隧道是深埋式深水沉管隧道，也就是说，它不止是在 40 多米深水下，还埋置于海床下 20 米的深槽中。而世界上之前的所有沉管隧道都是搁置在海床上，基槽深度一般不超过 2~3 米。港珠澳大桥沉管隧道这个区段基槽的槽深是同类沉管隧道的 3~4 倍。在海底的深槽内，海流流态更加复杂，施工难度和风险陡然增大。

世界上第一条深埋沉管隧道所带来的深水深槽施工问题，是中国工程师必须要独自面对的又一个挑战。

林鸣对决策班子所有成员说：“看来我们是碰到了‘深水深槽’施工难题，这是我们从来没遇到过的，也是世界上任何沉管隧道都没有遇到过的。现在，必须由我们把这个难关闯过去！就是龙潭虎穴我们也一定要闯！”林鸣的团队开始全力攻克“深水深槽”施工难关。

他们与国家海洋环境预报中心密切合作，把对沉管施工区域的深槽观测，海流、波浪及盐度变化监测和水文信息规律分析作为专题研究。组织现场观测组对深槽内海流进行实时监测，不仅监测海面的流速，更要监测沉管安装底部洋流的情况。对海平面到施工海底每一米的海水流速进行监测，从每 2 小时预报一次提升为每 5 分钟预报一次。通过对海水流速的分层检测，更准确地掌握沉管在现场下沉对接的最有利时机。

以从海面到基槽的分层洋流动态分析作为基础，项目部在原来确定的保障沉管浮运安装最佳时机的“大窗口”基础上，又建立了保障沉管对接最佳时机的“小窗口”，为海底深水深槽沉管安装施工提供更可靠的保障。

这还不够，林鸣想到，要掌握水下安装的主动权，还必须有一套能检测沉管在水下运动姿态的系统。由于沉管在深水深槽中处于一种低频的运动状态，在测量塔和 GPS 定位中都不能完全反映出沉管的状态。而这正是一个盲点！林鸣特地去北京找到中国航空工业集团第 304 研究所，请他们协助进行沉管运动姿态计算分析，研究出管节姿态实时监测设备，解决沉放过程中对沉管运动姿态的实时监测问题。

中国航空工业集团第 304 研究所曾参与过“神州”系列飞船、三代坦克、四代飞机、C919 大飞机的数据保障任务。听到港珠澳工程遇到的难题，二话不说，利用自主创新的动态测试技术优势立即安排力量进行操作，1 个月就完成了运动姿态跟踪监测系统的各种试验。通过沉管内新安装的陀螺仪、加速度仪等设备，可以在指挥舱的显示屏上直接看到沉管的运动姿态，甚至连摇摆的速度、频率都有数字显示。这让安装团队可以更准确地选择时机，根据沉管运动状态，选择沉管处于最稳定状态时完成安装对接，进一步掌握海底沉管安装对接的主动权。

E10 安装的波折，让中国工程师探索到了外海沉管安装深水深槽环境下的特点和规律，沉管安装控制系统得到了进一步的完善。“津安 3”号指挥舱里，与各种操作系统相对应的监测显示屏已由几块增加到十几块。除了原来的锚绞系统、压载水系统、测量控制系统、精调系统、视频监督系统、检测系统之外，安装船上新增加了海流分层检测系统、沉管运动姿态检测系统。同时还在海中增加了 2 个大型的测量平台，改进了导向托架和安装缆系，增加了潜水员的水下操作视频。沉管浮运安装操作步骤和决策程序也得到了进一步优化。

4 个月后，项目部把研究制定的《深水深槽专项施工方案》交到了督查组手上。

这期间，督查组也完成了对 E10 安装的过程资料和沉管内部的实地检查。

专家组副组长徐光认为：深海沉管安装在我国是第一次做，这么复杂的工艺，需要有一个逐步完善的过程，关键是看出现偏移以后还能不能保证隧道的耐久性和可靠止水。如果止水带一半压在里面一半在外面就不行了，由于项目部设计时在要求标准的 5 厘米以外预留了 10 厘米的冗余度，现在的结果是 E10 管节的 GINA 止水带完全压在了沉管的端钢壳上，一点儿也没有露在外面。

徐光专门找冯正霖副部长进行了汇报：“这一节质量能保证，在冗余范围之内，行车道的线形也没有受到影响。”

交通运输部副部长冯正霖对港珠澳工程这一国之重器始终情有独钟，他深深了解中国第一条外海沉管隧道的挑战性和风险性。在调动工作就任中国民用航空局局长时，冯正霖辞去了在交通运输部兼任的所有职务，只要求保留了一项，就是把港珠澳大桥技术专家组组长担任到底。

在督查工作总结会上，冯正霖代表督查组做出了结论：“督查的结果证明，港珠澳岛隧工程沉管安装成套技术，管理可控、技术可控、装备可控。今后需要注意的是进一步加强对安装后续工作的预案。”

林鸣发自内心地说：“要感谢冯正霖副部长，他对工程的判断是开创性的，先试再干，允许犯错，但要保证成功。”

这次交通运输部的督查虽然让岛隧项目部备受煎熬，但其结果却对岛隧工程的沉管安装成套工艺起到了关键作用。这套完全是中国人自己研发的工艺和设备到底行不行，国内外专家曾持有一定的怀疑态度。督查组的结论证明了整个成套技术、工艺和管理可行，给后续的安装起到了“定海神针”的作用。

外界的质疑随之消除。E10 的经历，促使中国的外海沉管安装技术开始走向成熟。

E11，项目部为了追回损失的时间，抢在两次台风的间隙完成了安装。

E20，安装团队突然遭遇异常波，海面忽然掀起一阵大浪，无踪无迹，不知从何而来，安装船发生剧烈摇晃，此时的管节正吊在安装船上。安装船是通过 12 条缆绳来调节沉管的水平姿态的，8 万吨的重物在海水中随之动荡，很容易出现失控状态。副总经理尹海卿见状立刻提出赶快把缆绳放松：“这时候必须把缆绳放松，去适应海浪的外力，不能跟它硬抗，抗不起，等异常波过去后再操作。”

“异常波是指在无风无浪的情况下，突然来一个大波，不明原因。它经常来势凶猛，却短时间即过。”王彰贵指出，“我们后来在船的上游设立了监测设备，通过监测发现规律，提前进行预警。”

通过在测量系统的两端设立两道警戒线，用新研发的异常波报警系统提前 15 分钟预警，起到了帮助安装团队把异常波躲避过去的作用。

随着桂山岛的坞门里一节一节地送出沉管，伶仃洋海底的沉管隧道也在一米一米地延伸。从第一节沉管安装 96 个小时的学费，到 E10 管节后的走向成熟。中国的第一支外海沉管安装团队，以铁人的拼搏、工匠的执着、科学家的探索精神，追求着“世界级一流工程”的最高目标，从未知开始起步，向沉管隧道领域的高峰攀登！每一次都如走钢丝，每一次都箭在弦上，在一次次的跌宕起伏中去获得外海沉管安装技术领域的突破和自由。

第七章 历尽蹉跎 E15

2014 年 11 月 15 日，是 E15 沉管预定的安装作业“窗口”，安装团队一早就做着出海的准备。项目部副总工程师、质量总监刘亚平拿着一个玻璃瓶急匆匆地走向会议室。

一场临时召开的讨论正在桂山岛会议室进行。今天一早传来消息，潜水员通过探摸发现，E15 管节安装位置的基础碎石垄顶上有 3~4 公分的回淤。指挥部要求立即现场取样分析，当刘亚平拿着隧道基槽的现场取样走进会议室时，讨论已经开始。

“会开了很长时间，大家很纠结，到底行不行?”副总经理尹海卿对当时的讨论印象深刻，“现场取样是稀薄的浮泥，而且只有 3~4 公分，当时我们考虑能否在安装时把淤泥挤出去。”

副总工刘亚平也如此认为：“按照当时的情况

感觉问题不大，淤泥很稀薄，考虑到碎石基床的垄沟有一定的纳淤能力，应该能挤得出去。”

讨论一直持续到了中午。趁着大家吃午饭的时间，林鸣叫了一艘快艇直接赶到E15安装地点，看着潜水员下去再做一次勘察，结果仍是稀薄的淤泥，跟刘亚平带回来的采样一样。

下午讨论的结果是决定出坞。2014年11月15日18时30分，在14艘大马力拖轮带动下，180米长、8万吨重的E15管节像是一艘巨大的航母，经过十几个小时的航行浮运到达安装地点。此时，已是16日早上6时。完成系泊等一系列准备工作之后，开始进入安装对接程序准备下沉。

这时，林鸣感到还是不太放心，他临时加了一个程序，通知潜水员再次探摸基槽情况，潜水员立即下水取样。

这次潜水带回来的采样让大家大吃一惊，跟前一天的情况已经不一样了，原本稀薄的淤泥密度明显加大，插根筷子都能立住了。

质量总监刘亚平提醒大家：“按照第一天淤泥稀薄的状态，没有太大问题。但当淤泥密度加大以后，沉管放下去就有可能挤不掉，甚至像个西瓜皮一样打滑。”

怎么办？林鸣召集大家讨论，意见分歧很大。有人主张放下去试试，E1管节也有轻微回淤，不是也放下去了吗？有人主张把管节先拖到旁边位置，组织人力和设备清淤，清淤完成后再沉放。还有一种结果显而易见，需要把沉管拖回去，另择时机再安装，但这是所有人最不愿意看到的结果。

负责安装的Ⅴ工区常务副经理宿发强尤其难以接受：“我是不同意回去的，拖回去不是等于返工了吗？”

“看见沉管出坞已经不算很难了，出坞之前要做大量的工作。每次安装之前的舾装调试，包括阀门、零件、每个螺丝、逐个部件全部都要重新调试。准备工作最长的时候要 20 天左右。”当时的Ⅴ工区总工程师王强也不想返回，“我们想安装一下试试，对于操作环节来说，我们认为经过 E10 后各种安装技术的完善，应该不会有太大的问题。”

碎石整平船副船长张建军也有相同想法：“从我个人来说，当时是比较抵触的，因为我们费了那么大的力气，花了那么多的时间整平出来的基础，不安装就白费了。我们觉得回淤并不是很厚，很想试一下。”

半个多月的舾装调试和基槽整平，十几个小时的浮运，将近 20 多艘海事护航船和拖轮的出航，为的就是这一刻的沉放。现在却要无功而返，没有人愿意接受这个事实。

所有人的眼光都盯在了林鸣身上，等着他做出最后的决断。林鸣心里此时也非常纠结：“我当时想，沉管底部的面积有7000~8000平方米，潜水员能看到的只是一小块地方，大半个足球场的面积里边是什么情况并不完全知道。万一再出现像 E1、E10 那样的情况怎么办？这些不都是教训吗？但是如果拖回去，回淤并不那么严重，就那么几厘米，这一折腾就是几千万啊，工期也要损失个把月！要做这个决定真是太难了！”

现场清淤也不是短时间能清理完的，海上天气瞬息万变，当时预报后面的天气和海况并不理想。若在海上等十几个小时，沉管放不下去，沉管、设备和人都会处在极大的风险之中。

讨论会从早上一直开到了下午，不得不做出决定了！

其实连林鸣自己心里也从来没有接受过回拖的方案。但 E1 的艰难、E10 的挫折已经让他在外海沉管安装的指挥上更加沉稳成熟。思虑再三，林鸣对大家说：“看来这一次我们要选择返航了。”

大多数人对这一决定并不心甘情愿。林鸣意识到团队的统一意志是回拖成功的先决条件："往回拖真是太困难了！要靠这个团队大家的力量才能安全回去。思想不统一，谁想不通都是风险啊！这不是在家里面，不通就明天再开会讨论。在海上是不行的，撤到一半哪个船不高兴跑了怎么办？我跟每个人都讲了这句话，'下不下决心?'每个人都回答了'下决心……'我说大家说话要算数，给每个人都录了像，那时候思想也基本统一，真的下决心了。"

安装团队决定把原来用于安装的18日晚上最好的操作"窗口"，留给难度最大的沉管从外海反拖进坞池的环节。17日晚上6点吃完饭，大家养足精力以后开始回坞。

当浮运安装团队艰难地开始返航时，正逢涨潮时分，海风骤起，风力达到7级，船上的旗子被吹得呼啦啦地响，海浪哗哗地一波又一波地往船上扑，当时最大波高达到了1.4米。带缆的起重工人穿着水裤，把绳子拴在腰上下到沉管顶上去操作，大浪劈头盖脸地打下来，两个起重师傅都被海浪拍倒在甲板上，所有人的心都提到了嗓子眼。

出坞是从坞池往宽阔的海面走，而回坞则是从宽阔的海面往坞池里进，难度增加了很多倍。虽然有沉管回坞的应急预案，但真正操作还是第一次。

"按照林总的要求，每个重大风险都要有应急预案，所以我们在这之前已经有了一个回坞的应急预案，在这个基础上，林总要求我们把应急预案在现场进行细化，做成操作手册和作业指导书，每个岗位落实到人。"当时的V工区总工办主任宁进进清晰地记得回拖过程，"我们从桂山岛坞口出来时是越走越宽，压力会小一点，但是这次往回走的时候是越走越窄。从榕树头航道往预制厂支航道走时，风浪大，流速快，加上绕流的影响，对沉管姿态的控制压力很大。五六级风已是海上作业“窗口”的上限，一旦沉管控制不住将难以收拾。当时 14 艘拖轮全部都用上来控制沉管姿态，终于顺利通过了预制厂支航道。”

珠海的 11 月中下旬已有北方的寒潮来袭，当天温度只有 10℃左右，出奇的冷。被海浪打湿的衣服贴在身上，在寒风中更加冰凉刺骨。海上浮运团队艰难地拖着沉管往回走，桂山岛坞口处也是一片忙碌。宿发强派了一条船提前让测量人员赶到桂山岛，测量坞口流场情况，让起重人员提前把坞口里边卷扬机的缆绳引出来，为沉管进坞做好准备。

18 日凌晨，浮运团队到达坞口，远远地看到坞口旁边的小山上挂着照明灯，一堆堆的篝火在山坡上点燃，那是带缆的人员早早地在这里等着迎接沉管进坞。在黎明前的温度最低点，风高浪急的山脚下，他们已等了十几个小时，冻得实在不行了，就躲在山窝窝里，把能生火的东西拿来烧成一堆火，围在那儿守着……

团队的每一个人顽强冷静地执行每一项操作，8 万吨重的沉管和安装船，进坞门已无法依靠拖轮的拉力，只能靠锚缆一点一点地移动，从两边只有 2 米宽的间距中挤进坞池。从早上 6 时开始进坞操作，等到把 E15 管节安全拖回到坞池，已经是晚上 6 时。

整个 E15 沉管从出坞到回拖历时 70 多个小时，人和沉管安然无损。

虽然是拖回重装，团队表现出的坚强意志和团结协作的战斗力让林鸣深受感动。他看到了一种力量正在团队里生长，这是非常难能可贵的，必须好好珍惜！他即日召开沉管回拖成功表彰大会，给员工们立功授奖。林鸣在会上高度评价了团队在突发的挫折面前表现出的齐心协力、共克难关的顽强精神，他情不自禁地向所有员工鞠躬致敬，抬起头时竟已泪流满面。会场所有的人都站了起来，每一个人都在拼命地鼓掌，任热泪在脸上流淌！共同的追求、压力、风险和担当，把他们紧紧地联结在一起，凝成了一支无坚不摧的打不散的团队。

回来后再测量基槽情况，回淤又加厚了 10 厘米，林鸣一颗悬着的心放下了一半，这验证了第一次回拖的选择是必要的。但他更放不下的另一半是：这回淤是从哪儿来的？为什么 E14 没事，E15 就有问题了呢？也就隔了一个管节的距离，怎么会有那么大的变化呢？

林鸣跟尹海卿商量，必须尽快把这个问题搞清楚。我们搞不清楚，就请最权威的专家来，成立一个泥沙攻关组，把国内对珠江口最熟悉的权威专家全部请到，一个都别落下。

尹海卿回忆说："林总要我们请国内最好的，对珠江口最了解，在这个方面也是最权威的人来研究这个事情。我们请了天津水运工程科学研究院、南京水利科学研究院、中山大学河口海岸研究所、中交四航院等国内 25 位对珠江口泥沙、潮汐和气象方面最有研究的专家组成泥沙攻关组，由中交四航院王汝凯大师牵头开展基槽回淤专题研究。攻关组于 12 月 17 日成立，12 月 20 日就开始正式开展工作。"

首先是加强监测，项目部配合专家组，在施工现场周边近 200 平方公里海域布设了监测点，包括 6 组固定监测站和流动监测站，24 组监测仪器，每天 18 公里长距离巡测，监测风浪、径流和泥沙分布情况。为了保证数据准确，安排Ⅳ工区和Ⅴ工区两个组平行测量取样来对比验证。同时在基槽的碎石垄沟里放置一定数量的回淤盒，每天按时取放，再由专家对现场取样进行泥沙颗粒类型和颗粒粒径的分析。

宿发强说："那时候每天晚上 6 点左右，宁进进去接回淤盒，接到后就送给质量总监刘亚平博士。刘博士不管什么时间回来，不管是什么情况，每天早上都必保把回淤盒的数据测量分析做好。早上 8 点，多波束扫描的结果、回淤盒检测的结果、两个工区检测情况、泥沙检测小组和技术组的情况，都要在林总办公室进行汇报。"

攻关组还参考历史资料，进行了珠江口泥沙分布规律变化的调查，中交四航院在 200 平方公里的地形图内做地质地形测量，与他们以前测过的这一带老的地形资料做比较，通过对地形基底的变化来分析泥沙分布和泥沙颗粒粒径的变化规律。先后完成 200 组地质取样普查，30 多次密度检测，先后召开数十次专题会，分析研究泥沙产生的原因，制定应对措施，探索建立预警、预测机制的可能性。

各种分析发现，回淤物的颗粒与当地的泥沙分布规律和颗粒粒径有明显不同。

一天，林鸣从桂山岛上下来，没有直接回项目部，而是让船一直往上游走，他想去看看到底是怎么回事。"振交 4"号船一直开到了内伶仃岛，林鸣看到了七八十条采砂船正在作业，每条采砂船后面都是一大片的黄水。林鸣回来询问王汝凯大师："采砂船会不会有影响?"王大师第二天大清早带着专题组人员去那个海面查看，发现很可能这就是问题的一个原因。

项目部开始关注到挖砂对基槽回淤的影响，渐渐地发现这是影响工程的一个重要问题，并把这个分析结果上报给了业主，反映到广东省海洋与渔业局。

内部形成统一意见了，外部新的矛盾又产生了。因为涉及海洋与渔业局的采砂管理、当地采砂企业等一系列的问题，这并不是个小事情。海洋与渔业局随即也成立了专家组，开始对珠江口的异常回淤问题进行调查。

海洋与渔业局提出质疑，是否是因为工程自己的基槽开挖引起的泥沙？项目部立即停止了基槽作业 1 个月，通过采集数据发现，每当挖砂时水底的淤泥就加大，不挖时就减少。还有人提出质疑是否是基槽边坡上掉下来的泥沙？但经过采样分析，回淤的泥沙与边坡的泥沙颗粒不同。

2015 年 1 月底，根据广东省海洋与渔业局的提议，管理局在中山市召开专家讨论会。岛隧项目部和广东省海洋与渔业局分别组成的两个专家组形成了“PK”的局面，各说各的理由，各摆各的论据，看看谁的意见更有说服力。

尹海卿很欣慰地说：“最后我们的数据比较扎实，有现场实测数据，有卫星图片数据，还有从采砂场到我们基槽整个的观测数据，大潮汛是怎么样的，小潮汛是怎么样的，再加上我们历史的调查数据。他们最终感觉我们的研究比较扎实，采纳了我们的意见。”最后，专家会议确定上游内伶仃岛附近的采砂作业是造成沉管隧道回淤的主要原因。

作为业主的大桥管理局局长朱永灵下决心尽快帮助项目部解决问题，他亲自找到广东省常务副省长徐少华，说明原因，请省政府给予支持。省政府对此高度重视，马上召集省发改委、省海洋与渔业局开会进行布置。2 月 9 日，广东海事局连夜召开协调会，决定暂停采砂作业。会后，朱永灵陪同省发改委主任李春洪、广东海事局局长梁建伟、省海洋与渔业局副局长屈家树，请 7 家采砂企业的负责人一起吃饭，向他们详细说明了情况，请他们对大桥工程给予支持和配合。

“当时正值春节前夕，7 家采砂企业的负责人看到省政府这么重视，很爽快地答应撤出。”朱局长回忆说。

7 家采砂企业积极响应，在不到 2 天的时间里，现场 100 余艘船舶停止采砂作业，于 2 月 11 日中午前全部撤离。回淤量的明显减少，为沉管顺利安装提供了有利的环境。

2015 年 2 月 24 日，正值大年初六，E15 沉管第二次浮运安装开始。这个春节，岛隧项目部没有人回家休假，大家摩拳擦掌，只待时机一到就送 E15 管节第二次出征。所有信息反馈没有发现异常，一切准备工作顺利进行。

离安装位置越来越近了，宿发强密切关注着测量仪表里返回的信息。作为沉管安装作业的总协调人，他负责承接林鸣总的口令，指挥测量、起重、潜水员等各部分人员进行一系列的操作。当浮运船队行进了三分之二，即将到达转向区时，测量员最先看到了异常图像。马上，指挥舱接到了监测报告：基槽发现回淤，边坡大面积滑塌！林鸣心里咯噔一下，但他没让任何人看出自己的心理变化，神色镇定地命令继续探查。

潜水员再次下水探查。发现是积攒在边坡上的回淤物发生了滑塌，厚度大概 20 到 60 厘米，一个胳膊伸进去都摸不到底。

情况发生得太突然了！当时是上午 10 点到 11 点，再一次拖回吗？备战了 2 个多月，又要无功而返吗？林鸣心里极度烦闷：“怎么回事！付出越多失望越多，我们都做成这样了，哪里出了问题？谁跟我们过不去啊？再拖回去，社会各方面会有什么反应？中交集团会有什么反应？这些反应会不会影响队伍的士气？队伍还能振作吗？我们要花多大的代价才能解决这个问题？这个代价会不会让工程受影响？”

一系列的想不通在林鸣心里冲撞着，想到的该做的都已经

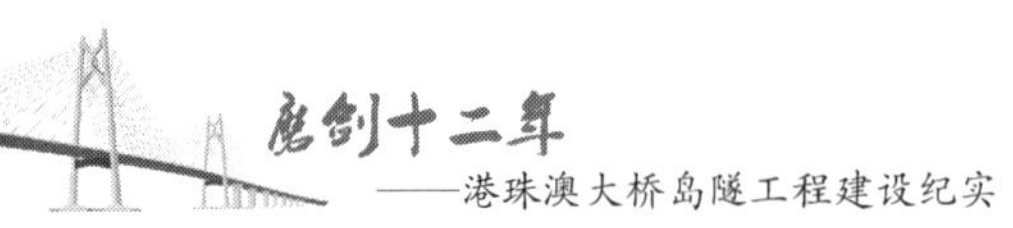

做了，老天竟给了这样一个结果！林鸣甚至怀疑自己的好运气是不是用完了？

但林鸣没有让心里的烦闷流露在脸上，看着大家焦虑的眼神，他告诫自己："这个时候你必须镇定。你的犹豫是给你自己挖坑，你只有坚定不移，才能让整件事情更有成功的机会。在那个时候你没有选择，一个聪明的、有理性的人，那时候一定要更加坚定，从内心更加坚定，而且要把内心的坚定透露出来影响你的团队，这样你才有可能成功。"

他很确定的是："你可以有错误，可以有挫折，但不能造成后果，不能让工程出事。你甚至可以再次失败而返，但是工程不能出事。这是你的底线，要确保大桥 120 年寿命，不能有任何鲁莽和草率。"

林鸣召集现场指挥决策组商议："我们这个编队看来要再次返航了。"他沉静地面对着话筒说："我们必须学会适应，强迫自己学会适应，因为我们的对手太强大了。这次要再一次中止安装作业，返回深坞待机安装。"

指挥船上一片寂静，失败的沮丧、不服气的泪水已经憋在了很多人的眼里。

林鸣对宿发强说："宿总，你把后面返航的安排给大家说一下吧。"

宿发强伸手拿过话筒，还没开口眼泪就掉了下来，心里说不出的滋味儿。整个团队 2 个多月没有休息，春节没有一个人回家，电视里天天唱着"常回家看看"，弟兄们憋着一口气就等着完成这一放，大家没少努力，可是……宿发强几次想张口说话，几次都哽咽着发不出声来，最后干脆把话筒推给了坐在身边的副总经理黄维民。

而黄维民这时已经是泪流满面！作为负责施工生产管理的副总经理，在每次安装前，他要把四五十道工序列成计划表，召集海事、港口、航道等外部单位开会协商，与国家海洋环境预报中心保持沟通，还要协调、检查内部各工区的施工生产是否与计划相吻合。每次的辛苦之后换来的是隧道节节延伸的愉悦，可今天大家已经付出了这么多，为什么竟是这样的结果?

管理局工程管理部副部长钟辉虹在甲板上用步话机紧急汇报："这里出现了边坡大面积滑塌，E15 决定第二次回拖返航。"

朱永灵局长接到电话，无法抑制的泪水一下子滚落下来！大年初六，办公室里没有别人，朱局长不用怕别人看见自己掉泪。一个人坐在办公室里，他心里百般纠结："第一次回拖的时候，事情来得很突然，觉得还能接受，因为工程总是有坎坷的嘛！这第二次大家整个春节期间都没休息，全部人马都是铆着劲儿啊，把采砂也停了，什么都准备好了，天气也很好，就等着这个好消息了，突然传来这么一个消息！一个多月的准备工作，就这么白做了！大家会怎么想? 现场的建设团队能不能接受这个结果?"

更让他纠结的是，该怎么告诉徐少华副省长这个消息呢? 此刻，广东省委常委、常务副省长徐少华正在等待 E15 安装成功的消息，准备亲自到项目部表示祝贺。朱永灵想来想去，怕自己一时控制不好情绪，没敢打电话，而是给徐少华副省长发了条短信："徐省长，您先不用去岛隧项目部了，这次由于边坡发生意外滑塌，没有安装成功。"

徐少华副省长马上回答："那我就更需要去了！"

伶仃洋上，安装团队开始第二次返航。24 日下午 4 点，团

队开始往回走，晚上 10 时 30 分到坞口系泊位置，完成进坞已是 25 日早上 6 点多。

两次出征两次返回，基槽回淤程度前所未有，清淤工作和碎石基床整平工作反复进行了两次，安装工作停止了 3 个多月。这才是第 15 个管节，后面还有 18 节沉管等着安装呢！这海底沉管隧道还能不能安装完成？不少人心里在打鼓。

港珠澳沉管隧道突然遇到的难题引起了各方关注。

徐少华代表广东省委、省政府第一时间赶到项目部看望慰问，了解施工存在的困难。他明确表示："港珠澳大桥隧道沉管安装，是广东省当前大局中的大局，一定要确保。"

广东省政府先后 4 次召开协调会议，通过调查发现采砂作业确实与隧道基槽回淤有密切关系，春节后采砂一恢复，回淤物就明显增加。省政府决定，彻底停止采砂作业一年，给沉管安装创造条件。采砂企业的损失由政府补偿，用延长采砂时间的方式，停一天赔一天半。内伶仃岛 200 多艘采砂船、1 万多名采砂工人全部撤出。

朱永灵同时把情况报告给交通运输部副部长、专家组组长冯正霖，冯正霖回话："必要时，我们调动全国的专家力量来会诊。"

中交集团迅速组织各参建单位主要领导齐聚珠海，召开指挥长现场办公会，召集各局总工程师为工程建设建言献策，鼎力支持岛隧工程顺利推进。

在三次出坞两次回拖的半年时间里，预制厂生产由于管节无处存放也不得不暂时停工。这时，林鸣最大的担心是队伍会不会散？生产流水线一旦停止，又正值春节期间，1000 多个工人很容易流失。这是最大的风险！这些工人都是经过多年培训，好不容易凝聚起来的，每个人都很宝贵。林鸣来到桂山岛，反复向工区强调："你们的任务就是要让队伍稳定，不能因为停工导致人员的流失。骨干一个不能流失，一般的员工至少要保证95%稳定。"

为了稳定工人的情绪，工区持续组织开展了丰富多彩的培训项目，班组安全教育培训、安全驾驶培训、钢筋施工培训、预埋件施工及质量控制培训、混凝土输送班组安全培训、液压基础知识培训、起重吊装安全知识培训等，让岛上的建设者们充分利用这段时间给自己"充电"。预制厂还举行了安全知识竞赛、篮球比赛，以及钢筋加工绑扎、布料机操作和驾驶技能等技术比武，激发工人的进取心。

牛头岛上，出现了每天 1000 多人排着整齐的队伍出操跑步的奇观。半年时间过去，不要说骨干没走，连普通员工一个也没流失。困难反而成了磨刀石，把人的意志磨砺得更加坚硬锐利。大家憋足了劲儿，总想赶快投入生产。练武、培训、患难与共的过程，反而让大家的关系更加密切，技能进一步得到提升。恢复生产的号令一下，团队的战斗力空前高涨，复工大会上群情激昂，停工以后的团队面貌达到预制厂建成以来最好的一个状态。

队伍的成熟让林鸣感到欣慰："每过一个难关，尤其是很困难的时候，如果你能挺过来，往往会给你团队的凝聚力、战斗力加分。这么多年的加分，始终保持着，你的团队会变得越来越强。我相信铁军就是这么练出来的。我们这支铁军经过了很多年，那么多大大小小的难关就像是战役，一场一场的战役，斗智斗勇，同时也和大自然和谐相处，该敬畏就敬畏，该争取就争取，该去闯就去闯。"

大年初十，广州航道局董事长林少敏带着一拨人来到项目部，林鸣说："都这时候了你还拜什么年?"林少敏说："这么大面积的回淤只用'捷龙'号清淤船还不得弄到猴年马月去呀，我想到一个新方法，用耙吸船给你试一试。"

耙吸船一般是用来挖泥的，林少敏亲自到现场，找了个总船长，带着他的徒弟在现场做试验，用新改造的耙吸船来清理边坡回淤和槽底的碎石，效率很高。耙吸船和"捷龙"号共同进行大面积的清淤，"津平 1"号整平船在清淤后又进行第三次碎石基床铺设，为 E15 的第三次出征做好准备。

第三次出发之前，安装团队在桂山岛报告厅召开了动员大会，包括所有船员和潜水队员，共 200 多人。

"在大会上从职工的眼里看到的不是沮丧，而是一种不服输的精神。"V 工区书记王有祥说，"那会儿我们跟职工传递的思想是什么呢? 这不是一次失败，这是一次科学的选择过程，今天的后退是为了明天大踏步地前进。"

2015 年 3 月 25 日凌晨 4 时 30 分，经过对"窗口"期海浪、天气和泥沙运动情况科学分析评估，E15 沉管第三次浮运安装开始了!

25 个小时之后，V 工区总工程师王强向林鸣报告："报告总指挥长，E15 沉管水力压接现已顺利完成。测控系统监测显示，沉管首尾端轴线偏差满足设计要求。"

顿时，"津安 3"号沉管安装船的指挥舱里响起了震耳欲聋的掌声和欢呼声! 从 2014 年 10 月下旬开始，林鸣和他的团队经过 5 个多月的艰苦努力，8 万吨巨型沉管在茫茫大海上 3 次浮运，2 次返航，终于取得安装对接的圆满成功。至此，港珠澳大桥沉管隧道已建总长达 2565 米。

但项目部并没有停留在 E15 成功的欢欣上，每经历一次挫折就要有一分收获，这是林鸣的思维常态。他说："工程过去了但问题不能过去，不能放过任何蛛丝马迹。"

E15 安装的蹉跎让他深切地感到了回淤这只"拦路虎"！他要求大家借此机会攻克泥沙难题，在外海沉管安装技术泥沙回淤的研究上有所突破。

2016 年底，在基槽回淤泥沙专题攻关组大量的数据积累和规律分析基础上，项目部建立了"泥沙回淤预警预报系统"，把泥沙检测情况纳入每一次安装作业"窗口"。

但是，在每次清淤的同时，碎石基床的垄沟也会遭到损坏，能否研制出一种可以只吸淤泥而不扰动碎石的清淤设备？这是林鸣心里早已在琢磨的一个问题，E15 的案例正好是一个契机。他把这个想法端出来，找到振华重工商议。当初研发"津平 1"号的技术负责人王学军一听，觉得是个好主意。他们参照碎石整平船整平头的操作原理，在碎石整平船上加装了清淤装置，可以在碎石基床上直接清淤而不损坏基床，避免了基床重铺影响工期。这套新研发的设备在之后 E22 安装遭遇严重回淤时，及时发挥了重要作用，避免了重蹈 E15 的覆辙。

林鸣认为："很偶然的现象中可能隐藏着大道理。不轻易放过一个现象、一个细节，执着地从现象中弄清原因，搞清楚规律，这就是我们提倡的科学精神。"

在一次次的安装检测观察中，项目部还发现了一个规律：20 天之内，泥沙颗粒会沉淀在碎石基床上的垄沟里，20 天之后就会在垄沟上逐渐形成回淤。他们由此设计出了基床回淤量计算方法，每一个管节安装间隔尽量与基床的纳淤周期相吻合，进一步获取了沉管安装避免回淤的主动权。第一节曲线管节 E33

安装准备期是40天，通过计算发现回淤量将超过标准无法满足安装要求，于是安装团队预先采取相关防淤措施控制回淤量，保证了E33管节的安装不被淤泥所困扰，如期安装成功。对基槽回淤问题的一系列深入研究和突破，使中国的沉管安装技术团队从淤泥的困扰中解脱出来，获得了更大的自由。

E15管节的安装过程，是岛隧项目部所有人最难忘的一次经历，真可谓“艰难困苦，玉汝于成”，同时也作为一个工程案例引起了多方面的关注和思索。

朱永灵意识到：“这个风险不应由承包人承担，而应由政府承担。”他从业主的角度考虑应该给承包方调整概算。

朱永灵表示：“这个项目，全世界都没有做过，我们原来的定额都是参照杭州湾大桥、东海大桥这些项目测定的。因为海况不一样，方案也不一样，这些定额实际上是没法参照的。我们当时就意识到这个可能会有问题，所以从2011年开始就委托了省交通运输工程造价管理站，对整个施工过程的定额进行测定。现在我们提出调整概算的理由香港特区政府、澳门特区政府和广东省政府都表示认可。”

E15安装历尽蹉跎的过程，让大家都清楚地看到了工程的难度，看到了承包人过重的负担。调整工程概算的问题不可避免。在专责小组会上，国家发改委副主任、专责小组组长徐宪平明确表态：“尊重合同、完善程序、实事求是、合理调整。”

朱永灵局长说：“我们要通过调概解决资金缺口，让承包人有信心往下做。”

作为业主的大桥管理局通过调整计量支付节点、加快计量支付流程、采用暂计量等方式，为承包方解决资金困难。

林鸣万千感慨难以言表，他此时最想说的是："在困难的时候更看出我们国家制度的优越性。政府那么关心，社会付出那么大的代价，1 万多人的停工，有 9 个月珠江口的砂价飞涨，我们一定要回报社会。"

在 2015 年随后的时间里，岛隧项目部抓住每一个"窗口"时机，精心安排施工作业，甚至在 1 个月内安装完成 2 个管节，创造了 1 年安装 10 个管节的"中国速度"。

朱永灵局长深有感触："这种情况如果在国外，多半是承包方停工等待索赔。许多国外专家都很感慨，E15 的解决过程让他们佩服得不得了，他们看到了我们的制度优势，说只有你们中国才能做到这样。"

E15 的安装过程让荷兰专家汉斯深受触动，他认为这是一个很有意义的案例："回淤可能在很长一段时间内难以解决，导致工期延误、成本大幅提高。但在这个项目里面，承包人、业主、设计单位、咨询以及有关部门，大家坐下来，以专业、公平、合理的方式分析问题，向有关部门提出了考虑所有相关方利益的实际解决办法。而有关部门也以非常高效的方式促成了该方法的实现。当时大家都是形成一股合力来考虑如何解决这个问题，最后解决得也很好，解决的速度非常快。这要在国外的话可能还没有这么高效，这让我印象很深。我相信，许多国家可以从中国高效地解决这个问题中学到很多。"

2016 年 2 月，林鸣、刘晓东为解决最终接头的止水带问题去荷兰商谈业务。从特瑞堡公司出来后，刘晓东建议林鸣："去 TEC 公司看看吧，来都来了。"林鸣本不想去，但在刘晓东的劝说下还是走进了 TEC 公司的大门。令他没有想到的是，汉斯和公司的其他高管都站在门口热烈地迎接他们。

原来，李英听到他们要去荷兰的消息之后，迅速通知了汉斯，自己也希望从中国飞去荷兰接待他们，并再三说服刘晓东一定要想办法促成这次会面。

汉斯的真诚让林鸣感动，交谈在愉快的气氛中进行。汉斯询问着沉管隧道最终接头的研究情况，林鸣顺手拿起一支粉笔，在会议室的黑板上画出了最终接头的设计构造。边画边谈，2个小时的时间在不知不觉中过去，大家相谈甚欢。

在每一个重大的超级工程实施过程中，由于在工程中所处的角度和思维方式不同，工程师之间、工程有关的各方面之间，常常会出现很多不同的意见。尤其是在一个未知的领域里，认知不同造成的分歧更是不可避免，常常是针锋相对，甚至剑拔弩张。这几乎是所有工程中不可避免的客观存在。

而解决的方法取决于各自的眼界、胸怀和智慧。卓越的工程师内心是相通的，他们自有自己的解决办法。

林鸣后来回忆起这个过程深有感触："所有的意见都是从各自的角度为这个工程着想，外国人的质疑可以理解，要是我，我也会质疑别人。如果我很有经验，而你没有经验，我是一个业绩非常突出的工程师，而你只是刚刚入行的年轻人，你说你要拿出一个很大的改变出来，质疑你是很正常的。作为业主来讲，因为最后的责任在于他，他质疑你也很正常，他要考虑责任的问题。"

林鸣心头郁积的阴霾也一扫而光。回来后，汉斯提出想上安装船，现场观察一下沉管安装对接的全过程。林鸣欣然答应。汉斯与林鸣团队一起度过了好几个海上沉管安装的日夜。有几次正赶上强对流天气，海上风高浪急，海流瞬息万变，深夜的海面变幻莫测。林鸣在安装指挥船上镇静自若，该动则动，该静则静，每一个岗位全神贯注，准确操作，一丝不乱。施工现场恶劣的海况环境，中国工程师为实现最高目标一丝不苟的拼搏和坚持，让汉斯十分感动。他完全理解了林鸣和他所带领团队的追求，从心里发出由衷的赞叹："他们真的是从心里要干出一个好工程!"

大海像一个高深莫测的考官，不断地抛出一张张的考卷，但林鸣和他的团队已经处变不惊。安装团队一路斩关夺隘，E33、E32、E31、E29，4 个曲线段管节安装也都顺利通过。

终于到了最后一节沉管安装的时候，外界所有人都以为，总算熬到了这一天，这走钢丝的日子总算快解脱了，林鸣和他的团队该有一些轻松感了吧? 恰恰相反，他们面对的是 33 节安装对接的最高标准。

从西人工岛出发向东延伸入海里的是 E1 ~ E29 管节，从东人工岛出发延伸入海的是 E33 ~ E31 管节，最后一节 E30 肩负重任!

2017 年 3 月 6 日凌晨 5 时，最后一节沉管 E30 安装团队出发，27 小时 40 分钟之后，3 月 7 日上午 8 时 40 分，"津安 3"号指挥舱内一片欢呼声，E30 管节安装沉放圆满成功! 现场的尹海卿、刘晓东和梁桁都异常兴奋。"太理想了!"一向内敛严谨的他们一边说着一边拿出手机，争相拍下了大屏幕上显示的最后对接位置，要留下一个历史的纪念。

对于经历了海上 32 节沉管安装的他们，为什么对这一次安装如此激动?

项目部副总经理、设计总负责人刘晓东说："沉管隧道是串联的结构，串得越多风险越大，因为纠偏的余地越来越小，只有完全串起来才最终代表成功。从西到东是 29 个管节 5 公里多，从东到西是 4 个管节只有 1 公里不到，我们要有一个设想，中间这个口留成什么样? 这个口要为最终接头的对接创造条件。

E30 安装结果把我们几个方向的要求都达到了，纵坡和平面吻合度是最高的一次，十万分之二。这不仅仅是达到了我们一般的管理精度，而且是在最重要的时刻达到了最高的精度，跟我们预控想象的完全符合。心里觉得怎么就那么巧呢！如有神助的感觉！对最终接头更增强了信心。”

项目部副总经理尹海卿说：“在 E30 安完以后，我们要把 E29 跟 E30 两个管节的头拉过来校核一下，用多种手段来保障最后这个缺口一定要在我们可控的范围。我们原来提了三个要求，就是两边对边要平行，轴线要重合，标高要一致。现在看起来，我们的控制完全达到了我们原来想控制的目标。”

项目部设计负责人梁桁也说：“现在的贯通结果，我们 E29 是高程偏低 20 毫米，E30 高程偏低 21 毫米，只差了 1 毫米。轴线上 E29 偏南 23 毫米，E30 偏南 24 毫米，也是差 1 毫米。这个精度真的是非常让人兴奋！最后能做到这样一个程度，肯定有一点点运气在里面，但这个运气也是天道酬勤，我们花了 4 年多的时间研究最终接头，花了 1 年多的时间研究我们最后这两个管节怎么去安装，不断总结我们安装过程中的经验。这么多年的心血，最终形成这样一个结果，这里面融入了许多一线人员和技术人员的巨大付出，怎么能不兴奋!”

天道酬勤！这是林鸣和岛隧项目部决策班子里说的最多的一句话。33 节沉管安装的磨砺，一次次学费的付出和一次次坚韧的探索，外海沉管安装成套技术终于被中国的工程师们掌握在自己的手中。

美国工程院院士、中国工程院外籍院士邓文中后来在参观完港珠澳沉管隧道之后由衷地说：“中国的沉管安装团队也可以到国际上去赚几个 1.5 亿欧元了!”

第八章

海底绣花与滴水不漏

2016年，一个来自香港的电话让林鸣很高兴。来电话的是一位老朋友，曾任香港特区政府土木工程署署长的刘正光。这是一位在香港被称为“桥王”的老专家，20世纪90年代，刘正光曾是著名的香港青马大桥建设的指挥长。林鸣去青马大桥考察时，刘正光对工程品质的精细追求让林鸣十分钦佩，而同时刘正光对当时内地桥梁建设中出现的追求速度不注重精细的现象多有诟病，这也让林鸣如芒在背。林鸣心里憋着一股劲儿，一定要做一个好工程给他看看。用林鸣的话来说，他俩的关系“既是朋友，但又恩怨分明”。

港珠澳大桥岛隧工地，与香港近在咫尺。林鸣一开始就暗下决心，一定要做一个让香港人服气的工程。今天，刘正光提出要来看一看海底隧道，这正是个好机会。林鸣半开玩笑地说："我始终觉得背后有双眼睛在盯着我，挑我的毛病。今天他自己来看看，是个好事情。"

"你的隧道里要不要打雨伞、穿雨鞋呀?"刘正光在电话里问道。

林鸣哈哈大笑："什么都不用，你来看看就知道了。"

在世界上已经建成的海底隧道里，90%以上存在不同程度的渗漏现象。所以刘正光考虑带雨伞、穿雨鞋并不奇怪。他来时没带雨伞，但还是穿了双防雨鞋。

林鸣陪着刘正光走进隧道，隧道里的干爽让刘正光吃惊，竟然没有一点渗水痕迹！刘正光不由得赞叹道："香港的隧道和韩国的釜山隧道，都有渗水现象，只有你们的隧道滴水不漏！看来香港要向你们学习了。"

林鸣一听，立即叫来身边的人："哈哈！快把刘署长这句话录下来，这是我听到的最高兴的一句话。"

作为一个资深的桥隧专家，刘正光深知做到这点要付出多大的努力和代价。

几十米水深下的隧道基础，像一个默默无闻的英雄，不被人看到却至关重要。沉管隧道地基沉降的有效控制、沉管预制的水密性、安装对接的精准度，是影响沉管隧道不漏水的关键因素。这三个因素缺一不可，无论哪一个方面出现纰漏，都会造成隧道漏水现象。

在软土地基上建造沉管隧道，按照之前已有的工程经验，隧道沉降量约为20~30厘米。作为世界上第一条深埋沉管隧道，港珠澳大桥的深厚软土地基、沉管深埋的设计、深水深槽的施工等一系列特殊条件使得沉管隧道沉降风险更加难以预测。而隧道地基的差异沉降控制，将是决定节段性沉管之间漏不漏水的先决条件。

“基础不牢，地动山摇。”从前期研究施工指南开始，隧道沉降控制的风险就始终是悬在林鸣心里的一块石头。

2011 年 10 月，一个试验在青岛进行。为了获得隧道基础施工的必要参数，项目部选择在青岛相同地基条件下进行试验。沉管隧道基础的初步设计方案是采用钢管减沉桩，沿着隧道的纵向，每隔 12.5 米或者 10 米打一排钢桩，随后上面再加桩帽，桩帽上铺设碎石，沉管最后沉放在碎石上。试验开始，结果却出人意料，钢管减沉桩上的碎石沉降始终不收敛，无法均匀控制沉降，这说明原设计方案难以成立。

试验结果让大家大吃一惊，赶紧咨询原初步设计单位，得到的回答是，这种设计方案在陆地上其他工程中实施过，但还没有在外海工程中用过。这个回答让岛隧项目部意识到，对于与钢圆筒筑岛连接形成的斜坡段地基，这个方案有更多的不适用性。

试验结果暴露了沉管基础在设计上潜在的问题，这引起了林鸣的高度警惕。这可是世界上第一条深埋在海床下 20 多米深的沉管隧道！采用什么样的基础目前国际上还没有先行的经验，何况还要保证 120 年使用寿命，隧道基础的沉降控制一定要万无一失！初步设计潜在的巨大风险，促使林鸣不得不放弃原来的设计方案，为隧道基础另寻出路。

消息传出，立即引起了业内的关注、担心和议论：“从大圆筒筑岛，到‘半刚性’沉管，再到隧道基础，初步设计的方案 90%都被修改了，真有这个必要吗?”

岛隧工程采用的是业主提供初步设计方案并选择联合体的设计施工总承包模式。

现在，随着岛隧工程的一步步深入，在诸多的未知领域里，

初步设计的许多不适用性逐渐暴露出来。根据“设计施工联动，施工驱动设计”的指导理念，岛隧项目部对初步设计方案的修改达到了90%左右，这种一反常规的做法引起了业内诸多的质疑。

面对各种质疑，林鸣不为所动。作为设计施工总承包方，工程施工能否成功的所有压力都担在他的肩上，如果因为他的决策失误而出现问题，那他就是千古罪人！以他多年参加大型桥梁建设的施工管理经验，他很清楚，任何设计方案都不是唯一的，在一线承担施工风险的一方应该有自己的判断，一定要找到施工最便利、风险最小、质量最优的那一个。现在，他有权力更有责任去做这个选择。

作为总承包方负责人，林鸣最清楚风险无处不在！工程面对的问题错综复杂，互相交织，工期又如此紧张，幸亏有了设计施工总承包这个舞台，可以实现设计施工联动，让施工驱动设计，让风险驱动施工。林鸣确定了一条基本原则：每一个重大的设计、施工方案的实施，都要通过试验来验证，确保万无一失，最大限度地规避风险。

尽管林鸣对承担这样一个前所未有的超级工程将要遇到的风险早有心理准备，但开工后实际面对的问题比他想象的还要难得多。很多原想通过整合国内外资源来完成的未知领域的难题，由于种种原因也必须由自己解决。怎么办？只有采取科学的态度，一切从实际出发，通过科学试验找到解决的途径，这才是真正对工程负责任。自2005年以来，岛隧工程面对各种难题，开展试验研究已达100多项。

林鸣说：“我们在科研上花了很多工夫。随着工程的进展，不断发现问题，通过研究、验证、试验把问题搞清楚，然后比较有把握的时候再往前推进，或者在推进过程当中去研究。我们整个科研部分的费用，占到了工程总额的4%~5%。当然我们也是非常谨慎地去做，非常苛求地去做。在对待复杂问题的方法上，在几个方法的把握上，我们团队应该是有贡献的，这对我们而言是非常重要的资产。”

为了找到理想的隧道基础设计方案，岛隧设计团队开始了艰难的探索。2011年7月时，负责沉管隧道地基设计的梁桁就接到林鸣交代的一个任务：深入研究一下卢永昌大师的超载预压处理人工岛地基方案和尹海卿的挤密砂桩加固地基方案，探讨一下这两者结合的可能性。

“我当时还挺奇怪，林总为什么让我研究这个?”梁桁说，“到了10月份，青岛试验失败之后，林总跟我说，你那个预案该启动了。我才恍然大悟，原来林总早已做了准备。”

在为桂山岛选址之时，卢永昌带领中交四航院在广州南沙进行过地基处理试验，他的处理方式可以快速实现地基固结，这给林鸣留下了深刻印象。

现在，卢永昌大师正巧妙地把这种方法运用到大圆筒筑成的人工岛地基处理上。他利用人工岛大圆筒形成的围护结构，在岛内先填砂至-5~10米，然后抽走上面的海水，之后在回填砂中打设排水板至水下50米深，用以快速排出淤泥中的水，再打降水井排出回填砂中的水，把砂子的浮容重变成干容重，形成两倍超载比的超载预压，像“把豆腐压成豆腐干一样”，仅用100天就完成了西小岛内30~50米厚的软土地基加固。

尹海卿主持的挤密砂桩技术，用于加固人工岛钢圆筒外侧的斜坡段岛壁，也取得了很好的效果。挤密砂桩可以强制性地把砂子压入软土地基层中，与软土地基共同承载上部的荷载，在加固软土地基方面有很好的作用。不用大量开挖软土，见效快，可以快速增加地基刚度，减少地基不均匀沉降。

林鸣从他们的技术方法中受到启发："既然钢管桩行不通，是否可以换个思路，由单桩受力变为通过加强地基刚度的整体协调来完成受力呢?"

这两种技术的运用给隧道过渡段地基处理带来了灵感。林鸣和技术决策组决定采用创新思路。

"采用挤密砂桩加固软土地基，按照70%—50%—40%的置换率进行过渡，使加固后的地基刚度达到协调。"尹海卿把它所熟悉的挤密砂桩技术成功地运用在从天然地基到岛隧过渡的斜坡段，"同时在岛头部分采用旋喷桩，岛内部分采用PHC桩，可以有效地保证每个部位地基的刚度系数得到合理的控制。"

"仅用挤密砂桩加固地基能消除大部分沉降，但在沉管的荷载作用下还会有后期沉降。所以要在挤密砂桩加固的基础上，再抛碎石进行超载预压。"卢永昌大师的方案正好与之配合，在挤密砂桩的基础上再加碎石层进行超载预压，"让碎石的荷载超过沉管的荷载，厚度随斜坡段荷载的不同而变化，保持与沉管一样的超载比。同时利用水下预埋好的检测设备在半年左右的时间内观测地基沉降，待沉降稳定并达到设计标准后再把碎石层挖掉。"

卢大师指出："通过挤密砂桩+水下堆载预压这样的方案把过渡段的整个沉降消除，可以达到隧道斜坡段地基设计的要求。"

一种快速调整地基刚度的"挤密砂桩+水下堆载预压"的"复合地基"由此被创造出来，项目部终于为解决岛隧过渡段地基的不均匀沉降创造出了有效的解决方法。

港珠澳沉管隧道基础由岛隧过渡段和天然地基段两部分组成。岛隧过渡段是指隧道与两头的人工岛相接的斜坡，用来实现从海床下面到海中人工岛的过渡，隧道的首节沉管就是在这里通过暗埋段与人工岛相衔接。两个斜坡过渡段中间，便是隧道中间的天然地基段，在这里，沉管将被放置在海床下开挖好的基槽中。

“复合地基”有效解决了两头岛隧过渡斜坡段的地基沉降控制问题，而中间段的天然地基又面临着不同的问题。虽然中间地段的沙砾层比两头斜坡段的软土地基好处理，但是整条隧道是高低起伏的 W 型坡度，一节一节的沉管靠橡胶止水带柔性连接起来放在基槽上，如何保证基槽在任何情况下都不发生高低不平的差异性沉降，这是保证隧道 120 年使用寿命的一个关键难题。

“沉管的安装精度和沉管能承受的沉降差异，可能是我从业以来要求最高的一个等级。在施工技术、施工控制、施工测量都已经在现有基础上提升到极致的情况下，如何能找到一个具有容错力，能够消除施工误差的方案，才是最好的方案。”沉管隧道基础设计的负责人梁桁说。

林鸣和技术团队为找到这个最好的方案苦苦思索，他们反复讨论着：“沉管隧道沉降的理论基础是什么？如何理解‘瞬时沉降’？软土地基被扰动是否就是沉降的主要原因？那么能否先把扰动的因素处理好，把基床设计得层次更清楚一些？”

一天凌晨 4 点多，梁桁在半梦半醒中接到总工程师林鸣的电话：“先在软土地基上抛上 2.5 米的块石层进行夯平，把扰动的因素处理完，然后再铺上碎石层，你看怎么样？”

梁桁思路顿开："原来的天然地基段方案是准备铺3.3米的碎石基床，林总是想把3.3米的碎石基床其中的2.5米换成块石。这等于是把基槽挖出来以后，先铺上一块硬木板，像席梦思床垫一样让地基有一个调整。这样可以把挖斗留下的坑坑洼洼找平，淤泥在大的压力下也能直接被抹平，而扰动起来的淤泥会自动地挤到石头和石头之间的缝隙里面去。"

接到电话的梁桁心里很兴奋："我们原来的打算是铺2米的碎石，然后在碎石层面清淤，但碎石面清淤比块石面清淤难度不知道高多少倍。吸力控制小了，清淤效率低，吸力控制大了，碎石会和淤泥一起被吸进去，船舶的损伤率很高。但块石绝对不会被吸起来。林总提出的这个方案好就好在它有足够的容错力，可以包容在这些极致情况下可能存在的偏差，用两米的块石解决了一系列的问题。"

他根据设计参数向林鸣建议，把块石夯平层设计为2米，碎石整平层设计为1.3米。但兴奋之余，他仍有一丝顾虑，用重锤进行块石夯平，施工速度太慢，而且每锤之间的偏差也难以避免。

林鸣对此已有解决办法，把重锤改成液压振动锤，在液压振动锤下面装一块4米×5米的钢板，在船上用缆绳以及支架系统做GPS定位。这样每一个方位都是确确实实提起来夯下去的，可以把每一平方米、每一平方厘米都夯到，而且效率很高，用7天就可以把一节180米×40米的基床做完。

卢永昌大师也很高兴："抛石基床这样的概念，是我们水工做码头时最常用的，林总把这个概念引进来了。这样在我们原来的1.3米的碎石基床下面再铺一个2米厚的块石基床，然后用水下液压锤振平夯实。相当于我们整条隧道沿线的"床垫"弹簧都是一样的，下边地基的刚度是一样的，那么差异沉降就很小了。我们隧道现在的差异沉降为什么控制这么好，就是通过组合基床基础设计来解决的。”

其实，林鸣最初有了这个想法之后，第一个电话是打给徐光的，有了新的设想先向岛隧专家技术组组长徐光汇报和咨询已经成了他的习惯。

“是个好想法！”徐光在电话里回答，“就是要多花钱啊。”

按照常规的思路，设计施工总承包是承包方争取利益最大化的有利机会。这也是为什么林鸣一提出方案变动就让业主格外警觉，甚至引起业内猜测和质疑的原因。

“但林鸣考虑问题的着眼点不在这里。”徐光在一次次的技术探讨中更加了解了林鸣的思路，“他考虑的是如何保证工程的一流品质和风险的有效控制，这才是做出一个好工程的最根本要素。”

这个组合基床的设计理念，实际上是把传统的地基沉降中“瞬时沉降”的规律，转换思路来解决实际问题。岛隧项目设计分部工程师林巍后来把这个设计理念成功地应用到他所负责的最终接头基础设计处理上。

“最终接头长度只有 12 米，浮力小，它的地基压力是相邻 180 米长管节的 30 倍，导致地基刚度差异很大。因为有‘瞬时沉降’的认识，我们在处理最终接头地基刚度差异时可采用简单的预先加载和超载。‘瞬时沉降’让沉降与时间脱开了关系，而不是以管节为单位随着时间发生不断的变化，这使得沉管的基础设计变得非常简单。”林巍说。

从对风险的控制和对工期的保证来看，这些从局部看似乎是增加了成本的创新反而是从全局上为国家节约了资金。

这个国内外首创的“复合地基+组合基床”的沉管隧道基础，成为深水深厚软土地基的重大突破，它成功解决了深水下30米厚软土地基沉管沉降的世界性难题。经监测证明，港珠澳沉管隧道33节沉管的实测沉降在6.5厘米左右，差异沉降小于1厘米，远低于国外同类隧道平均沉降值。

沉降控制的难题突破了，但是，在伶仃洋海面下要挖出一条深达50米的基槽，其施工操作难度也让人难以想象。

“基槽施工工艺就像是一条流水线，粗挖——精挖——清淤——测量——块石夯平——碎石整平——安装对接，工序环环相扣。”项目部副总工程师、质量总监刘亚平说，“开挖从西人工岛岛头位置向东，东人工岛岛头位置向西相向进行。基槽的最深处达水下50米，最浅处20米，越深的地方边坡越大，底部宽度40米，顶部开口处宽度可以达到300多米。”

早在2009年下半年，林鸣就安排广州航道局开始了基槽开挖试验。基槽开挖的设备选用问题，让林鸣颇费了一番脑筋。在交通基础设施工程里，桥梁、港口、码头、高速公路、高速铁路，他都干过。“唯独这个挖泥我没有干过，”他笑着对几个航务工程局的负责人说，“听听你们有什么好主意吧！”

常规的挖泥船大概有三大类型：耙吸船、绞吸船、抓斗船。耙吸船不能下锚固定，一控制不好就会削掉一大片，补都补不回来，用于基槽开始的粗挖比较合适。而最后的基槽精确成型要达到0.5米内的偏差控制，对比其他类挖泥船，抓斗船的精度控制比较保险，在几番比较之后，最后决定采用这个方案。

“先用‘广州’号耙吸船进行粗挖，把基槽开挖到设计最终泥面标高以上2米左右，把基槽内大量的土方量搬走，起到标高控制作用。”刘亚平说，“再用‘金雄’号抓斗船进行精挖，从距最后标高 2 米处挖起，超深不能超过 60 厘米，欠挖不能超过 40 厘米，起到精度控制作用。”

按照设计要求，开挖误差不能超过±0.5 米，基槽底部水密度不能超过 1.05。它要求在海上风浪中作业的挖泥船慢工出细活儿，在海底一点一点地挖出一条 5664 米长，且具有不同坡比、复杂多变的“锅底形”海底基槽。

中交广州航道局过去主要服务于港口的航道开挖，开挖的深度一般要求不超过 20~30 米，允许的偏差是 2~3 米。这次要求开挖最深达到近 50 米，还要将偏差控制在 0.5 米以内，是前所未有的难度。还有一个难点在于，航道一般是顺水流方向，但基槽开挖方向与水流方向几乎是垂直的状态，所有的工艺都和过去不一样。

“过去我们航道如果挖得过深了，可以再拿点土把它填回来。但港珠澳这个隧道基础是要考虑后期不均匀沉降的控制，我们必须要保证挖成什么样就是什么样，一定要达到 0.5 米偏差以内，不能采取任何回填的方式。”中交广航局总工程师曹湘波对基槽开挖的挑战记忆犹新，“在珠江口泥质海滩的环境，长年受台风、大径流的影响，以及周边的采砂作业的情况下，回淤可以说是变化无常。清淤工作非常费时、费工、费力。要保持槽底的水密度不超过 1.05，也是一件非常困难的事情。”

广航局选用了大型抓斗式挖泥船“金雄”号承担隧道基槽精挖任务。“金雄”号抓斗重达 110 吨，相当于 100 辆小轿车的重量，斗身高近 4 层楼，巨大的抓斗张开时最大宽度可达 9 米，一斗下去，30 立方米的斗容量可以把一个 10 平方米的房间都填满泥。可以想象，在海底这样一个变幻莫测的世界里，“金雄”这只“巨手”只要伸到海底“随便一抓”，都很可能会出现一两米的误差。

“我们用的是庞然大物，干的是‘海底绣花’的细活儿！这好比在六七级大风下，让一个干惯了重活儿的粗汉，在黑灯瞎火中拿着1斤重的粗针，在一块巴掌大的布上绣出各种精致的花样儿来，而且不能出现任何闪失！”曹湘波形象地比喻了“海底绣花”的作业难度。

如何才能让“金雄”这个“粗汉”变得更聪明和灵活些，干好“海底绣花”的细活儿，彻底解决深海作业“看得见”“控得住”“测得出”这三大作业难题?

项目总部和广航局先后投入资金对“金雄”号、“广州”号和“捷龙”号等一批参与沉管隧道基槽施工的作业船舶进行技术改造和升级。对抓斗船“金雄”号各种原因可能产生的误差进行全面测试，把挖掘控制计算机系统升级改造为可以消除因水深、风浪的影响造成船体摇摆误差的智能系统，通过智能化来判别最后下放的深度。

全面升级改造之后的“金雄”号，操作手只要在挖泥室的操作控制面板上输入挖深数据，就能准确地控制挖泥过程，监控人员也能通过传感器和监视器及时获取抓斗的挖泥轨迹，并能准确地检测出抓斗船下放的实时数据。

2011年4月13日，30立方米抓斗船“金雄”号110吨重的巨斗稳稳张开没入海水中。“金雄”号船长唐少鸣紧盯着左前方的监视器和深度计，将手柄轻轻往回一拉，吊着抓斗的钢丝绳迅速开始回收，“哗啦”一声，“金雄”号船体猛然往上一抬，卸泥完毕，一斗泥挖完！左前方的监视器上，留下了刚才那一斗的下放轨迹和挖深数据。这一次挖泥是港珠澳大桥岛隧工程沉管隧道基槽实施精确疏浚的“第一挖”，“金雄”号也成为国内第一艘真正实现定深平挖的最大抓斗式挖泥船。

2012 年 8 月，岛隧项目部 Ⅰ 工区的刘明，在结束了东、西人工岛大圆筒筑岛任务之后，被调回原来工作的“振驳 28”号船。熟悉的还是原来的船，但不熟悉的却是船上的环境。船上原来的活动空间被大块的石料堆满，45 个人住的宿舍、办公室、食堂和仓库都挤在不到 200 平方米的集装箱里，迈出屋门就是石料堆，船上的活动空间几乎为零。

“振驳 28”号是一艘万吨驳船，现在被改造成了一条抛石船，项目部在它身上安装了一套新开发的抛石夯平工艺设备。它的任务是在经过粗挖和精挖之后已经成形的基槽上，抛下一层 2 米厚的大块石，进行夯实整平，相当于在水下 30~50 米深的软土地基上先为隧道铺上一层硬木板。

这是一个以 80 后、90 后大学生为主要成员的群体，局促的生活环境他们没放在心上。他们诗意地描绘自己的工作犹如海底绣花：“每一个点的抛石，就好比在海底刺绣，石料如线，溜管如针，每一针一线都得下好才能绣好隧道基础完美的雏形；夯锤如刻刀，夯平如雕琢，每一刀一刻都得夯好才能雕琢出隧道基础精美的图案。”

当时基槽刚刚完成精挖，“金雄”号挖泥船已撤出。“振驳 28”号需要 24 小时连续施工，夜里漆黑的海面上常常只有他们一条船在独自作业。为了保证抛石达到设计标高，他们每下完一斗就观察一次测控系统标高的变化，一斗一斗的补料，第一个点的抛石足足用了 23 分钟，进行了 8 次下料才完成。抛下的石料常常被急流冲走、一年 4 次台风袭击、核心设备临时发生故障、现场船舶施工干扰等问题都没有难住他们。不管多难、多累，他们咬着牙坚持着，一干就是 3 年。施工点离香港最近的时候只有5海里，望着岸上的灯红酒绿，这些年轻人淡然地说：“繁华与我们无关。”

一个大雨滂沱的日子，林鸣来到“振驳28”号船上，45个小伙子裹着被子挤在宿舍的床上，基本没有别的空间可去，打饭、洗碗都要出去淋雨。林鸣站在雨中与大家攀谈，眼前的景象像块大石头一样压在他心上。

3年没有靠岸，船上没有电信信号，“振驳28”号船上的年轻人不但上不了网，连信号都收不到。随着施工工艺的成熟，船上生活空间狭小、生活枯燥乏味等问题也越来越明显地暴露出来，船上人员开始出现低落情绪。

正在这时，林鸣亲自指挥工区用1个月的时间对“振驳28”号船进行升级改造，船上增加了2个集装箱，把生活区变成了“二层小楼”。看着集装箱原来的一米见方的小窗口，林鸣摇摇头说：“这怎么行?”他让人把集装箱的一整面改成了面朝大海的玻璃幕墙，并在屋内装上了有线电视和无线网络，把跑步机、动感单车、乒乓球桌等运动器材也全都配上。小伙子们高兴地说：“我们在船上也有了‘海景房’!”欢声笑语不断，工作更加顺畅。

2016年，“振驳28”号经过43个月，共计1291天，顺利完成沉管隧道基础块石抛填及夯平的全部施工任务，在茫茫大海中为沉管隧道提供了一个精准、平坦的安放基槽。在抛石夯平完美收官之时，抛石夯平班组集体荣获一等功，林鸣亲自授予他们一面锦旗——铁打的团队。

更让抛石夯平班组成员刘明高兴的是，相恋4年的大学同学要到工地来与他订婚了！林鸣特地为刘明在项目总部举办了盛大的订婚仪式。作为证婚人，林鸣指着刘明对未来的新娘大声说:“他能在这条船上坚守3年,嫁给他,你就放心吧!”

同样5年没有靠岸的,还有碎石整平船“津平1”号。2012年10月19日,由项目部和振华重工自行研发制造,当今世界最大、国内第一艘用于外海施工的深水抛石整平船——“津平1”号,安全抵达伶仃洋港珠澳大桥岛隧工程施工海域,加入岛隧施工核心装备的序列。这个“回”字形结构的碎石整平船船体净重近5000吨,依靠4条直径2.8米、长90米的“巨腿”撑起工作平台。工作平台集抛石、整平和检测三道工序为一体,可以根据水深调整升降高度,可以如同3D打印机一样不间断作业。

在每一节沉管安装前的10天左右,“津平1”号开始在管节沉放位置上铺设碎石,进行碎石整平。这是沉管基础在安装对接前的最关键工艺,他的作用相当于在基槽内块石夯平铺就的木板上再铺设一层“席梦思床垫”,让沉管安放得更加平稳舒适。因此,碎石整平的精确度至关重要!“津平1”号不负众望,它的作业精度达到了±3.5厘米误差之内,超过了韩国碎石整平船的性能。林鸣对“津平1”号钟爱有加,项目部的人都知道,“津平1”号是林鸣的宝贝。

“‘津平1’号从2012年船厂出坞以来,5年来没靠过一次码头。”船长陈耀金说,“我们是沉管安装前的最后一个环节,碎石整平得薄厚均匀,对沉管的安装精度关系重大。我们达到了碎石整平误差在±4厘米以内的技术标准,而且最小误差达到了2毫米。桩腿插拔288次,插拔的深度加起来,相当于马里亚纳海沟的2倍。”

“津平1”号完成海上整平作业,最大的一个难题是海上石料供应问题,“经纬”号需要与“津平1”号并肩作战,为它保证供料。

“经纬”号的任务是在每一节沉管安装前碎石整平时，为“津平 1”号供应石料；在每一节沉管安装后负责进行回填，保护管节之间的接缝和必要的压载。“一节沉管整平时需供石料是 1.5 万方，需要 8 船石料，压载时用石料要 5 万～6 万方，需要 30 船的石料。每天要跟送料船对接 4～5 次，碰到恶劣天气，两船在海上相靠时会有很大风险。”“经纬”号船长孙中军说，“整平、安装这两个最重要的环节都离不开我们。有时刚回填完上一个管节，下一个管节的整平就接着开始了，最高峰时一个月有 27 天连续工作 24 小时!”

“津平 1”号常年靠不了岸，手机没有信号，项目部专门为船上配备了无线宽带网。每次整平时，林鸣都会到“津平 1”号船上去看望。有一次，E20 管节整平时设备出了故障，大家连夜抢修。林鸣立即派快艇给深海中的这两艘船送饭，在离岸 40 公里远的地方，船上的人吃到了热乎乎的肯德基和皮蛋瘦肉粥。

2017 年 8 月 5 日，“津平 1”号和“经纬”号要离开港珠澳岛隧项目部，去参加深中通道工程了。林鸣一早赶来，一上船就挨着个儿地抚摸着船上的仪器仪表，一边看一边跟陈耀金船长和船员们聊着他们刚上船时的故事。最后林鸣走到了甲板上，拿出手机给每个人拍照。宿发强看在眼里，心潮难平，忍不住对陈耀金船长说：“林总这是舍不得你们走啊!”

林鸣不说话，只是一个劲儿地给大家拍照，陈耀金的眼泪一直在眼眶里打转，在场的人都掉下了眼泪!

林鸣走下“津平 1”号登上快艇，开出 600 多米之后，他才回了一下头，竟然看见“津平 1”号的全体船员都还整齐地列队在甲板上向他挥手。林鸣二话不说，立即让快艇调转回去，绕着“津平 1”号连续转了 3 圈，隔着大海起伏的波涛，林鸣含泪向他们挥手告别，船员们热泪涌流，久久不肯离去，最后林鸣率先掉头乘快艇离开……

在港珠澳沉管隧道安装的每个程序中，清淤工作贯穿始终。不论是基槽开挖还是沉管安装，只要有超过设计标准的淤泥都必须清掉，“捷龙”号承担了主要任务。

2014 年 12 月 17 日凌晨，“捷龙”号清淤船餐厅的高频里传来了喊话：“捷龙，捷龙，我是港珠澳大桥二号船，请帮忙带缆。”

“捷龙”号船长赵江却皱起了眉头，心想：那么大的风浪，谁敢出来？除非是林鸣。这位船长对林鸣是“又爱又惧”，爱是因为每当林鸣到船上，总是对船上的兄弟们嘘寒问暖，让人感到亲切与关怀，在和林鸣的交流中，赵江总能得到许多关于施工技术方面的启发；惧的是怕林鸣的突然造访，伴随而来的可能是非常棘手的施工任务。

林鸣一到“捷龙”号就召开 E15 清淤紧急会议。“E15 管节基床基础施工如果不能在下个月 10 日前完成，桂山沉管预制厂将面临全线停工的困境。届时岛上 1000 多名建设者无事可做，难保不会出现人才流失现象，且整个岛隧工程的施工进度也将严重滞后。”林鸣的一席话，让整个客厅瞬间沉寂，每个人的脸上显示出凝重的神色。

工程进展遭遇特殊情况，但船舶出海也有特殊要求，现在的海况是否适合“捷龙”轮拖航及施工作业？林鸣赶来就是和大家讨论这个问题。此时“捷龙”轮外的风速 6.1 米/秒，浪高 0.48 米，流速 1.07 米/秒，流向 219.5 度……赵江心里很忐忑：在那么大的风浪作用下，“捷龙”轮如果进行 E15 沉管基槽清淤，稍有不慎，船机损毁不说，人员伤亡都有可能。但赵江内心忐忑的同时，也被林鸣的话所震动。

经过林鸣与各路专家们对施工区域风、浪、流等外部环境的认真分析，又经过现场海况监测，发现海况正在趋于平缓。林鸣身上散发出来的自信和缜密细致的科学推敲令赵江折服。赵江向全船发出了作业指令："起锚作业！"

在伸手不见五指的伶仃洋黑夜，"捷龙"轮向 E15 沉管海域集结。当顺利完成就位工作时，已是凌晨 5 时 30 分，东方天空泛起一片鱼白。所有人回到舱室，只见林鸣仍旧坐在原来的位置上，眼睛虽布满了血丝，脸上却多了几分轻松。

林鸣马上问："老赵，'捷龙'轮什么时候可以开工?"赵江立即回答："管线接好，马上开工。"

"那我就不等了，大家都忙了一宿，辛苦了！我还要赶着回去开早班会！"话音刚落，林鸣人已经出了舱室。

E15 管节安装 3 次，"捷龙"号便做了 3 次清淤。而最终接头安装前的清淤最让赵江难忘："最终接头预留的间隙只有不到 10 米宽，我们船的桥架宽度就有 8 米，在水下 30 米深处，要把淤泥清理干净，还不能碰到两边沉管的钢封门，难度实在太大！当我们选择好角度把桥架放进间隙里以后，两边只剩不到 1 米的间距。外界的风浪对船的稳定影响很大，航道里的船行波也会随时引起船的晃动。我们最后完成操作，刚刚把桥架撤出，一艘军舰就从附近快速驶过掀起了很大的波浪，'捷龙'号船身猛烈晃动。好在我们已经撤出来了！作业时间如果晚几十分钟正好赶上，后果不堪设想！在最后为港珠澳工程服务的这个重要节点我们完成得不错，没有给工程和自己丢脸，一辈子能参加这么一个伟大的工程，我们感到很光荣！"

2017 年 9 月 6 日，港珠澳岛隧项目部一号码头通往西人工岛的船上，一个别开生面的告别会正在召开。平时在驾驶舱操作方向盘的船长们，今天坐在船上的会议室里，胸前佩戴着大红花，衬着洁白的工作服格外精神。

隧道施工已经完成，船长们就要告别港珠澳工程，奔赴下一个工地。他们为这条隧道在海上坚持了6年，还没有机会看看在自己手中建成的沉管隧道是什么样。林鸣要在他们离开之前，陪他们一起走一趟。

“外海孤岛作业，没有船长便无法实施。港珠澳岛隧工程是在你们肩膀上扛着的，你们每个人都不可或缺。只要有一个人矮了一截，我这个指挥长也会矮一截……”岛隧项目部总经理林鸣与一位位船长聊着他们曾经的故事，好几位船长不时地扭过头去，不愿让人看见他们湿润的眼眶。

曾经与林鸣指挥长并肩经历过第一节沉管鏖战96小时与第15节沉管2次艰难回拖，被林鸣诙谐地称为“刘阎王”的安装船长刘建港、闫志辉、王汉永，此时感慨万千。

当看着最后的E30管节缓缓没入水中，渐渐沉入海底之时，两艘安装船之间只剩下一片海水，高大健硕的刘建港船长在林鸣身边喃喃自语：“空了，就这么空了？”

4年了，看惯了一节节沉管在千般呵护中送入坞池，习惯了陪伴一个个管节浮运在海中。这33节沉管在他们手中诞生成长，又被他们送入海底担当重任，在他们心里早已像是自己的孩子，可现在忽然意识到：空了，已经一个都没有了！深深的不舍让这些五大三粗的汉子眼里满含泪水……

林鸣看着刘船长湿润的眼眶，没有说一句话，他生怕多说一句便会有人掉下泪来。

林鸣心里此时也是难言的感慨：“我面临很多告别，这对我是一种折磨！预制厂结束时是一个，沉管安装完了又是一个，轰轰烈烈的场景一下子就空了……”

他再三地向船员们挥手告别，并叮嘱刘船长：“这一周内不许喝酒，要喝也得一周之后。”历尽艰险的共同经历融入这一句话中，胜过千言万语！

闫志辉说：“我们原来安装的是叫沉管，现在叫隧道了，不一样了！岛隧工程要求很高，沉管安装必须严丝合缝，混凝土必须无裂缝，这让我们体会到了什么叫高标准。E15 管节第二次回拖时遇上了 7 级风，很危险，我们感到领导比我们压力更大，我们有什么理由不百分之百地付出呢？困难再大也要上。我们这几条船，都是林总亲自设计，专门为工程造的，一旦离开真是舍不得。”

王汉永也感慨道：“刚才进了隧道，从 E1 管节开始，我就在想着每一节沉管安装时的故事。6 年的时间，哭过也笑过，有辛苦，有幸福，有感动！刚开始觉得很慢，什么时候才能到头啊？等到 33 节管节安装完了，却觉得意犹未尽。我们很幸运，林总给机会让我们走上讲台，走上荧屏；岛隧工程的标准化管理让我们成长，现在船上的设备还跟刚来时一样新。当我们遇到困难坚持不下去时，就想到了林总从容淡定地坐在甲板上的样子，很钦佩！真想一直跟着林总这么干下去！”

快艇在伶仃洋上疾驰，海浪在船头的两侧翻滚着白色的浪花，旗杆上鲜艳的五星红旗迎风招展。林鸣为每一位船长颁发了证书和奖章，和他们在飘扬的五星红旗下一一合影。下一个工程会在哪里？船长们又会驾驶着他们的船驰骋在新的海面上，而在港珠澳岛隧工程经历的日日夜夜，将在他们的人生旅程中打上深刻的烙印，伴随着他们扬帆远航。

港珠澳岛隧工程的考察让刘正光耳目一新。面对媒体采访，这个来自香港的资深专家发自肺腑地做出了评价：

“港珠澳大型跨海岛隧工程，是一项完美的系统性工程，更为难得的是一个创新性工程。

“这是沉管隧道建设史上前所未有的系统性工程，它建立了崭新的岛隧结构系统，提升了跨海通道系统的可靠性，其全方位的风险和质量管理系统为内地工程带来了新的工程文化。

“更重要的是，通过这项工程，令全世界的人都改变了他们认为中国不能建高水准工程的看法。”

第九章
巅峰上的博弈

（上）

2017年5月2日凌晨，珠海市以东29公里，香港大屿山以西7公里的伶仃洋上，月光下的海面泛着碎银般的微波，隐约起伏的大屿山影给天边抹上了一层深色，一切都还笼罩在朦胧的暮色中。然而，这看似再平静不过的海面，却正在孕育着一件极不平凡的事情。

随着天色渐开，眼前的情景越加清晰起来。一艘巨无霸似的超大巨轮突现在眼前，300米长，60米宽，100多米高的吊架，站在它的对面竭力抬头仰视都看不到船顶。一排排身穿白色工装的人双手放在背后整齐地站立在这个硕大船体每一层的甲板上，他们身影的轮廓看上去至少比本人缩小了一半。但底层船身上的红色横幅却赫然醒目——心怀祖国，放眼世界。

这是“振华30”号，中国制造的目前世界上单臂起重能力最大的12000吨全回转起重船，它可以完成一次吊起50架空客380飞机的吊重，在全世界还没有人使用过。今天，它将在这里大显身手，上演它的“首场秀”，完成世界工程领域最大的海上吊装作业。

“振华30”对面是“津安3”号指挥船，船上33面鲜艳的五星红旗猎猎迎风，下面是同样醒目的大标语——“建设粤港澳大湾区”“争做海上一带一路先锋”。很多身影正在船上忙碌着，右臂上鲜红的五星红旗臂章衬着白色的工装，随着他们有条不紊的动作跳跃着，似乎传递着他们内心的渴望和激情。这33面五星红旗象征着已经安装成功静卧在海底的33节沉管，它们即将在伶仃洋海底50米深处连接成一条6.7公里长的海底隧道，只剩下最后的12米距离，跨越过去就标志着世界最长公路沉管隧道、世界唯一深埋沉管隧道、中国第一条外海沉管隧道胜利诞生。

“振华30”的旁边，成90°角停泊着“振驳28”号驳船，船上停放着一个长12米、重6000吨的白色钢混结构体，这就是今天即将安装的最终接头。它将被12000吨的“振华30”高高吊起，再稳稳地插入30米水深之下的E29、E30沉管之间，串起6.7公里沉管隧道的深海长龙，最终完成沉管隧道的合龙。

今天，就是港珠澳大桥沉管隧道摘取桂冠的日子！

5时53分，当第一缕阳光洒向伶仃洋，海面上响起了洪亮的声音。

“港珠澳大桥岛隧工程决战的时刻来到了！”

“奇迹一定会在我们身边创造出来！”

"这是一个创造全球历史的关键时刻，我们正在攀登全球建桥的世界之巅!"交通运输部副部长冯正霖、港珠澳大桥管理局局长朱永灵、中国交通建设集团总裁陈奋健铿锵有力的动员令先后在海面上回荡。

现场总指挥林鸣果断地发出了口令："大臂起，旋转90°。"

林鸣早已查过了今天伶仃洋上的日出时间：5时53分。他要让这个世界最大吊重的最终接头与太阳一起升起在伶仃洋上。

林鸣昨晚最后一次检查完现场已是深夜1时。今天凌晨3时起床，所有流程在脑子里又过了一遍，上千个口令早已烂熟于心，操作的每一个步骤精确到以分秒计算。

12000吨的浮吊和6000吨的钢混组合接头在他的指挥下开始移动。"振华30"展开巨大的吊臂，旋转角度，从身边的"振驳28"号驳船上吊起了最终接头。为了避开"振华30"自身转角的阻碍，巨大的长臂一直吊着最终接头升高到海面20米以上。这时，人们才发现，林鸣的身影并不在指挥舱中，而是正随着大接头一起升向高空。

6000吨超大吊重的空中转体在全世界还没有过先例！接头在空中旋转，船在海浪中摇动，现场被一种惊异、震撼、担心、期盼的气氛所凝聚。没有人说话，只有凝视的目光随着吊起的接头在空中移动。

林鸣深知今天这个决战，对指挥者的要求非同一般，6000吨的吊重，已是目前世界工程领域吊装的极限，必须具有成熟的吊装经验才能完成；最终接头要插入的是水下30米深的E29和E30管节之间，两侧预留的空隙只有15厘米，如果没有对已安装沉管状态的清晰了解，难以想象要如何操作；而这世界上前所未有的操作所面临的巨大风险，更是对指挥者心理承受能力的极大考验。这三者综合起来，林鸣认为，挑战这个风险，他责无旁贷！

这些天来，他几乎忘记了睡觉是什么滋味，整整3天，他围绕着停放在桂山岛上的最终接头转来转去，看了又看，外壳、混凝土舱、止水带、千斤顶、小梁……他把这个三明治结构的每一个细部了然于心，把每一个部位在操作时会如何动作像过电影似的过了无数遍，最后拷贝在脑子里。

林鸣指挥着这个6000吨的重物在20米高空中旋转，一边移动一边进行着90°转体。最终接头必须从“振华30”船头的右前方转过来，到船头正前方，把原来与“振华30”垂直的角度转成平行的角度，才能进入沉放位置。长达160米的钢丝吊带，吊着6000吨的重物，在20米的高空旋转，而且还是在海面上！惊险程度可想而知。

振华重工的副总裁刘建波，始终在现场仰着脑袋紧紧盯着“振华30”旋转的长臂，作为“振华30”制造企业的负责人，他比别人更清楚吊装的风险所在：“在吊起来进行回转的时候，吊的构件会造成整条船的重心不断发生变化，出现前倾或后倾，要通过把海水打到不同的船舱，按照船的平稳性来调整配载，确保船的平稳。如果吊件不平稳或指挥不当，就会造成吊机的倾斜或倾覆。”

最紧张的是“振华30”的姚船长，现在船上是空舱，又是第一次使用，万一操作不当后果不堪设想。

此时的太阳已完全跃出了伶仃洋海面，朝霞灿烂，天高海阔。林鸣在伶仃洋上的高空中随着接头旋转，浩渺的海面，翻滚的海浪，像是千军万马在他的指挥下向最后的胜利发起总攻。

他紧紧握着手中的对讲机，脑子里是每一分钟的每一个步骤，他用一个个清晰的口令，指挥着“振华30”起重船和“津安3”号安装船的动作。

“岛隧工程决定了港珠澳大桥的成败，也决定了港珠澳大桥在世界工程史上的地位。从这个意义上讲，我们这一代人正在创造世界工程史上一个新的纪录，一个新的奇迹！”冯正霖副部长的话在林鸣的心里激荡。作为一个工程师，能够亲自指挥世界最大的浮吊完成这个奇迹，挑战世界沉管隧道工程难度的极限，正像一个运动员获得了冲刺世界纪录的赛场，一个艺术家获得了摘取艺术皇冠的舞台，这是人生多么辉煌、多么幸福的时刻！林鸣内心充满自豪：“这就是我的人生巅峰啊！”12年与这个工程的不解之缘，殚精竭虑、磨砺坚守，种种感慨凝聚到了这一刻，真想在空中多待一会儿！但这个念头只停留了短短的几分钟，远远开来的两艘集装箱轮船让他回到现实之中。集装箱货轮行驶造成的船行波会影响操作的稳定，他立刻发出了刹车的口令。

23分钟后，大接头在林鸣的指挥下开始下落，渐渐接近水面，一个木板搭在了最终接头上的测量塔与“津安3”号指挥船之间，接头上的操作人员陆续从测量塔上撤离。当接头几乎要没入水中时，林鸣最后一个登上了指挥船，手握对讲机进入“津安3”号的指挥舱中。

这是一个即将改写历史的时刻！目前世界上已建成的沉管隧道最终合龙的方法，一般是在沉管安装完成之后进行现场浇筑施工，时间需要6~8个月。而这次港珠澳大桥沉管隧道首创的整体式主动止水接头，将把沉管隧道合龙的历史改写为一天内完成。这个长12米的三明治钢混结构体所承担的，正是中国工程师挑战世界沉管隧道工程难度极限的梦想。

这一时刻让人既翘首期盼又提心吊胆!

挑战不仅仅在于吊起，而是要稳稳插入两节沉管之间的空隙中，在两端只有15厘米的间隔中完成水下精准对接，其难度犹如海底穿针！最大的风险是，最终接头不能丝毫碰撞两边的沉管，一旦沉管的钢封门和止水带受到损伤，海水会立刻涌入，已安装好的33节沉管会前功尽弃。这后果设想一下都会让人不寒而栗！谁有把握稳操胜券？所有的人都如临深渊!

8点10分，最终接头被吊至指定安装位置。“准备入水!”对讲机里传出林鸣的口令声，高11.4米的倒梯形接头渐渐沉入水中，能看见的只有160米长的钢丝吊带，在伶仃洋外海风、浪、流的变化中微微摆动着向海底下沉，去寻找厘米级的对接精度。粗大的橘红色吊带在海水的动荡中显得格外醒目。

林鸣稳稳地指挥着“振华30”巨大的吊臂，不断地调整着最终接头的位置，为着床做准备。这个环节特别重要，他设计了4次调整，在接头刚入水时、距离12米时、距离6米时、距离3米时都要调整一次。在6米的时候，他指挥打开定时定位系统，可以更直接地观测到接头在水中的状态；到了3米的时候，增加了潜水员下水观测，进行海流条件下的预警控制。他一定要让接头在楔入沉管之间最窄的地方时稳定住。这个最窄的地方，就是最终接头着床的位置。

站在林鸣身边的尹海卿，十分形象地说出了对接的难度：“这么大的浮吊，调整的量却是一个厘米，两个厘米，这就像是叫一个丈二八尺的男人，用线去穿绣花针，一不小心就过头了。很难做啊!”

后面潮水不等人！安装团队在此之前做过长时间的观测，

11时20分至12时30分，这一个多小时的时间是最好的对接“窗口”，如果错过会很麻烦。前面整个的操作环节，都是要保证在这个“窗口”时间取得突破。

林鸣指挥着“津安3”号安装船，用缆绳牢牢地控制住最终接头这个大块体，并随着“振华30”的安装动作精准地收放着。

“如果中间停下来会非常危险，因为接头周围的间隙已经很小，好几千吨重的接头，稍有任何运动、碰撞，就会产生难以预测的结果。”林鸣停顿了一下，“一定要抓住最佳着床机会！”

3米以后就要突破最窄的部分了，他让大家做好了充分准备，然后在3米处启动，一气呵成。

此时，国家海洋环境预报中心总工程师王彰贵正带领他的团队在现场，随时观测和采集洋流的变化信息，从原来的每半小时一次，改为现在的一分钟一次，在他几十年的海洋监测生涯中还从来没有过这么高的要求。

林鸣设计的着床时间是11时55分，当最后宣布着床时，时间正好12时整。

着床，意味着这个6000吨重的大接头终于一步步地走到了30米海水深处，准确地插入了早已等候在那里的E29、E30沉管之间。随后的操作，是远程指挥最终接头结构体系开始运作。接头侧翼的小梁，在两端各27台千斤顶的推动下向两侧伸出，顶在要连接的沉管上，小梁上的小GINA止水带随即发挥临时止水作用，与沉管之间形成空腔。然后迅速在空腔内排水，之后进行钢板焊接，把临时连接转换为刚性连接，临时止水转换为永久止水，沉管隧道即可完成连接实现贯通。

“津安3”号指挥舱里，各种显示屏的画面不断地变换着，随着林鸣口令的下达，每一个程序在每一个位置上准确地操作着：小梁顶推、小 GINA 止水带止水、结合腔排水、贯通……10 个小时过去，一系列步骤顺利完成，中国首创的整体式主动止水最终接头完全按照预想的设计完成操作。

晚上 10 时 20 分，喜讯传来，最终接头安装成功！现场一片欢腾，烟花绽放。频频闪烁的镁光灯照在完成这一世界工程难题建设者们欣喜的脸上。中交集团总裁陈奋健紧紧握住林鸣的手表示祝贺，林鸣紧握总裁的手，透露着兴奋和轻松的脸上有着一层细密的汗珠。有谁能想得到，从早上 5 点 53 分开始到现在这连续的十几个小时里，他竟然没有吃饭、没有喝水，甚至忘记了上厕所。

“在那个时刻，好像身体里所有的机能反馈都停止了。”林鸣回忆说。

众多国内外著名专家与 40 多家媒体的上百名记者，在现场目击了这一过程，拍照、祝贺、采访、发稿，他们兴奋不已！通常重大工程的重要节点实施过程，都是事后跟媒体见面，以保万全。林鸣这次却一反常规，让中外专家和媒体共同见证这一重要时刻。“我们这样做是自断后路，背水一战！相信我们中国工程师有能力完成世界级的技术难度！”

港珠澳大桥沉管隧道整体式主动止水接头在世界上首创成功！世界最长的公路沉管隧道在一天内完成合龙，改写了世界沉管隧道合龙的历史！

5 月 3 日凌晨，许多人沉浸在昨天成功的兴奋中。港珠澳大桥工程中最大的风险、最艰难的战役已胜利闯过。中国这第一条外海沉管隧道“成与不成”的悬念终于落了地，可以卸下盔甲，享受一下安然入睡的滋味了。

可最需要休息的总指挥林鸣却和衣躺在了沙发上，对他来说，事情还没有结束，他还需要等一个电话。短暂的 3 个小时之后，林鸣突然醒了过来，预计中的电话还没有来，这让他心里很不踏实。昨天接头安装成功显示的偏差是在 4 厘米左右，在可控之内。但最后的精确数值要来自测量人员从接头内部发回的贯通测量报告，现在这个声音还迟迟未到。

凌晨 4 时，林鸣不能再等了，他拿起电话打过去，电话那一边传出支支吾吾的声音："贯通测量显示有 15 厘米的横向偏差。"测控员在电话里又立刻补充："但仍在标准控制范围内，沉管结构不受影响，滴水不漏。"林鸣立即起身，打电话给项目总经理部的各位副总工和技术负责人，召集大家一起上船重返最终接头安装现场。

所有人从最终接头上的人孔井爬下几乎垂直的 30 米高的爬梯，进入最终接头内部。发现最终接头与 E29 管节的横向对接的确有 17 厘米的偏差，但纵向偏差仅有一厘米，沉管结构不受影响，止水带压接非常均匀，滴水不漏。

这个结果已经可以满足使用要求。为了规避风险，他们在最终接头设计时增加了 20 厘米的容错量，也就是说，只要对接偏差在 20 厘米以内都是允许的。但林鸣要求的理想目标是横向偏差控制在 5 厘米以内。现在的情况是，已经达到工程合格要求但没有达到理想标准。

林鸣眉头紧锁向大家发问："横向误差 17 厘米，要不要精调?"

精调，意味着要把已经对接好的接头重新脱开，在脱开前先要把已经排干了水的结合腔重新灌满水，达到内外压力一致时，千斤顶回缩，小梁回缩，小 GINA 止水带回缩，与两侧 E29、E30 管节脱开。然后，重新吊起接头重新定位安装，重复最开始的动作。这意味着5月2日已经取得的成果将被放弃，5月2日之前的所有风险重新扑面而来。这样的选择让所有人难以想象!

上午8时，大桥管理局朱永灵局长接到林鸣电话："有点问题，偏差比较大。"

"差多少?"

"17厘米。"

朱局长的内心十分矛盾。5月2日他在现场亲眼看到一切都很顺利，在下午1时看到最终接头已顺利着床后，便陪着要赶回北京开会的交通运输部副部长冯正霖一起下了船。晚上10时，发改委、交通运输部向他打电话询问："最终接头是不是安装好了? 要上报国务院。"

他亲自询问了在现场的有关人员，得到肯定消息后，向发改委和交通运输部发去了最终接头安装成功的信息。当天晚上，央视新闻已经向全国播出。现在发现了偏差! 该怎么办?

朱局长顾不上吃早饭，立即赶到办公室，在迅速通知了管理局总工程师苏权科、工程总监张劲文、副总工程师钟辉虹、总工办主任陈越之后，一个人在办公室呆坐了半个小时。他的内心极其矛盾：要不要向上汇报? 如果报告给交通运输部，肯定会立刻派专家组下来检查，但最终接头是林鸣带领岛隧项目部研发的创新结构，专家恐怕一时也很难判断，事情可能会变得很复杂；但是如果不报，万一问题无法补救，自己就要承担谎报瞒报的"罪名"。就这么踌躇良久，再三权衡，他决定先不上报，立刻与工程总监张劲文赶赴现场。

正准备返回荷兰的特瑞堡公司工程师乔尔，5月3日清晨6时接到总部通知，要求他再回现场，参与精调作业。乔尔立刻取消航班，乘早班船赶到了"津安3"号指挥船上。

此时，“津安3”号指挥船上已形成了两种意见。发言的人大多主张不再精调：目前已经对接成功，横向17厘米偏差并不涉及行车界限，而且顶出去再缩回来，如果内外压力不平衡，有可能使GINA止水带和顶推滑道受损，出现问题将得不偿失。

乔尔从“津安3”号指挥船走上最终接头顶上的测量塔，从测量塔爬下梯子进入最终接头的“肚子”里。2个小时后，他作为最终接头止水带的设计制作方在决策会上发言：“止水带压接状况相当好，管内滴水不漏，已经很好了。虽然将小GINA止水带重新再压缩一次，在水密性理论上是完全没问题的，但是我们的纵向间距、平面转角、竖向位置、竖向转角、GINA压缩情况及止水效果都很完美，为了精调一个方向就意味着将这些来之不易的完美全部重新置于不确定性之中，所以我倾向于不要再精调了。”

乔尔的意见代表了几乎所有人内心的想法，现在工程已经是成功的结果，精调将再次把工程置于不确定的风险之中。且不说整个团队在此之前付出的辛苦和焦虑，就工程来说，如此重大的责任谁能承担得起?

林鸣听着每一个人的发言并不多说，他在内心问自己：现在眼前的对接结果可以说很漂亮，一天时间合龙，做到滴水不漏，已经是世界沉管隧道领域的奇迹了！一个完成的工程要重新拆开再做一次，你还能滴水不漏吗? 不会有其他的意外情况发生吗? 万一精调失败你可就是千古罪人！但是如果不调，社会能不能接受? 政府能不能接受? 我们整整4年为最终接头付出的努力能不能接受? 作为工程师的职业本能，自己内心能不能接受?

朱局长看到现场局面，误差再次测试后是 17 厘米，但确实不漏水。此时，他早已看出林鸣有重新安装的想法，心想这种情况即使报告中央有关部门也不好处理，决定尊重林鸣的意见，有风险大家一起扛。

林鸣这时思考的重心已经集中到一点，最终接头如果逆向操作会有哪些不能突破的问题？他仔细地向乔尔询问如果逆向操作止水带会有什么变化，向负责顶推设备的威胜利公司工程师张立询问千斤顶能否满足逆向操作要求。

在得到肯定的答复后，林鸣嗓音沙哑地说："这是 120 年设计使用寿命的超级工程，如果不调整将是中国交通行业的遗憾，是中国工程师永远的遗憾，我们要做的是世界水平的精品工程，不能留下任何遗憾。"他环顾大家，问道："如果不精调，你们甘心吗？"

经过 4 个小时对最终接头内各个系统运作可行性的讨论，林鸣和团队做出了精调的决定。朱永灵局长表示：尊重林鸣总指挥意见。

按照程序规定，施工中重大措施的调整需要业主、施工方、监理方共同签字通过。大桥管理局朱永灵局长、岛隧项目部林鸣总经理拿起笔准备签字，签字意味着对以后发生的任何责任无条件承担。管理局和项目部都感到在这样的关键时刻，两位领军人物必须保护。他们拦住了朱局和林总，项目部副总工程师王强现场写了重新安装操作方案，与管理局副总工程师钟辉虹和监理方总监胡昌炳共同签署了最终接头重新对接的方案。

港珠澳岛隧总部精调的决定，让荷兰工程师乔尔大吃一惊，为了精益求精而甘愿承担极大风险的中国工程师的情怀让他感叹："It was a very difficult choice.（这是一个非常艰难的决定。）"

5月3日13时30分，精调开始。

林鸣将自己又重新置于38个小时的惊心动魄之中。他只能这么义无反顾，因为港珠澳大桥在他心里已经不只是一个工程，而是一个担在自己肩上的历史使命。这正如哲人所说："一个人找到了他的人生使命，而使命也找到了他所需要的人。"

（下）

为了这个最终接头，林鸣和他的团队已经煎熬了4年。

还在他们全力以赴攻克外海沉管安装技术时，林鸣就意识到隧道的最终合龙是个更大的难题。4年完成33节巨型沉管的安装，工期已经非常紧张，国际上已建成沉管隧道通用的现场浇筑合龙方法，需要6~8个月。港珠澳大桥沉管隧道的工期已没有这个时间，必须另寻出路。

他们开始广泛搜集世界各国已有的沉管隧道最终接头技术信息，力图找到可以借鉴的方案。2012年，林鸣在日本考察时终于发现，日本的沉管隧道最终合龙采用的三明治钢壳接头技术，可以满足港珠澳工程的要求。这很让他惊喜，脑子里迅速闪出一个念头，能否把这个最终接头承包给日本企业去完成？

33节沉管安装风险已如此之大，需要上百号人、几十艘船舶和大型装备连续4年不间断地在外海的风浪中进行33次深水施工，哪一次都如履薄冰，如走钢丝！作为指挥者，他的压力空前，每次出发前他都会带上随身药品和衣物，下意识地抬头看一眼宿舍的窗子，准备着不一定哪一次会遇到什么特殊情况，还能不能回来？

接头其实比沉管更难，林鸣在脑子里权衡着，我们有没有精力做这个事情？如果最终接头能找日本企业合作，借用他们的力量帮助解决最终接头的问题，我们就可以集中力量把沉管安装做完，隧道施工压力将大大减轻。这也是知己知彼，量力而行。

林鸣在日本待了两三天，找了5家日本公司，但是没有一家公司愿意接这件事情，沉管接头这个东西谁也不能保证每次都能做成功。没把握的事情人家是不会做的。更何况与6.7公里长的隧道相比，这最后12米的工程量不足以吸引他们，谁还愿意去承担这如此大的风险呢？

林鸣回忆说："最终接头从2012年开始，就成了我的一个心病。这边在忙、忙、忙，那边最终接头没有着落，又得回头自己去攻关。说心里话，接头虽然只有一个，但是它给我们带来的工作量，给我们带来的风险，包括技术难度，可能超过了沉管安装。"

怎么办？还是一条路，下决心自己干！从2013年开始，林鸣团队开始研制最终接头。他们邀请日本NCC公司参与合作，从风险的角度引导设计，寻找最终接头的体系问题、止水问题、顶推问题等一系列难题的解决办法。2013年，正是每月完成一节沉管安装的紧张施工阶段，最终接头的研发也在同步进行，工作量之大超出想象。

研制最终接头的过程，可能是设计负责人刘晓东设计生涯里最为深刻的记忆："全世界100多条隧道，用现场浇筑的老方法合龙的占百分之99%，只有日本用新方法做过几条。我们从日本收集到的资料有一个雏形，但是人家有专利保护，不转让给你，你没法用，这就是当时的设计背景。"

这个调研没有谈成，但是给了他们信心，从2013年6月起，他们就开始自己找方案。刘晓东说："想过很多办法，比如说原来水下的部分是一块块散着拼装的，我们能不能整拼？是不是可以找到一个更好的方法，不用在水下大量工作？能不能在借鉴日本三明治接头技术的概念上，再有些新的变化？我们前后提出过将近10个方案，却始终没有一个最完美的、能够执行下去的方案。"

项目部通宵达旦地讨论技术已成为常态，林鸣的习惯早已被大家熟知，问题讨论不完就一直开下去，时间、吃饭都不在考虑之中。有一次下午2点开始讨论，各种意见争论得热火朝天，等到有人实在耐不住提出吃点夜宵的时候，拉开会议室的窗帘，才发现已经是第二天凌晨4点了……

林鸣说："整个工作真的让你非常头疼，我们花的精力实在太多了，沉管攻关从时间上才花了差不多2年多的时间，而最终接头用了4年多，从2013年开始，到2017年才完成。"

4年的研发，一千多个日夜的煎熬，一个可折叠式"主动顶推止水整体安装"新型结构接头终于在他们手中创造出来。这个结构在借鉴日本三明治钢壳接头技术的基础上，提出了新的构想，其主动顶推止水技术成为世界沉管最终接头技术的首创。

尹海卿指出："我们开创了最终接头的一种新的施工方法，就是把现场水下施工的一些工作，拿到工厂里面预先完成，大大减少了水下工作量。这样在时间上就可以不占用我们关键施工线路的工期，同时保证了我们的施工质量。"

"这个方案总的思想是什么呢？我们的思路是用在陆地上预制化制造好的整体结构块，来堵这个合龙口的缝，好像深海穿针的概念。"刘晓东解释了最终接头的设计思路，"先把大缝隙填住，把大缝变小，然后处理小缝。在处理这个小缝隙的时候，一定要用工业化的产品去做，而不是现场浇筑的老方法。”

设计在一步步地细化，这十几米的缝如何插进去？直的行不行？斜的行不行？斜多少合适？大点好，还是小点好？他们讨论了很多次。

刘晓东回忆说：“为了这个角度，我们大概争论了近半个月。最终选择了现在的 6°斜角楔形块，把这个形状固定下来，这个口是由大到小，楔形最容易稳定定位，这也符合我们老祖宗教给我们的东西。接着考虑做多大，多长。这要先定底板，角度定了，底下定了，上面也就定了。”

设计部把最终接头底部的长度确定在了 9.6 米，然后再根据倾斜 6°的角度和沉管固有的 11.4 米高度、37.95 米的宽度，推算出顶部的长度为 12 米。这样一个大尺寸定了以后，最终接头重量已经达到 4893 吨，加上安装施工的测量塔、防撞块等配件，最终接头的安装重量将超过 6000 吨。这样的重量要把它插入沉管之间，不可能贴着边走，必须留个小缝隙，留多少呢？考虑到止水系统的难度和可靠性，他们最终把两边预留的小缝隙定在了 15 厘米。在这个创新的结构设计确定伊始，接头安装的难度同时也被确定了。

2016 年 9 月，最终接头设计方案的各种细节都得到了完善，交由振华重工制造。林鸣欣慰地说：“最终接头攻克时，团队对海底沉管安装的整体水平也已渐入佳境。”

2017 年 3 月 7 日凌晨，最后一节沉管 E30 安装圆满成功，33 节沉管严丝合缝连接在海底，剩下的最后 12 米就留给了最终接头。恰恰在这一天，制造完成的最终接头也从上海振华制造基地运到了珠海桂山岛。

林鸣带着一行人从“津安 3”号安装指挥船上径直赶到桂山

岛，迎接这如期而至的最终接头。

制造了半年多的最终接头第一次亮相，大家围着这个刚刚诞生的新型结构转来转去，急着看清楚这三明治钢壳是什么样的。哪里是混凝土小仓？哪里是小梁和止水带？顶推的千斤顶安装在哪里？最有发言权的林鸣此时却一言不发，只是边看边听着各种议论。这是他的一个特点，在现场有时听的比说的多，别人无意中的一句话可能会引起他的警觉和思考，给他带来灵感或者是对风险的觉察。

一次，林鸣偶然听到一位老起重工在和别人聊天："我们吊特别大的构件从来都没有吊平过。"这句话立刻引起了他的警觉！"在陆地上吊不平没有关系，但我的这个最终接头是要海底穿针的，要的就是平稳，吊不平还不死定了?"林鸣心想。

他立刻仔细研究了最终接头上的吊装连接设置，发现只在接头横断面的两侧各有 1 个吊耳，而这样的吊点在 6000 吨重的接头被吊起时很难保证不晃动。多年的施工经验告诉他，吊耳的设计必须围绕吊件的重心均匀配置，保证被吊物的平稳性。而且吊钩和吊索也都是影响吊件平稳的重要因素，平稳的关键在于吊带一定要同样长短。

于是，吊索和吊具问题立即被列入最终接头安装工法的专项研究之一，项目部联系了国内知名索具制作企业——巨力公司，专门为港珠澳大桥最终接头吊装制造强力吊索。每一根吊索由 14 万根强力纤维丝拉成 60 厘米直径粗细，吊索长度的误差允许值由一般标准的 1 米提高到 5 厘米，把长度偏差可能造成的风险降到最低。同时把原来的 2 个吊耳改成 4 个，吊钩由普通的 2 个爪改成特制的 4 个爪。不仅如此，连吊索与吊钩的连接方式都研究了 8 种方案，在反复试验比较后才优选确定。

几个月来，他们从施工可能发生的风险倒推，像过筛子一样对最终接头安装的风险进行预测辨识。从上百项逐一排查到90多项，最后集中为11项，再针对最后安装的11个风险点进行了集中攻关专项研究。

2017年4月7日，中山温泉酒店的大会议室内，中国工程院多位院士，国际沉管隧道方面数位专家，原交通部部长黄镇东、副部长胡希捷，交通运输部原总工程师徐光、现任总工程师周伟及相关部门负责人，大桥管理局朱永灵局长等业主方面代表，与港珠澳岛隧项目部主要设计团队成员近百人在座，召开港珠澳大桥沉管隧道接头安装前的最后一次专家会。

与之前开过的近百次专家会相比，这次会议的规模和气氛很不同寻常。同为已经安装完成的180米长度管节召开的多次会议相比，这个只有12米长度的最小的管节却让专家们召开了一次规模最大的会议。

岛隧项目部对11个专项研究与试验结果做了汇报，包括：12000吨浮吊现场抗流分析、泥沙环境检测及分析、海流环境检测及分析、基础刚度评估及处置、安装专项施工方案、安装过程姿态分析与评估、索具与挂索方案、吊装姿态分析及试吊方案、测控方案、合龙口焊接方案、安装风险评估等。

孙钧院士首先发言："我在上海接到会议通知时替你们考虑的有可能发生的问题你们都想到了，而且措施都跟上了，有演练，有应对预案，非常好！但也要以防万一。下沉的时间'窗口'选择很重要，不但要风平浪静还要万里无云，浓雾、降雨都不行，要有短期预报和实时预报。"

来自国家海洋局的巢纪平院士发言："根据珠江口潮流情况分析，可以给最终节头提供的施工'窗口'只有4月中旬和5月

初。但5月初到了雨季，还会有其他气候的干扰，4月中旬是最佳‘窗口’期。”

著名隧道专家钱七虎院士表示：“准备工作非常充分，我认为信心有99%或者99.99%，但要防止百密一疏，做到零问题。风险主要来自深水深槽，接头下的波浪流到底有多大？要用动力计算方法再计算一下。要注意风险叠加。”

著名建筑工程专家叶可明院士曾经指挥过上海东方明珠电视塔高塔的施工吊装，他对最终接头的吊装难度仍有些担心：“这么大的吊重，如果把风浪的影响考虑进去，两边15厘米空隙真正可供操作的余地只有5厘米！最好施工环境可控，如果能在陆地上给E29、E30沉管上面安装上架子，让接头在一个固定的滑道内下沉，这样就更好把控一些。但这两个沉管早已经在水下了，那就一定要选择在海流很小的情况下安装，不能超过0.3米/秒。如果在很大流速的冲击下接头本身也在晃动，那就太难了。”

著名桥梁专家郑皆连院士极为感慨：“这是我所经历过、看过或听说过的最难的一个工程。工程能做到这一步非常了不起，但这最后一步更是难上加难。6000吨的吊重，100多米长的吊索，位移的风险太大，需要做个实战模拟试验。我们挑战的是世界交通工程的难题，有无必要做好不成功的准备，做出重做的预案?”

著名海上工程专家王景全院士认为：“这最终接头挑战空前，难度巨大。进入龙口发生碰撞是最关键的风险，要考虑强制就位，不能让它成为自由体。我们要从实际出发，海上工程控制在厘米级的精度就很不容易，不必要追求毫米级。”

交通运输部安全总监对接头安装后结合腔内焊接操作的安

全问题提出质疑，在一个狭小的空间内要容纳近百人的操作，又是在海底30米深处，各种安全措施是否到位？万一出现问题能否有效应对？

毕竟，这是一个在全球第一次采用的新设计，是一次在世界范围内没有先例的施工，任何一点疏漏造成的后果都难以设想，所有人没有理由不担心！在没有经验可以借鉴的情况下，为了防止“百密一疏”，每位专家又提出了各自的担心和建议，归纳起来竟有上百条！压力在与会的所有人心里蔓延，会议被一片严峻的气氛所笼罩。

会议已经过半，林鸣斜靠在椅子背上，从他用手臂支着额头撑在桌上的动作中，看得出他内心的不平静。

国家海洋局提供的气象预报显示，今年可供最终接头安装施工的“窗口”只有4月22日和5月2日两个，港珠澳大桥全线通车的计划是2017年底，一旦错过，将时不再来。现在距4月22日只有15天，距5月2日也只有20多天，而问题又出来100多个！

林鸣的脑袋不由得嗡嗡作响……

会议的气氛让所有与会者都感到决战前的严峻和压力。

原交通部部长黄镇东在这时发言，这是一位在中国交通行业享有盛誉的老领导，中国交通建设大发展的新格局是在他主政期间完成的，科学务实的工作作风让他备受人们尊重。果然他一开口便气度不凡：“港珠澳大桥经过了26年的前期论证，7年的开工建设，是我国交通史上技术含量最高、规模最大、难度最大的工程。我们已经攻克了一个个难关，取得了很多宝贵的技术成果。最终接头安装意味着港珠澳大桥进入了最终冲刺阶段。这是整个工程的决战时刻，要万无一失，只能成功不能失败!

“我们要坚定信心，不能有丝毫犹豫，下决心抓住5月前的最佳安装‘窗口’，像当年组织长江口工程大会战一样，业主、监理、咨询、设计施工各方团结一致，高度配合，形成系统合成作战，集中力量打赢这场攻坚战!”

朱永灵局长代表业主发言：“最终接头只有12米，但挑战巨大。我们一定全力配合岛隧项目部，业主、施工、监理各方齐心协力，把工作做到一线，全力支持林总的团队完成最终接头安装的挑战。”

徐光作为会议主持人最后总结：“岛隧项目部最终接头准备工作论证细致、方案可行、风险可控。需要抓紧最有利的‘窗口’期，抓紧完善专家会上的意见建议。有一个风险是不允许发生的——撞击E29、E30管节的风险。安装船和起重船上的缆绳收放要与测量信息精密配合，一定要控制好块体运动。”

会议结束后，林鸣没有回项目部，而是直接驱车广州，带着刘晓东去拜访钱七虎院士，与钱院士深入探讨他在会上提出的最终接头位置波浪流动力计算问题。

尽管林鸣和他的团队对安装方案和施工风险进行了无数次的排查和演练，但焦灼仍然煎熬着团队的每一个人。经历了33节沉管的成功安装，岛隧建设团队可以说已经是身经百战，即使再安装几节沉管，他们也是波澜不惊。但最终接头安装完全是一个全新的工艺，沉管安装的经验无法照搬套用，在离胜利如此之近的这20多天里，他们却要从头开始，经受一个全新的考验。

那一段时间里，岛隧项目部所有人都为最终接头而寝食不安。已经担任了项目部党委副书记的樊建华说：“我们感觉天天都像行走在悬崖边上。”

自4月8日专家会结束后，林鸣的心里就没有一刻轻松过，经过慎重考虑，他决定放弃原计划的4月22日最佳安装“窗口”，他要把专家会上提出的100多项疑虑逐项排除掉。这20多天里，问起林鸣当时的心情，他坦言：“如临深渊！但如临深渊不等于是掉进深渊，而是要找到办法避开深渊，取得最后的成功。”

林鸣带着他的团队充满激情地迎接挑战。在珠海总部营地，项目部的设计、测量部门和相关工区集中对最终接头安装的泥沙环境、海流环境、基础刚度、安装过程姿态、安装施工方案、索具制造及挂索方案、吊装姿态等环节再次进行着一系列的检测、分析、评估和试验。在振华南通基地，精挑细选出的150名电焊高手在1∶1的足尺“水下太空舱”进行实操演练，在演练中寻找通风、防火、错边、工效、安全等各个方面所有潜在的风险。

在伶仃洋上，12000吨的世界最大浮吊“振华30”号进行着最终接头吊装的模拟预演，其巨大的船体对合龙口水流的影响是必须考虑的因素之一。

在紧锣密鼓的备战中，5月2日的安装“窗口”已然到来。

林鸣回忆说：“从技术上、从方案的考虑到最后的工艺、工法的制定完成，至少比沉管安装多花了2倍的精力。那时候外面都在关心沉管安装了多少，还没人关注最终接头，最后我们用自己设计的方案，把一个世界难题解决了。一个需要大半年的工作，用这个方法我们可以在1天内完成。但是刚开始还不敢讲，心里设想着可能用1个月吧，后来说2个星期吧，其实心里的目标是3天，最后的目标是1天完成。”

2017年5月2日，这个让所有人如同站在悬崖边上提心吊胆的目标终于完成了！世界奇迹已经诞生了！

2017 年 5 月 3 日，林鸣重新安装的决定，又把他自己和所有人再一次拉回到了悬崖边上。

5 月 3 日 13 时 30 分，“津安 3”号船上决策会结束，林鸣发出口令，原操作程序停止，最终接头逆向操作开始。

对重新安装压力最大的，是操作“振华 30”的姚船长：我简直要崩溃了！这怎么干啊？我们这个船 28 万吨重，相当于 3 艘美国航空母舰的排水量，在海流的作用下能那么听话吗？两边才十多厘米的距离，撞一下可就不得了！这第一次放下去已经是万幸了，还想再来一遍，这不是异想天开嘛！

林鸣请来振华重工副总裁刘建波，亲自坐镇给姚船长打气。

做出这样一个难以想象的大胆决定，林鸣早已把自己承担的风险置之度外。但他绝对不是一个莽撞行事的人，多年的工程经验已经养成他成熟的风险控制能力。对接头设计结构的清晰了解是他掌控精调风险的底气。

为了实现这个最终接头的创新设计，林鸣他们前后大约开了 200 多次方案论证会，一关一关地过，每一关都不容易。这是一个全新的结构！正因为太新，也让很多人不放心。交通运输部领导要求岛隧团队一定要把全世界各方面的意见都收集到，做到零风险，完成中国交通史上这件大事。前面的一切努力和付出，都像是为今天准备而来。

顶推小梁主动止水的巧妙设计，对林鸣在这个关口决定重来一次对接，起到了决定性作用。

可折叠式的“主动顶推止水整体安装”新型最终接头，基本设计原理是用一个大楔子去填补最终两节沉管之间的大缺口，再用活塞去密封两端遗留的小接缝。刘晓东指出：“楔子堵大缝，活塞堵小缝，这是最主要的设计思想。楔子和活塞的概念，很朴素也很简单。但是活塞怎么做？最终接头端面周长为 90 米，如何达到均匀运动？”

在活塞的启发下，他们在最终接头两个端面各安装了 27 个千斤顶，形成一个环形千斤顶群，用千斤顶作牵引力，通过顶推带动小梁与沉管端面紧密对接。千斤顶可以使小梁主动推出与缩回。

但最终接头的主体部分和顶推小梁之间会出现一圈缝隙，如何实现最终的止水目的呢？

刘晓东说：“要止两个地方的水，一个是端面上原来留了 15 厘米的缝隙，通过小梁推出来，用橡胶条压缩到一定压缩量，达到能够止水效果。第二道是这个推出的小梁一圈都是有缝的，活塞之间留了四分之一的缝，怎么止水？它的难度在于已经通海，而且还要动态止水，在国内调研了很久也找不到办法。”

“在日本考察时他们推荐一种微型止水接头，实际去看了以后发现不行，”林鸣说，“后来很偶然地跟日本公司交流的时候，他们提到了一个产品，叫 M 形止水。它的原理是什么呢？先是 M 形，慢慢地把它拉平，我们一下子豁然开朗。”

M 形止水带，看上去有点像手风琴的风箱，拉开之前只有几厘米厚度，顶推小梁推出之后，能伸出 30 多厘米，然后和最外沿的止水带一起形成一个结合腔，再把结合腔的海水排空，最终实现滴水不漏。之所以叫主动止水，就是因为顶推的启动和压力都是主动控制的。

刘晓东感慨道：“现在想想这也是个幸运，原来的设计曾经想把顶推的小梁放在 E29、E30 沉管里边，后来把它倒过来安装在接头上。如果放在沉管里边这个结构就不可逆。从可逆的角度把它放在了接头这边，没想到还真用上了。”

林鸣高兴地说："我们这个系统设计得非常好，换个做法这个最终接头是不可能再回去重做的，基本上接成什么样就什么样了。但我们的接头是主动顶推的整体性接头，我们就有可能进行重做。"

但是重来，不是简单地再来一次。

尹海卿表示："我们最担心的是两个问题，一是这个止水带经过挤压变形，会不会有什么变化，会不会损坏？第二个就是我们这套顶推系统总共54个千斤顶，它是一个很复杂的结构，在这个安装过程中，从保压状态到解封，解除压力，它的油压是一下子就卸掉了，瞬间释放，会有什么样的反应？对我们顶推系统、液压系统，我们的管路、传感器，会有多大的影响？会不会损坏？这就是我们最担心的事情。"

林鸣也提出："可以退回来，但是要解决水压的问题，这个非常重要，这是个盲区，你考虑了它能回来，但你要想到让他回来的条件是什么。"

5月2日首次完成最终接头对接后，结合腔里的水已经排空，焊接工人已经进入结合腔打开钢封门，准备进行接头与沉管之间的刚性焊接。往回做意味着刚打开的钢封门要重新焊死，已经排空水的结合腔要重新注满水，这样才能使顶推小梁和两端对接的沉管分离，实现重新对接。但安全分离的前提是要让最终接头结合腔的压力和外面海水的压力保持一致。只有找到这个办法，林鸣才会发出重新开始的口令。

"我们做了个连通管，同时也考虑了补压。加压连同补压结合起来，非常有效。"林鸣说，"这时候放心了，可以干了。"

精调的过程可谓惊心动魄！

5 月 3 日 19 时，开始为接头与沉管之间已经排空的结合腔内重新注水。为了保证液压顶推系统与止水系统密封的安全，必须要使结合腔内部压强达到与 28 米水深水压相同的 0.28 兆帕。灌水进展非常缓慢，4 个多小时后水压只达到 0.1 兆帕。

30 米深的海水，相当于有 3 个大气压的压力作用于最终接头。压力的平衡是林鸣最关心的事。林鸣在指挥舱监控室中一次次通过对讲机询问压强，根据经验判断，只需要灌入 800 立方水不可能用这么长时间。

林鸣后来回忆说："我们上面有一个传感器，可以看到这个水压力，我一打开看是 16 米。按照正常情况下的压力判断，应该要回到 28~29 米了，我很怀疑是否传感器出了问题？因为往常的理论和经验告诉我们，这个水压应该很快就可以平衡。但是当水和空气混在一块儿的时候，其实平衡要花很长时间，因为密闭腔里面有很多的空气，这样就要花很长的时间。这是我们得到的新认识，是认识的盲区。"

林鸣准备转换操作模式，进行小梁脱离的操作，按照他们沉管安装施工中早已形成的风险控制操作规程，指挥员在每一个口令下达前都需要询问每个作业组："有问题没有?"这个风险决策机制在关键时刻起了关键的保障作用。

刘晓东、高纪兵和卢永昌大师一直在密切观察分析结合腔加水过程，发现还没有达到内外水压平衡。听到询问，刘晓东喊道："等一等，我们再看一眼!"高纪兵起身去二楼船舱查看钢封门上的测量计，发现钢封门上的测量计显示也是 16 米，他立刻报告林总："钢封门上的测量计和传感器的应力反应是一致的。林鸣迅速从监控室来到二楼船舱查看数据，马上一脚踩了刹车，回到保压模式。

高纪兵每次回忆起这段惊险的瞬间，满脸的紧张神情让人觉得他仿佛还在现场："一旦脱开了，水一进去跟大海连通，瞬间就可以把你灌满，那后果简直不敢想象，我们都惊出了一身冷汗。"

5月4日，凌晨1时，结合腔注水仍在继续，水压还在缓慢上升，突然最终接头东侧与结合腔相隔的人孔门发生泄漏。监控室里只听到"砰"的一声，就看到五六米高的水柱，像高压水龙头一样从结合腔的舱门涌了进来。当时现场的工人奋不顾身顶着雨衣冲上去堵水，但水压太大根本顶不住。林鸣立刻指挥紧急排水，把结合腔内已经注入的400多立方米的水向外排出。然后检查人孔井舱门，发现三四厘米厚的钢封门后面，止水胶条居然被崩掉一个缺口。好在整体结构没有受到影响。

这时负责安全的副总经理黄维民，平常话语不多，但也忍不住提醒林总："我们是不是该回头了?"

小梁还没有脱开，就此停住往回走还来得及。冥冥中，似乎有个声音在林鸣耳边提醒：停下吧，停下吧！一丝念头在林鸣心里闪过：搞错了吗？该不该放弃？但E10管节安装时出现的8.5厘米偏差，至今像根刺一样扎在他的心里。33个管节近50米水深之下安装的艰苦付出，他的团队已经达到了每节沉管偏差在5厘米之内的安装精度，他不能接受在这个世界超级工程最后收官时再留下遗憾！林鸣让自己冷静下来，精调继续进行。

对钢封门进行处理后，结合腔灌水增压重新开始。这时，其余人全部撤出，只需要留一人在接头内负责保压监测。

人孔井是连接最终接头顶部露出水面的测量塔与最终接头内部的一个通道，操作人员可以从测量塔进入人孔井里面，通过垂直的扶梯直接下到最终接头肚子里。刚才的进水，就是最终接头内部、人孔井与加了水的结合腔隔离的钢封门发生了泄漏。这个情况提示了林鸣，一旦出现特殊情况，在直径只有0.8米的圆形人孔井通道里，人员的撤离是一个安全隐患。但是接头内部的设备情况又必须要留人观察，于是决定人员全部撤出，只留一人在接头内负责保压监测，如果发生情况，采用快速提升机迅速撤离。V工区副总工宁进进主动承担了这个任务。

在水下30米深、四周被海水覆盖的最终接头里，宁进进全神贯注地工作着，陪伴他的只有接头内机器设备的运作声、接头外海水汹涌起伏的波涛声，还有海中的鱼不时游来与接头封门的撞击声……一个人待在与周围隔绝的环境里，一切声音都会被格外放大！但是已经历过33节沉管安装，无数次下到海底沉管内部的宁进进并不害怕，下来时，他没有带手表和手机，手里只拿着两部大小不同的对讲机保持与上面的联络。他在各种设备之间不停地巡看，在20多米高的人孔井内爬上爬下，偶尔也会“坐井观天”，在闷热的人孔井底部抬头看一眼狭小的天空。不知过了多久，突然，接头内传来“砰砰”两声巨响，宁进进的心一下子跳到了嗓子眼！他勉强镇静着自己，拿起对讲机向林总报告。林鸣已从指挥舱的监控设备中听到了声音，他立即查看原因。此时接头里的宁进进紧紧攥着妻子送给自己吉祥物挂坠，真是“度秒如年”！大概两三分钟后，宁进进在对讲机中听到了林鸣极为平静的语调：“进进，再坚持一下！”

宁进进的心仍然紧绷。

林鸣又补充了一句：“是一处钢板出现变形引起的。坚持一下，等你上来师傅请你喝酒给你压惊。”

林总的这句话和他周围熟悉的笑声从对讲机中传来，让宁进进紧绷的心一下子放松下来。他感觉到了林总和整个V工区团队就在自己身边。

5月4日14时55分，顶推小梁开始收回，2小时后最终接头成功分离。16时45分，重新对接开始。

这时候，林鸣面对着一个谁也无法替代的巨大风险，第一次安装160米的吊带吊着最终接头往下放的时候，吊带是绷着劲的。现在沉放后的吊带已处于软软的松弛状态，在重物往上提的一瞬间，吊带由松弛到绷紧一般会不可避免地发生抖动，可这时重物是在水下30米深的两个管节之间的最窄处，两边只有15厘米间隙。这一起吊会有什么后果？真是不敢想象！林鸣跟谁也没有说，这天大的风险只有他心里最清楚，也只有他自己来承担。

林鸣紧握手中的对讲机向“振华30”发出起吊口令，同时指挥“津安3”号准确地收放着揽绳，稳住大接头，一定不能碰撞两边的沉管。所有人都屏气凝神，紧盯着大屏幕上的运动姿态监控系统和测量定位系统。

令人提心吊胆的起吊顺利完成，大接头在两节沉管之间狭小的空隙里又缓缓升起。林鸣暗暗舒了一口气，后来曾有记者问他当时怎么敢下这个决心，他笑着调侃了一句：“这就叫艺高人胆大啊！”

“振华30”号吊起最终接头，又一次海底穿针。

无数次的起吊、放下，“抬扒杆”“下扒杆”，林鸣下达了几百次的口令，接头多次显示在3~4厘米之间游移。“往东两厘米”“往西两厘米”，林鸣在寻找着他心中的精度。

林鸣回忆说："第二次重新对接的对位花了差不多3个小时，用了几百个口令，300多米的船横在海里，1厘米、2厘米地调，调了3个多小时，没有感觉啊。你说往东它往西，你说往西它往南，完全没有办法，那个时候都快绝望了。接头就是不听你的话，就不往你要的方向去。几百个人在看着、听着、等着、候着。"

5月4号上午，伶仃洋上刚下过一场大雨，海流在哗哗地往上涨，最佳安装"窗口"时间所剩无几，紧张的气氛几乎让人窒息。

林鸣表示："那时候我也感到有点崩溃，怎么办，海流涨起来怎么办？这个船能不能顶得住啊？它会漂的。后来又赶紧调了10个拖轮在旁边的地方顶住，要把那个海流抗回去，当时那些措施都在准备。如果再晃一晃，接头再撞一撞不得了啊！"

最后一刻钟，林鸣突然来了感觉，估计在3~5厘米位置时，他问大家："要不要放下去，后不后悔？"大家说："放下去！不后悔！"林鸣发出口令："放下去！"

19时50分，最后一放，接头重新着床。林鸣心里的判断，误差应该在3厘米以内。此时，离林鸣团队上船返回重新安装已经过去了38个小时。

5月5日早上7时30分，贯通测量后数据报告传来："东西向偏差0.8毫米，南北向偏差2.6毫米。"这是一个令人难以置信的结果。所有人的疲惫都变成了惊喜和赞叹！

林鸣原本预计误差会在一两厘米以内，这个范围就已经令人非常满意了。没想到是0.8毫米，2.6毫米。海里面的毫米跟陆地上的毫米不一样，这么大的东西要做到毫米，几乎是不可能的事。

这个结果令他万分感慨："这就是天道酬勤！自然的力量，你没办法去预测，它要你做不成的时候，就不停地给你设置障碍，让你完成的时候，就会给你一个大大的惊喜！这是顺应了这个时代，是大自然和社会给我们的奖励，给整个团队、给4000多人努力的一个奖励。是对我们把它脱开重来，不惧中间的那些困难，坚持下来的奖励。不是个人的功劳、个人的本事，也不是个人能做得到的，这叫作天道酬勤，国运到此！"

奇迹在林鸣和他的团队手中诞生了！港珠澳大桥沉管隧道不但创造了世界上前所未有的新工艺，把传统的6个月水下安装变成了1天可以完成的整体安装。而且，其可逆性操作的设计、毫米级的安装精度，更是创造了世界沉管隧道最终合龙技术的新纪录，成为对世界沉管隧道技术领域的新贡献。

2017年10月，林鸣和宁进进接受中央电视台《对话》节目采访，谈起这段惊心动魄的水下惊险时刻，宁进进的语调出奇得平静，而林鸣则说了一句："我们对自己研发的设备有把握，但是风险巨大！万一真的有什么特殊情况发生，我们的进进可能就没啦！"林鸣说这话时是笑着的，可是宁进进在林总的眼里看到了隐隐闪动的泪光。

曾有记者问林鸣："为什么非要做到毫米级？有这个必要吗？"

林鸣意味深长地说了一句："这是我们这代人留给历史的一个符号！"

精调作业过程两天两夜，荷兰工程师乔尔也守了两天两夜。由于珠海海上湿热的天气以及室内外的冷热循环，与他所习惯的北欧环境差异很大，他嗓子疼痛、身体疲倦，但精神亢奋，因为他认为太值了！乔尔庆幸能够参与这个项目，他认为：

“It is the best project I had ever experienced!”在他参与的所有(15座)沉管隧道建设中，这个是最棒的，没有之一。

当本来准备同机返回荷兰的乔尔，突然被召回安装现场，汉斯就感到一定有特殊情况。他在5月2日已经亲眼见证了最终接头安装全过程，兴奋地乘坐5月3日夜里的航班飞回了荷兰。但最终接头精调的消息让他牵肠挂肚，汉斯通过现场的乔尔始终跟踪着精调过程。作为沉管隧道专家，他深知这个重新安装的难度有多大！中国工程师在港珠澳隧道付出的巨大努力让他震惊和感慨！

在得知最终接头精调成功的第一时间，汉斯代表设计施工咨询联合体，向港珠澳大桥管理局和岛隧项目部同时发来贺电：

“向所有付出辛勤劳动精准完成这一世界级难度安装的工程建设者们致以崇高敬意！

“最终接头方案带来了沉管隧道最终设计和施工创新高效的理念，是对沉管隧道技术的重大贡献。将来中国和世界沉管隧道行业都会从这个项目中受益。”

5月4日深夜，参加精调的队伍成功返回，朱永灵局长惊奇地发现，汉斯的助手李英博士手捧鲜花在半路上迎接他们。一直在珠海紧张地等待精调结果的李英，为这个惊心动魄的安装过程和极其完美的合龙精度激动不已！她情不自禁地准备了两束鲜花，一束献给朱永灵，一束献给林鸣。

2017年5月24日，最终接头与沉管刚性焊接全部完成。

7月7日，西人工岛彩旗飘扬，鞭炮声震耳，参与港珠澳工程建设的各路大军汇聚在此，庆祝港珠澳大桥沉管隧道正式贯通。

汉斯·德维特专程从荷兰赶来，在港珠澳大桥沉管隧道贯通仪式上发表了热情洋溢的讲话：

“我们参与了世界上众多的沉管隧道项目，包括到目前为止最复杂的一些项目，例如丹麦—瑞典的厄勒海峡通道，韩国釜山—巨济跨海通道，19 公里长连接丹麦和德国的费蒙跨海通道等等，当然也包括我们的港珠澳大桥项目。

“通过我们参与过的这些众多复杂的项目，我能够评价港珠澳大桥海底隧道对世界沉管隧道行业的贡献。

“回顾我们隧道需要克服的设计挑战和施工困难，两者都必须面对很多很多创新。

“我的结论是：港珠澳大桥沉管隧道超越了之前任何沉管隧道项目没有超越过的技术极限。港珠澳大桥沉管隧道的实现，使中国从一个沉管隧道技术的相对小国发展成为国际隧道行业沉管隧道技术的领军国家之一。”

林鸣和汉斯在合龙仪式上相遇，经历无数风险后的成功让他们今天的心情格外轻松舒畅，舒心的神采在两个人脸上飞扬，两双手紧紧地握在了一起。林鸣笑着对汉斯说：“过去你反对我是出于你工程师的责任，今天你支持我是出于你工程师的胸怀。”

汉斯真诚地向林鸣竖起大拇指：“这是一个非常了不起的工程。你们做到了超一流水平！”两人从此成为莫逆之交。

一个伟大的工程，让人们收获的不仅是技术，还有眼界、胸怀和格局。林鸣把多年来工程中的亲历和感慨凝练成了 4 句话：

“对现状的理性；对创新的欣喜；对超越的欣赏；对尝试的包容。”

▲ 林鸣在沉管安装指挥船上 （陈向阳摄）

▲ E15 管节回拖时在沉管上操作的工人 （陈向阳摄）

▲ 沉管浮运安装出海编队

（林彦臣摄）

▲ E30 沉管安装

（陈立通　薛安平摄）

▲ 港珠澳大桥沉管隧道最终接头安装现场 （王荣摄）

▲ 6000 吨重的最终接头吊起后在空中转体　　（李建東摄）

▲ 最终接头安装成功，中交集团总裁陈奋健与林鸣握手祝贺　　（黄喆摄）

▲ 林鸣向岛隧工程的船长们颁发表彰证书　　（李正林摄）

第十章

这一生，至少当一次傻瓜

2017 年 8 月 15 日，东南卫视《中国正在说》节目北京录制厅里，巨大的港珠澳大桥岛隧工程画面铺满了人们的视野，光影投射中叠印着林鸣和工人们在浩瀚的伶仃洋上、海中孤岛上施工奋战的照片。超级工程带来的震撼充满了整个录制厅。

自 2017 年 5 月 2 日沉管隧道最终接头安装成功之后，媒体对港珠澳大桥工程的宣传报道达到了高潮。《人民日报》《光明日报》《工人日报》《21世纪经济报道》《解放日报》《中国日报》等主流报刊，中央电视台《对话》《面对面》《新闻调查》《人物》《大家》《朗读者》《亚媒看中国》等知名栏目，香港凤凰卫视，意大利共和报等境外媒体纷纷前来采访，各大媒体几乎是排着队来到岛隧项目部，不同标识的摄像机、不同栏目的编导同时在办公楼的走廊里等候，形成了一道独特的风景。

林鸣常常是下午两三点钟从岛上下来，身穿工装直接接受采访。在许多播出的节目里，画面中的林鸣都是晒黑的脸庞，嘴角干裂，一看就知道他根本顾不上喝水。党群部部长陈向阳为了减轻林总的压力，曾想把几家媒体安排在一起采访，却被林鸣坚决制止了："每一家媒体都有自己的角度，我们自己辛苦点，要让每家媒体感到自己是受重视的。"林鸣认为，媒体的关注，是对港珠澳大桥工程建设者的极大鼓舞，"没有媒体的支持，我们很难跨过这么艰难的历程。"

此时，几台聚光灯同时射向舞台，站在舞台中央的林鸣很显然并没有完全做好准备，半小时前刚匆忙赶到录制地点的他，思绪似乎仍然被港珠澳岛隧工程的施工现场牵扯着。

林鸣拿起手中的几页纸，目光坦诚地望着观众席："说实话，我有些后悔答应来参加这次录制，工地上正在会战，我实在没有时间，但节目组1年多的真诚邀请我又不好拒绝。我尽量完成好这次录制，先来跟大家分享一个故事。"

日本有个叫木村的果农，下决心培育出不打农药的苹果。历时11年尝试，经受无数次挫折和失败，被人看成"疯子""傻子"，甚至倾家荡产几乎结束生命，但最终的坚持使他培育出了最好吃的苹果。这个故事被写成了书，题目是——《这一生，至少当一次傻瓜》。

林鸣现场朗读了他为这个故事写的题记：

"在我看来，木村先生是一个做事认真，不拘常规，能够坚持到底的人，他身上那份执着精神和认真态度让人敬佩。我们每个人也都在为梦想奋斗，开始的时候都热忱无比，充满激情，然而在坚持梦想的这条路上，充满着荆棘、曲折、阻力、质疑，甚至是看似难以逾越的鸿沟。越是在艰难的时候，我们就越能发现自己想打退堂鼓，或者想换另外的方向，或者找出一个捷径，甚至是给梦想打个折扣。

“最近我们的东、西人工岛和隧道管节内都在全力以赴地拼抢施工，我们的目标是打造珠江口地标性建筑和最美海底隧道。设定这个目标的时候，我们信心满满，然而在建设过程中却碰到了工期紧张、质量要求高、现场施工组织困难等等难题，这貌似遇到了进度和质量两者不可兼得的难题。每天沉重的施工让我们疲惫不堪，每天处理不完的问题让我们心力交瘁。我知道，有的人心里会想，能不能在质量要求上放松一点点，让进度更快一些。

“在这个异常艰苦艰难的时期，在这个最容易放弃梦想的时候，木村苹果的故事给了我很大的触动和启示。虽然没有亲自尝过木村先生种出的苹果，但我猜那味道一定很香甜，读这篇文章时，甚至都能嗅出苹果的味道。如果木村先生在最后一刻放弃了自己的梦想，人间会少了一种美味。”

这篇题记让林鸣找到了感觉，也一下子引起了现场的共鸣。后面的录制酣畅淋漓，大获成功。节目播出后，3 天内网上的阅读量就突破 10 万。这是林鸣没有想到也无暇顾及的，因为那时，他正每天和数千名工人一起，冒着酷暑、雷雨、风暴，奋战在两个人工岛上。

被低估的岛上建筑

7 月的人工岛，烈日当空，火辣辣的阳光毫无顾忌地向下倾泻着，四周伶仃洋的海水似乎给阳光更增加了烈度，眼睛和皮肤都有一种格外的烧灼感。与天然海岛不同的是，人工岛没有脚下长满青草的潮湿地面，也没有头顶上可以遮挡的绿叶和建筑物，而是赤裸裸地暴露在南海的骄阳之下，满眼的沙土、水泥、钢筋、吊车……

两个10万平方米的人工岛上，车辆在奔忙，机器在轰鸣，大型工程设备来回穿梭，引擎声、机械声此起彼伏。对讲机里传出的喊叫声充斥着现场各个角落，每隔一分钟从香港大屿山机场起飞的飞机在头顶上呼啸而过，飞机的轰鸣声与岛上施工的各种声音强烈地冲击着人们的感官。但是，没有人停顿，没有人张望，整个人工岛就是一个无处不在沸腾、无人不在奔忙的工地。所有人都像在打仗一样，不分昼夜地拼命忙碌，恨不得把24小时都用在工程上。

这样的拼抢，实在是迫不得已，因为林鸣和他的团队，要用大半年的时间完成原来需要1年半时间的岛上建筑施工任务。

2017年是港珠澳岛隧工程的决胜之年，3月7日，33节沉管的最后一节安装完成；5月2日，最终接头1天内合龙，精调的毫米级对接精度创造了世界沉管隧道工程的奇迹！在这个时候，所有人都认为港珠澳工程的控制性节点已经跨过，主体工程中没有什么大的难题了！从业外的角度来看，相比风险巨大的沉管隧道来说，后续的人工岛上建筑只不过是在一场大战役中最后的打扫战场，没有太大的挑战和悬念了。

然而，谁也没有想到，这决胜之年还要跨过的最后一次决战竟然是如此异乎寻常的煎熬。

2012年，港珠澳大桥管理局向全球进行港珠澳大桥人工岛上建筑设计招标，这引起了粤港澳三地众多专业建筑设计单位的热烈关注和参与。广东省建筑设计研究院在多家知名设计单位竞标中胜出，他们以多年的积淀和素享盛名的建筑设计实力，信心满满，在建筑外形的美观和地标性建筑的影响力方面下了很大功夫。一连做了 12 稿设计图，但是随着设计的深入，却发现越往下越走不下去了。

这时候，人们才发现似乎走入了一个误区。太多的人把岛上建筑单独地看成了一个建筑，似乎只要设计出美观漂亮的建筑放到岛上就可以了。

“几乎所有人都低估了岛上建筑的复杂性！”冯颖慧，中交四航院建筑设计院的副总工程师，岛上建筑设计的负责人，秀气温婉，长发披肩，语调缓缓，面带笑容，说出的话却一语中的，“实际上这哪里是一个普通的房建啊，完全是一个极其复杂的系统工程。隧道就像一根扁担，两头要靠人工岛挑着，隧道的通风出口、通电、排水设施都要在人工岛上落脚；全桥 55 公里的通水、通电、通航、信号标志、消防、监控等设施都要从隧道和人工岛建筑中穿过；大桥的运营养护管理、旅游观光等办公和公用设施也要在岛上建筑中完成。同时，地标性建筑的定位又决定了岛上建筑在景观上的独特要求。”

狭小的 10 万平方米的海中人工岛上，许多电缆、线路、通风道、机电设备要放在建筑里面。所有的管线、设备都要恰到好处地找到自己的位置，所有的地上地下空间都要严丝合缝地充分利用。

冯颖慧说起岛上建筑的复杂性来真是感慨万千，五味杂陈：“20 多种专业在这里交叉，各方面功能设计互为因果，你中有我，我中有你。风道从哪里走？电缆从哪里穿？机电设备安置在哪儿？都需要各个工序来回磋商，你这一步不到位，我下一步做不了；我这里做完了，你那里可能又被卡住。而且，两个10万平方米的人工岛上，没有像陆地一样的市政水、电管线可以衔接，岛上建筑设计不仅要完成自身的给排水和电路设计，还要像城市的市政设计一样考虑全岛的基础水电设施设计。这哪里是设计两座楼，简直像是在设计两座城市啊！”

陆地上的房建，是把盖好的房子放到基础设施完整的大环境里。而岛上的房建，则要把保障人工岛和隧道正常运行的所有基础设施容纳进房建的小空间里。一切复杂的因素交织在一起！最初的招标看似清晰，实施起来却磕磕绊绊。人工岛上的建筑设计，像是准备快速奔跑的越野车，突然陷进了泥里推不动了。

这种情况引起了大桥管理局的重视，2013年，在大桥管理局的协调下，中交四航院建筑设计院开始介入，与广东省建筑设计院进行平行设计。人工岛的结构设计任务是由中交四航设计院承担的，现在由其下属的建筑设计院承担岛上的建筑设计，应该是把岛上设计与人工岛的整体结构紧密结合的最佳途径。

同年6月，大桥管理局组织第二轮设计方案竞标，中交四航院建筑设计院的初步设计方案获得了香港、澳门和内地评委的好评，以2∶1胜出。由此，中交四航院建筑设计院接手负责岛上建筑总体设计，冯颖慧担任岛上建筑设计的总负责人。

然而，误区仍然存在。按照惯性思维，岛上的建筑设计与大桥收费站等陆地上的几处房建的设计施工被捆成了一个“房建标段”，大家下意识地用陆地房屋建筑的思维取代了岛隧转换的人工岛上房屋建筑的特殊性，以至于把岛上建筑误读为只是7万多平方米的房建，而忽略了岛上建筑还包括的主体建筑与隧道连接的地下空间、地下管线安装工程、大型地下构筑物、附属建筑及设备等部分。2014年，工程各方设计条件的稳定性还远远没有落实，当时为配合难度相对较低的陆域房建施工进程而赶出的第一版设计图纸，实际上并不能作为岛上施工之用，岛上房建的概算与实际相差甚远。

2015 年，正在出第二版设计图纸时，又恰巧赶上了十年不遇的国家消防规范全面变更。冯颖慧对由此引起的工作量记忆犹新："按照原来规范中可以走行人的车行道、车库，调整后变为严禁混搭穿越。室内空间布局要重新考虑，机电方面很多局部也需要变更。而大桥交通工程的机电设备设计也在此时开始实施，交通工程按照常规环境设计的管线铺设，在岛上的有限空间里很多都无法实现。牵一发而动全身，建筑空间内很多设计布局都必须随之进行全面调整。"

海上人工岛设计施工所具有的未知性和复杂性，随着岛上建筑设计的一波三折，越来越明显地展现出来，不断刷新着人们的认知和理解。原计划 2016 年 6 月批复的岛上建筑设计施工方案，直到 2017 年 3 月才正式批复下来。按照 2017 年底具备通车条件的要求，岛上原本的 1 年半的施工时间，只剩下大半年。

挑战，又一次压在林鸣和他的团队身上。2017 年的 5 月，刚刚完成沉管隧道最终接头安装的林鸣，终于解除了一直压在心里的最大风险，消除了国内外对港珠澳深埋沉管隧道能否建成的担忧！7 年来一直箭在弦上的紧张和疲惫，连续不断地在高风险、高频率状态下运转与无法回避地处在重大决策关头的压力，让他的头发从乌黑变成花白，脸庞从圆润变成清瘦，原来一米八几的个头在体重掉了 40 斤后，更显得消瘦颀长。业内不少人都心疼地议论："林鸣这几年从一个小伙子变成小老头了！"身边所有的人都希望，这个"铁人"总该停下来喘一口气，调整一下一直超负荷运转的身体了吧。

但是不行，命运在考验他 11 年之后，还要再给他淬一次火！

人工岛上建筑这最后一个攻坚战迫在眉睫地摆在眼前。林鸣不放心，年底具备通车条件是工程的总体要求，半年的工期要抢出 1 年半的活来，干不完怎么办？他更不放心的是，人工岛上建筑要做成珠江口最美地标，工期紧张会不会影响质量，做得不好怎么办？但有一点最让他放心：经历了 7 年的磨砺和锤炼之后的岛隧建设团队，已成为一支指哪打哪，无坚不摧的铁军！目前整个队伍正处在最成熟、最好的状态，这是完成第四战役最后冲刺的根本保证！

于是，新的战役部署在他心里完成。

2017 年 7 月 1 日，西人工岛上，中交集团港珠澳大桥岛隧项目总经理部的旗帜和中交第一、第二、第三、第四航务工程局，中交广航局、振华重工、中交四航设计院……各参建单位的旗帜在海风中飘扬，2000 多名建设者列队肃立。“大干一百天，迎接十九大”主题劳动竞赛启动大会正在这里召开。

林鸣的声音铿锵有力，在人工岛上空回荡：

“港珠澳大桥是当代中华民族复兴的象征，承载了粤港澳三地人民的期盼，每一位建设者都肩负国家重任和历史使命，无上荣光。

“2017 年底具备通车条件，留给我们只有 6 个月的时间。我们要担当担责，以‘绝不耽误一分一秒’的态度冲刺 100 天，全力推进东、西人工岛及隧道内工程。

“我们要坚持一流工程品质目标，将东、西人工岛打造成‘最具标志性的建筑艺术品’。无论工程实体还是外观质量，我们都要追求世界一流水平。

“我们更要牢记安全生产高于一切，要以高于以往的工作标准、高于以往的工作要求、高于以往的资源投入，确保不让一名员工倒下。

“7 年的艰苦拼搏，我们铸就了一支敢打硬仗的铁打团队，一支攻坚克难的精英团队，一支打不散的英雄团队。我们要坚定敢打必胜的决心和信心。我相信，我们一定能够续写筑岛传奇，在伶仃洋上留下闪亮的中国名片。”

负责西岛施工的Ⅰ工区常务副经理孟凡利，负责东岛施工的Ⅱ工区常务副经理刘海青，负责沉管隧道管内施工的Ⅲ工区一分区项目副经理杨红，负责风帽安装的振华重工项目代表纷纷在大会上发言。坚决响应总部号召，以“零瑕疵”的标准确保工程成品质量，以“零容忍”的态度确保各项管理保障落实到位，以“零隐患”的意识确保主体各线安全受控、推进有序，以“零延误”的决心确保各项任务节点的圆满完成。

一位年轻的党员代表发言：“我们虽然没有赶上为祖国母亲挣脱锁链而驰骋沙场，但却赶上了建设港珠澳大桥超级工程为实现‘中国梦’而奉献青春。一名党员就是一面旗子，我们要在最为关键的 100 天冲刺阶段，攻坚克难，冲锋在前。”

一位叫乔叶的工人代表言简意赅地表明决心：“宁可汗水飘起船，不让工期拖一天！”

整个队伍已是一种嗷嗷叫的状态！没有人强调困难，没有人埋怨延误的工期，没有人面对特殊情况讨价还价，只有一个目标：“打造珠江口最美地标”，做世界一流工程，不负时代，为国争光！

从 7 月 1 日开始，林鸣坚持天天上岛，雷打不动。每天一大早，工人们就看见林鸣带着相关部门负责人来到人工岛上，仔细查看各项施工开展情况，听取工区负责人和现场工作组关于夜间施工情况的汇报，现场解决新出现的困难。他不走平坦的行车道，专走工人干活的边边角角。只要看见工地上有烟头、纸屑，哪怕是在很深的排水沟里，他都要想办法一一捡起来放到废物箱里；看见没有及时整理的材料、工具，他都要仔仔细细地规置整齐。有一次看见消防集水池的井沿上散落着砂子，他立即俯下身去，用手细心地拂去沙土，对随行的管理人员说："这个井比较深，工人要站在梯子上施工，风一吹就会把砂子吹到眼睛里，这就可能发生安全事故。"

每一个施工区域都要细细查看，每一项施工情况都要仔细了解。人员配置得够不够？还有哪些必须立即解决的困难？质量有没有缺陷？安全保证措施有没有疏漏？只有等到这些他最关心的问题都得到了肯定的答案，他才走向下一个施工区域。

不仅自己每天上岛现场办公，风雨无阻，林鸣同时也要求项目总部领导班子所有成员轮流上岛带班，到施工一线解决具体问题，每天要写出不低于 2000 字的上岛值班笔记。他要从上到下拧成一股绳，整个团队鼓成一股劲儿，调动所有人的力量，形成合力一起拼！

在这 100 天里，要完成西岛房建三层封顶、东岛房建四层封顶、风帽结构拼装、隧道及人工岛路面具备沥青铺设条件。作业面越来越窄，交叉施工越来越多，工期越来越紧，压力越来越大，再加上持续的酷暑天气和高发的台风袭扰，面临的困难和挑战倍增。

西岛主体建筑四周地面工程在 8 月初开挖。这一下，整个工地像开了锅一样，没有一块"避风港"了。

"主体建筑首层封顶时，我们想这下总算不用在地底下狭小的空间里猫着腰或蹲着干活，可以在地面上直起腰来了。相对于主体建筑，我们觉得地面工程很简单，没太当回事儿，可没想到它对全岛的施工影响极大。”西岛Ⅰ工区副经理靳胜，形象地描述了这段经历，“主体建筑旁边原来还有场地，有通畅的环岛路，地面一挖开，施工通道和场地就都没有了。大批的材料设备需要进场，全靠吊车吊，各个施工点都在抢塔吊。这时候我们才理解为什么林总在2016年底就要求我们增加塔吊，把西岛的塔吊从3台增加到7台，东岛从4台增加到8台。安装1台塔吊需要2~3个月的时间，如果不是提前准备好，到这时候真是措手不及啊！那时上了大量设备，每一个施工点都布好，免得来回吊浪费时间。”

最抢手的是码头，所有的物资设备都必须通过唯一的码头转运，岛上没有场地，每次运材料只够2~3天的。各个工段每天要抢码头，经常会因为用船“打架”。后来规定时间段，几点到几点归哪个工段用，到时间了就得给别的工段。除此之外，每天还有大批的人员上下岛、白天生活物资的运送、夜里零点岛上垃圾的清运，都离不开船和码头。林鸣规定，每逢人员上岛时，要停止一切作业，一定要保证安全。

东岛Ⅱ工区总工程师赵辉提起了在地面上施工根本不可能碰到的问题：“工地全面开挖后，1000多名工人的施工营地无处安放，打游击似的来回搬家。开始在东岛北侧的营地，之后因为附近有越浪泵房和电缆沟要施工，又搬到了南侧桥头，贴着挡浪墙安营扎寨；没过多久随着施工的地点变化又搬到东北角，后来再搬到码头，最紧张时1000多人全部搬到船上去住。难怪林总在2016年底就要求我们提前做好营地搬迁筹划，真是每一步都想到了前头，不得不佩服！”

靳胜深有同感：“室外工程到处开挖以后，营地就根据开挖场地一直在动，做一块搬一块，做完了再往回搬。而且每次搬动不是简单地移动板房，而是要考虑厨房、厕所、上下水，甚至化粪池等等。西岛当时现场有好几个单位，做交通工程的中铁建、做风帽安装的振华重工、跟踪施工的岛上设计团队以及自己工区的工人，实在倒不开时，就全部住在了船上。那一阵正好赶上了 7 天的大风大浪，有的工人晕船，宁可在岛上打地铺也不肯住船上了。”

工人确实想不通，干了一天活，回到驻地还待不踏实。本来刚刚熟悉的 6 人空间，一搬家又变成 8 人一间。但是没有办法！Ⅰ工区、Ⅱ工区的负责人就带头自己先搬再做工作，因为施工不等人啊！最典型的场景是，有一次岛上设计团队的营地搬得慢了点，早上起来一看，竟然只有自己的这几间板房还在原地，周围已经都是开挖的工地了。

西岛主体建筑周围大斜板和减光罩之间是这段时间施工的重点，也是施工管理的难点。这里地下工程特别多，管线特别复杂，各种各样的管线纵横交错，上下层叠；一个狭小的界面要完成好几道工序，每一道工序必须按计划准时完成，哪一个环节出现延迟都会产生连锁效应；七八个施工班组同时在这一区域施工，场地狭窄，单位众多。凡是能够利用的空地都挤满了钢筋加工场、模板加工区、混凝土搅拌站、办公区和生活区。

主战场在哪里，指挥部就设在哪里。林鸣每天想到的第一件事情就是最关键工序的施工进展，每天去的第一个地方都是最关键的施工现场。7 月 31 日上午，林鸣站在西人工岛大斜板和减光罩之间的施工现场，对身边的孟凡利说：“你们要成立一支突击队，务必在 8 月 20 日前打通大斜板和减光罩之间的关键通道，为后续施工提供运输保障。”

说干就干，绝不拖延，这是林鸣的工作作风。幸亏孟凡利早已熟知这点，突击队当天成立。

第二天一大早，林鸣就来到西人工岛大斜板下面的空地上，为他亲自提议的突击队授旗。没有鲜花的点缀，没有欢呼的人群，只有宏大的施工场面和施工机械的轰鸣。林鸣把队旗郑重地交到突击队队长孟令月手里："这支突击队就叫'8·20突击队'！目标明确，节点明确，看见这面旗帜，就清楚地知道自己肩负的使命。"

Ⅰ工区副总工程师孟令月从林鸣总经理手中接过队旗，把它插在岛上最高处，像升旗手一样把大旗呼啦啦地扯开，"8·20突击队"几个大字印在鲜艳的红旗上，在蓝天白云的映衬下格外夺目。孟令月带领全体突击队员面对林总表决心："战旗就是命令，指到哪里就打到哪里，不讲条件，不打折扣。坚决完成在8月20日之前打通大斜板和减光罩之间的关键通道，为后续施工提供通道保障的重要任务。"

Ⅰ工区在西人工岛调集了精兵强将齐上阵，西岛码头一片繁忙，白天车来车往，晚上灯火通明，一艘艘满载着各种物资设备的运输船紧张地卸载着。"已经新增加了5船设备，这几天还有近200人的团队要上岛。"Ⅰ工区总工程师张怡戈说，"为了尽量提高码头运转效率，很多物资都是晚上装卸，人停吊装设备不停，24小时连轴运转。实行动态管理，不浪费一分一秒，全力完成8·20目标。"

每天晚上两个会雷打不动。

19点的现场协调会，各施工单位的负责人碰头协商，协调解决物资运输、设备保障、界面交接等相关细节。

21点的计划调度会，林鸣听取总部驻岛工作组、工区值班领导、各分区技术主管汇总当天每一项工程的完成情况，和大家一起确定第二天的施工计划。

施工生产计划由开始安排到月，后来安排到日，再后来排到每天的上、下午，甚至上半夜、下半夜各干什么都做了明确要求，最后安排到了每个小时。每天工作量精确到上午要浇筑完成多少立方米混凝土，下午要重点抓好哪些工序，主体建筑周围夜间必须完成多少回填量，每一个区域、每一道工序完成到什么程度都必须非常明确。物资、设备、人员调配、工序先后都必须清清楚楚，实现各工序、各班组、各单位之间的无缝对接。等各项计划编制完毕，往往要到凌晨 2 点了。

在突击队长孟令月心里，这 20 天，每一天都是在打仗，每一天都是一场终极大考。所有的工序都环环相扣，每一项工作都刻不容缓，紧张得让人喘不过气来。工人们形容那时的人工岛是每天都在动，一天一个样。

每天的混凝土浇筑方量是一个硬指标。“西岛 10 天夺旗赛”，从 8 月 8 日开始，所有人不畏高温酷暑，夜以继日，你追我赶，10 天累计浇筑混凝土 3721 立方米，超额完成了日均浇筑 350 立方米的预期目标。

8 月 14 日，已经在现场检查了 2 个多小时的林鸣来到敞开段调平层施工现场，一边用衣袖擦着脸上的汗水，一边叫住了正在现场施工的年轻技术员王从李：“小王，昨天的工作都完成了吧？有没有什么困难？”

“都完成了，有再大的困难也要克服。”王从李充满信心的回答让林鸣非常高兴，他从工作服的上衣兜里取出一支笔，在王从李随身带着的图纸背面写下 4 个字：“日事日毕”。嘴里说道：“干工程不能拖，今天的事情必须今天干完，要‘日事日毕’。”

项目部总工办现场工作组成员刘洋 7 月底来到西岛的第一天下午，就去熟悉了整个现场，得出的结论是——“死定了”。当时，整个房建区周边各项施工都还没有启动，大量材料、加工场散布在各个区域，房建主体结构还没有最后完成，3 台塔吊亟待拆除，办公区、生活区正在搬迁，很多大型设备还没有到位，要完成“8・20”目标，分明就是一项不可能完成的任务。

但是，在“8・20 突击队”的旗帜飘扬的第 20 天，大斜板与减光罩之间的道路浇筑完成，主体建筑周边管线全部埋设完毕。“8・20”关键节点顺利打通。

西岛Ⅰ工区孟凡利为自己团队的战斗力感到万分惊奇，他感慨道：“真的没有想到，我们 20 天干完了原计划 3 个多月才能完成的任务！没有林总每天的现场督查，没有全体建设者夜以继日的持续拼搏，没有总部后方的大力配合和无微不至的后勤保障，根本不可能完成这样复杂艰巨的任务。”

林鸣每次从岛上下来都很感慨：“我每天都在为我们团队的付出和创造而感动！”

“桑塔纳”还是“劳斯莱斯”

2013 年 11 月，超强台风“海燕”向珠江口方向袭来，在海面上旋转着迅速移动，越转越大。珠江口一带正在严加防范，“海燕”却突然改变方向直奔海南而去，造成严重损失。

珠江口本就是台风多发地区，近些年台风的等级似乎越来越高了，过去多少年不见的超强台风出现频率也明显增加。这让正在与海浪、台风打交道的林鸣心里很不踏实。

正在这时，他接到了交通运输部专家组副组长徐光的一个电话："这次台风把海南一个军港的防波堤毁坏了，你那里可得要当心啊!"

徐光作为专家组成员去实地考察了海南某军港的防波堤毁坏情况，他这个提醒更加重了林鸣内心的担忧。

林鸣眉头一紧，放下电话，立即通知办公室，项目部决策班子开会。

林鸣在会上问大家："如果这个台风不是转到了海南，而是正面袭击珠江口，我们的人工岛会怎么样？隧道会不会被淹?"

这个问题让到会的所有副总、副总工们也神色严肃起来。按照设计规范，原来岛上建筑的防台标准，是防300年一遇的台风，应该防12~14级台风没有问题。可这些年台风有越来越猛的趋势，等级越来越高，超强台风频繁发生。原来的防台设计标准够不够?

林鸣对人工岛结构设计负责人梁桁说："你们根据人工岛设计现状做一下评估，如果出现这种情况，按照我们现在的挡浪墙设计高度，能不能挡住海水？岛上的越浪泵房能不能把海水有效地排出去？如果出现大暴雨，岛上的排水设施有没有保障？海水会不会进入隧道?"

梁桁立即回答："好，我们马上开始。"

"这恐怕还不够，"林鸣面对大家，"我们还应该请南京水利科学研究院以台风'海燕'为例做个评估，如果'海燕'真的到了港珠澳大桥岛隧位置，会出现什么情况？请天津港湾工程研究院做一个越浪排水试验，按照应对大暴雨和强台风，来确定排水沟的宽度和距离设置的最佳参数。"

此时林鸣脑子里想到的，并不是这一次"海燕"的提示，而是岛隧工程要经受的120年设计寿命的考验。他提出要求："我们要考虑到，未来120年海平面会增长多少？按照120年的设计寿命，300年一遇的暴雨、台风来考虑，越浪加上暴雨，我们岛上的排水系统能不能保证隧道不会被淹?”

这一系列部署获得了总部指挥班子的一致认同，项目部马上开始了风险排查回头看活动，三个方向的试验和评估紧锣密鼓地进行。

2014年1月22日，港珠澳大桥隧道防水淹及人工岛施工期防船撞方案专家咨询会在中山召开，岛隧项目部把排查的结果和解决办法提交到会上，根据近年来“天兔”“海燕”等超强台风频频发生的实际情况，港珠澳大桥岛隧工程的方案设计应充分考虑极端恶劣天气条件下越浪和暴雨的影响，防洪排涝和隧道的防水淹需要有新的应对措施。根据试验数据，建议把原来人工岛防洪排涝设计标准提高10%~20%；局部扭工字块由5吨改为8吨；挡浪墙标准由7米提高到8.5米，根据风向高矮过渡；重新加固临时防台围堰和增设隧道临时防淹门以降低施工期间隧道水淹风险；完善人工岛防船撞措施。

会上有人提出不同意见，认为原设计已经符合规范，没有必要调整了吧?

但大多数专家认为，这是中国的第一条外海沉管隧道，从确保120年的设计使用寿命出发，根据实际可能发生的风险提示，调整是必要的。

经过三次专家会讨论，这一系列调整措施得到了专家会议的通过。

但林鸣的思考没有停留在这一步，有个想法在他心里一直盘桓不去。林鸣深知这个想法未必能得到一致的认可，很可能会引起一番争论，但他已深思熟虑。

120年设计寿命，海上高温、高湿、高盐的环境，暴雨台风的侵扰，岛上建筑物应该选用什么材料，才能长期经受住这些考验？人工岛要做成珠江口的地标性建筑，既要安全适用，又要耐久美观，什么样的建筑才能满足这样的要求？从这个原点出发去思考，他心里的想法一步步更加坚定起来。

林鸣在项目部提出：岛上建筑采用清水混凝土。

清水混凝土建筑是一种直接利用混凝土成型后的自然质感作为装饰面的混凝土。一次浇筑成型，色泽和均匀度全靠混凝土自然形成，不需要再做任何涂装和瓷砖等化工原料的装饰，是混凝土材料最高级的表达形式。由于符合绿色建设、生态文明的发展趋势，国际上很多优秀建筑都采用了清水混凝土，但由于清水混凝土施工对模板、施工工艺、混凝土浇筑技术都要求极高，所以让很多人既“心存仰慕”又“敬而远之”。我国已有了一些清水混凝土建筑的尝试，但在外海环境还从来没有人涉足过。

2014年，林鸣就人工岛如何采用清水混凝土施工问题，与德国派利公司进行了多次沟通。

“我听到消息后，最初的反应是吃惊。”德国派利公司中国业务总监郑宽志说，“清水混凝土的施工是一个系统工程，牵扯到设计、施工、材料、工具，特别是模板使用等方方面面的问题，在这样一个工程上使用清水混凝土对参建的所有单位是一个巨大的挑战。”

虽然在桂山岛沉管预制中，派利公司已经与林鸣团队有过成功合作，但郑宽志知道，中交集团在以前做过的项目中并没有清水混凝土的实践，而且当时中国国内还没有适合这个项目的规范与指导性资料。

他对林鸣说：“你真的要做这个吗？这可不太容易。如果把清水混凝土施工比作一座金字塔，我们的模板只是最下面的一层，中间一层是施工工艺技术，最上面顶尖的是施工的操作者。要想做成，必须施工队伍都跟你想的一样才行啊。”

林鸣说：“你放心吧！我们的团队肯定没有问题。”

郑宽志给项目部提供了德国最新的清水混凝土规范，从设计与施工的角度与林鸣团队进行了多次技术交流。在清水混凝土质量等级的 4 级标准中，港珠澳项目选择了最高的等级——SB4 级。

林鸣决定，嵌在四周的挡浪墙一目了然，一定要做得有特色一些，清水混凝土就先从挡浪墙开始。

“挡浪墙里面没有钢筋，不存在锈蚀的问题，关键是把色泽和线形处理得好一些，相对技术难度不是很大。”主管技术的副总经理尹海卿说，“林总的要求虽然有难度，但感觉还是可以实现的。”

尹海卿首先带领技术人员开始了清水混凝土的尝试，对配合比进行反复研究，在常规原材料基础上进行优化，可混凝土颜色的均匀度总是达不到要求。尹海卿与中心试验室反复比较测试保护涂层效果、解决泌水砂线问题、解决粉煤灰浮黑问题，不知做了多少次试验，终于得到了合适的配合比。

东、西岛两个工区初次施工，就感到了清水混凝土操作与一般混凝土大不一样。首先对模板的要求极高，脱模剂涂在模板上不能有一点脏东西，必须清理得非常干净，否则就会造成花斑，或者颜色不均匀。在天气炎热时浇筑，溅出来的混凝土黏在模板上水汽挥发很快，如果不注意浇上去就是一个白点，甚至出现脱皮。振捣必须非常均匀，严格按照规定时间，振少了会出现气泡，振多了就会有离析，出现砂浆分离。一定要严格按照标准操作。他们边摸索边改进，掐着秒表控制浇筑时间，一遍遍清理模板，采用分层浇筑，浇好一块，检查一块，发现问题一定要找到原因，解决后再浇下一块。花了很长时间终于把清水混凝土挡浪墙完成了。

接着，林鸣要求敞开段也用清水混凝土做，这次产生了不同意见。

尹海卿说："敞开段与挡浪墙不同，内部有钢筋，厚 3 米、高 15 米、长 110 米，属于大体积混凝土一次性浇筑，比厚 1.5 米、长 9 米、高 4 米的挡浪墙难度大得多。从设计到施工都认为做不成。"

但林鸣认为，敞开段在隧道出口的关键位置，相当于隧道的门户，十分抢眼。岛上施工的露天环境，使暗埋段浇筑不可避免地有一些裂缝，但不能让这样的裂缝出现在隧道出口的敞开段上。同时，在他心里还有一个更大的想法，但这个想法能不能实施，取决于清水混凝土敞开段施工能否突破。

他开了好几次会统一思想，要求作为一个攻关课题来研究，一定要想办法解决。

尹海卿回忆说："我们想了很多办法，关键是如何减少温差。3 米的厚度，混凝土表面跟内部很容易产生温差；敞开段的底板是早已浇好的，老混凝土已经固化，与新浇的混凝土收缩徐变之间很容易产生裂缝。怎么解决呢？我们用加密冷却水管的方法来减少水化热，冷却管在水平面 20～30 厘米加一根，竖向 30～50 厘米加一根。在工艺上，把 110 米长的敞开段分成 15 米一段，每一段 15 米×15 米，相当于 5 层楼高，从模板、工艺上采取措施，一段段地浇过来。"

东岛Ⅱ工区常务副经理刘海青回忆着当时的场景说："真的

很难，15 米高的敞开段中墙，工人要从模板之间的钢筋笼里下到底，一米一米地浇筑振捣上来，浇筑一段往上移一段。110 米的长度，模板间的横向拼缝要能保持一条直线，拼缝间的距离只有 1 毫米，这都做下来了。”

第一段 15 米×15 米的清水混凝土敞开段好不容易浇筑完成，却在第 28 天观察时出现了裂缝，这让前来观看的管理局总工程师苏权科和总工办主任陈越都很担心。怎么办？尹海卿带着大家找原因，想办法，再试！第二段清水混凝土敞开段终于成功了。连一向内敛的尹海卿也抑制不住喜悦：“110 米的总长度，每段墙之间接缝的误差不能超过 3 毫米，整面墙的变形不能超过 3 毫米。多难呐！但我们最后做成了。”

清水混凝土浇筑而成的敞开段，在隧道出入口巍峨耸立，像张开的双臂迎接和护送着出入海底隧道的车辆。平整精细的质地、均匀自然的色泽更增加了它的高雅庄重，不由得令人有肃然起敬之感。

冯正霖副部长 2014 年来到人工岛，在浇筑完成的敞开段前不由得停住了脚步，忍不住称赞：“确实漂亮！家里的房子都没有你们做得这么平整。”

就在大家认为大功告成满心欢喜的时候，林鸣提出岛上主体建筑全部采用清水混凝土。

这下像是一石激起千层浪，先不要说外部，内部就炸了锅，所有人都不同意，就连尹海卿也感到犹豫：“主体建筑由梁、板、柱组成，板型比挡浪墙和敞开段单纯的墙面要复杂得多！而且由于清水混凝土是一次性浇筑，所有建筑内部的管线洞口都要在浇筑前预留好，一旦浇筑成型便不能修改，不可能浇筑完成后再去凿洞。这可是太难了！”

“这个东西可怎么做?”讨论会上，东、西两个岛施工队伍首先提出反对，“万一做不成再去修补岂不是更费劲?”有的在会上反对，有的在会下议论。吵吵嚷嚷，议论纷纷。

设计负责人冯颖慧刚开始对清水混凝土也不接受，认为这种惯常以清水混凝土的几何体块呈现出的“现代风”，很难用典雅的细部造型和细致的线条来表达“古典风”建筑神韵，而且还需要用大量的细碎模板，工艺又难做，内心甚至对这种风格很抗拒。

林鸣一旦拿准了注意，他就自有说服大家的办法。

2014 年秋天，一个清晨，林鸣与余烈、刘晓东、刘海青、梁杰忠、冯颖慧一行出现在德国首都柏林的行政大广场上，对清水混凝土建筑与技术进行考察。

广场中心是一大片碧绿的草坪，清晨的阳光投射在草坪上，生机盎然。一圈淡白色调的建筑群环绕在四周，德国联邦总理府、议会办公楼及大使馆等政府行政办公楼都在这里。与常见的欧洲古典建筑华丽的装饰、繁复的线条不同，极其简洁流畅的线条赋予这片建筑群一种明快爽朗的现代风格。

负责接待此行的德国派利公司中国业务总监郑宽志指着行政大广场建筑群向他们介绍：“东、西德国统一后，1991 年德国议会决议将设在波恩的政府机构迁回柏林，随后政府在原来的国会大厦附近进行了大规模的建设。这些建筑都是清水混凝土建筑，而且所有建筑的模板都是派利公司提供的。”

这片清水混凝土建筑群从第一次看到时就深深吸引住了林鸣，他十分感叹地对冯颖慧说：“这个建筑群足以体现德国人务实简洁的做事风格。你想想看，这么重要的政府办公机构，用的也就是极简单的材料，连装饰手法也是能少用的就不会多用，这肯定有它的原因。”

作为建筑师的冯颖慧目不转睛地盯在这片建筑群上，她发现清水混凝土建筑竟然也可以做得这么极致典雅。后来她了解到，德国对建筑物的设计是追求百年大计，耐久实用，而不是追求标新立异，很多建筑物寿命都在 100 年。联想到国内每年的建筑量很大，但多数寿命很短，一些建筑的寿命期也就是30~40 年左右。冯颖慧一下子茅塞顿开，明白了林鸣的用意："林总是想还原建筑功能的本原，用普通的材料做到极致，用极简的方法完成建筑复杂的功能。”

林鸣进一步说明了自己的想法："人工岛之所以要采用清水混凝土，一是因为岛上高温、高湿、高盐的环境，清水混凝土持久耐用，不用繁复的装饰，有更强的抗腐蚀、抗高温、抗台风的能力；二是清水混凝土建筑比传统建筑更天然、更环保、符合高品质工程的建设理念；三是我们要把人工岛做得更漂亮些，从香港过来，首先看到的是岛上建筑，要让它成为整个工程的点睛之作。”

带着新的观感和理念，冯颖慧的设计团队准备开始第二版图纸设计。这时候，一场台风帮她彻底下了决心。

2015 年 10 月 4 日，台风“彩虹”袭击湛江，一时间海水倒灌，塔吊倒塌。冯颖慧所在的设计院团队曾经花费巨大精力设计完成的湛江港建筑，在 9 月 28 日开港刚刚一周后，刚建好的办公楼就被撕开，漂亮的钢结构屋顶全部被掀翻，建筑物 50% 被摧毁。这情景让冯颖慧她们目瞪口呆，大自然的威力太大了！按照常规的陆地建筑标准设计在海边就遇到了这么大的风险，那么，在完全裸露于海洋中间的人工岛上，将会是什么样子？

这也让冯颖慧进一步体会到，林总提出把主体建筑原设计的钢结构全部变为混凝土结构，实在是明智之举！

按照林鸣的要求，冯颖慧设计团队在第二版图纸设计时，首先结合外海耐高温、耐潮湿、抗台风的特点，对岛上设计从结构上、材料上进行了全专业的防灾排查。

岛上建筑很多局部原设计思路是采用常规的金属幕墙，由于金属构件可以灵活雕出三维曲面，便于造型，被现代建筑设计普遍采用。但事实证明这种"建筑表皮"方式在强台风中不具备优势，于是原设计中采用的金属幕墙、金属构件全部取消，建筑顶上的风帽由金属挂扣改为整体式耐候钢制作，西岛大斜板也由金属幕墙改为清水混凝土，主体建筑全部改为清水混凝土结构。

另一防灾排查的重点是机电设备，这是保证岛隧安全运营的关键。一旦遇到台风出现断水断电情况，岛上全靠机电设备自主发电来保证运营。一般城市里市政设施的大型发电机都放在郊区宽阔场地，而在这儿只能想办法躲在狭小的岛上，所以大型发电机的散热是个重要问题。考虑到大型发电机在过热的情况下可能 10 分钟内就会烧坏，特地采取一用一备的方式配备了对应的空调机，以确保机电设备的安全。

隧道是岛上敞开部位的最低点，最大的危险是进水，整个岛的排水系统设计是隧道安全的关键所在。在请天津水运工程科学研究院进行试验，计算出隧道的最大入水量后，冯颖慧团队进一步优化了全岛的高程设计，并在原交通工程设计系列隧道雨水泵房基础上，给隧道口前端再增加一个雨水泵房，以增强隧道内部的安全系数。

主体建筑四面临海，采用了通透的玻璃幕墙，这在强台风中会是个薄弱环节。林鸣要求把玻璃幕墙的等级从 1500 元/平方米提高到 3000 元/平方米。

“不能有万一！人工岛是隧道的重要保障系统，绝对不能出事。”林鸣对冯颖慧说，“港珠澳大桥工程三地同时在建，三地媒体同时聚焦，工程一亮相，三地的建设水平就比出来了！我们内地的工程质量在精细化上一直遭到诟病，如何提高？我们要通过这个工程改变形象！如果受制于原来的行为规则，会让人家笑话我们，认为中国做不了一个好工程。”

冯颖慧被林鸣这番话深深震撼，她也彻底理解了林鸣对岛上建筑的目标追求：“林总是把岛隧工程放大到国家工程形象的高度来看的，远远超出了只是完成一个地标性建筑的高度。”

但困扰她的是：“这一系列保障安全的变更，不得不提高了岛上设计的预算，大家误以为我们是为了通过变更来提高承包费用，认为我们是高配了岛上建筑，导致了很多混乱的声音。要想抽丝剥茧似的向各个部门、各个层面解释清楚岛上建筑的特殊性，也真不是件容易的事情！”

冯颖慧给管理局工程总监张劲文写了很长的一封信，详细说明了这两版设计图的背景和变更的原因。

这时候，外部的轩然大波正在掀起。

“人工岛又要搞什么清水混凝土？这得花多少钱啊！”

“为什么非要搞成世界一流？我们目前的国情不允许，还没到那种奢侈的程度！”

甚至有人疾言：“这不是拿国家的钱满足自己的个人偏好嘛！”

人工岛的岛上设计一波三折，资金预算香港特区政府、澳门特区政府和广东省政府还一直没有批下来。现在又提出来做清水混凝土建筑，连一向理解林鸣的朱永灵局长也感到了头疼。

朱永灵对林鸣说："我要的是个'桑塔纳'，你干嘛给我做个'劳斯莱斯'？"

林鸣沉吟片刻说："我们到底要一个什么样的工程？是一个高标准的具有世界水平的工程，还是一个一般性的工程？我们国家到了什么时代了？我们应不应该把工程做得品质更高一些呢？"

是要"桑塔纳"还是要"劳斯莱斯"？一时议论纷纷，莫衷一是。

这时有人提出："既然预算批不下来，不如考虑分期建设，先把西岛做好，东岛的一部分先放一放，作为后期工程以后再建？"

林鸣一听这话可急坏了："这座桥就建在香港门口，是为了未来的粤港澳大湾区提出来的。你建个桥让香港都不满意，还谈什么大湾区？等将来哪一天习总书记高兴，到桥上来看看，一看西岛不错，东岛一片荒芜，原因是没有钱，能说得过去吗？"

"这个工程绝不能做得比香港差！"时任交通运输部部长杨传堂曾经对林鸣说过的这句话始终刻在他心里。

林鸣认为："这个工程是内地主导的为港澳建设的一个工程，是希望港澳对内地的发展有信心，对内地的制度有信心，对咱们内地的人也有信心。那么通过什么让人家有信心呢？唯有你的工作态度，你的用心。我们不仅是要把沉管隧道做成，还要把每个细节做好。中国有一千个这样的工程，对港澳的吸引肯定不是问题，对台湾的吸引也不是问题。"

正在这时，林鸣听到了一种声音："风险最大的海底隧道已经完成了，岛上建筑无非就是搞一搞房建，像林鸣这么多要求，工期又这么紧张，还能按期完工吗？不如换个人要省事些。”

这种声音突如其来，像一根针扎在林鸣心里，一个礼拜的时间，他都无法排解心中的郁闷。

但他一再提醒自己：把港珠澳工程做成一个让国家满意的工程，让世界认可的工程是你工程师的职责。既然找到了好的方案就要坚持你的判断。在过程中还看不到结果，很多人可能不理解，既然你看到了，为了最后的结果，你一定要坚持！得罪人是小事，把事办成才是大事。

他去找朱永灵局长据理力争，亲自提笔给广东省交通运输厅贾绍明副厅长写信，说明从外海人工岛建设的特殊性出发，设计图的调整是工程的实际需求，请交通运输厅给予理解和帮助，由此出现的责任问题自己来承担。

心里最难过的时候，他就去岛上的工地上看着工人们干活，跟工人们聊聊天。这是他多年的独特体验，每当跟工人们在一起劳动的时候，心里就会感到特别宽慰。

这样的争论声甚至传到了原交通部部长黄镇东耳朵里，业内有人建议黄部长分别找双方做做工作，以黄部长在业内的德高望重，可能会有好的结果。但黄镇东坦然一笑：“不用我去，相信他们自己肯定能解决的！”

就这样在一片争论声中，台风真的来了！

2017 年 8 月 23 日中午，超强台风“天鸽”正面袭击珠江口。“天鸽”中心经过的附近海域或地区风力有 14~15 级，阵风达到 16~17 级。一时似海倾天覆，大地战栗！珠海区域所见一片狼藉，建筑物玻璃不堪一击瞬间粉碎，高楼的空调机在半空中晃荡，低矮的屋顶被狂风掀翻，树木倒伏，车辆被毁，停水停电，交通瘫痪。

早上6时，负责安全生产的管理局副局长余烈电话通知岛隧项目部，东、西人工岛就地防台，人员马上组织进入永久结构的避风场所。6时30分，珠海市三防指挥部发出红色预警信号，启动防风I级应急响应。香港挂起了10号风球。7时起，珠海所有公交线路，广珠城轨、有轨电车全线停运；珠海机场相关进出港航班全部取消。

余烈对当时的情景记忆格外深刻："通过联线岛上相关人员，了解到所有人员进入避风场所后不久，天地变色，风雨凄厉呼啸，狂摧狠扫，飞沙走石，草木尽伏，拍门打窗，如鬼似魔，令人惊恐，为大桥2009年开工以来所罕见。虽已经历防台应急33次，却于此为烈。幸得大桥主体工程基本完工，具备设计防抗台风能力，大型机械设备、临建等基本完好；更幸的是在昨晚8时前，我们已将桥上和口岸岛大桥区的所有作业人员转移到陆上安全场所，争取了主动。而口岸人工岛上的16000人则于22日连夜组织安排60辆大巴转移人员，一直到凌晨2时许。"

23日一大早，林鸣找了一辆7座的越野车，带了7个人把车填满，他要抢在台风到达之前赶到人工岛。此时的风力已有7级左右，把地上能够吹起的东西都卷到半空中。林鸣心想，要是坐不满7个人，这车好像都能被风吹跑。

"从珠澳口岸岛上桥，路上临时搭建的施工板房已经被风吹得七零八落瘫在地上。等我们从岛上下来时，看到正在建设中的口岸大厅钢结构顶盖竟然被大风卷跑了！"跟林总同在越野车里的党群部部长陈向阳经历了那惊心动魄的一幕。

海面上波涛翻滚，白浪滔天！越野车在狂风中疾驰过伶仃洋上22.9公里的大桥。2000多名工人在东、西两个岛上就地防台，林鸣不能在这个时候不在现场。

此时工人已经撤入主体建筑二楼。9 时 30 分，风力达到了高峰，正如余烈在日记里所描述的："天地变色，风雨凄厉呼啸，狂摧狠扫，飞沙走石，草木尽伏，拍门打窗，如鬼似魔，令人惊恐"，工人们没有想到，正在这时，林总上来了。

二楼的玻璃幕墙已做好，但建筑顶上的风帽还没有安装，风雨照样灌进屋内，窗户被吹得咣当响。林鸣说："二层不能待了，全部撤到地下室去。"工人全部迅速下撤。

东岛还好，西岛的局面有点失控，工人们前一天为了抢工，一身汗，也没顾上洗澡。早上五六点没吃早饭便紧急撤入地下室，忙乱中有的工区没来得及把食堂准备的食物带下来。到 9 点多大风刮起来时，工人已经饿得受不了了。

地下室夹层里有 1000 多人，其中六七个工人跑到门口说："我饿也饿死了，干脆出去让风吹死算了！"后面跟着 100 多人，嚷嚷着在里面憋得慌，非要出去不可。

林鸣站在斜坡道上大声喊："这些工人是哪个工区的？谁家的孩子谁抱走。"接着又问："食堂有吃的没有？""有！"听到回答，林鸣布置Ⅰ工区立即找人组织一个敢死队，一会儿出去拿吃的。

郭威回忆说："我们 5 个人组成个敢死队，趁着风小了一点的时候，冲出去用装载机到食堂抢运了一车鸡蛋和苹果，工人饿坏了，一个人抱着三箱往车上装。工人有饭吃就安静下来了。林总让每个出口都派人把守不能让工人随便出去，最大的出口林总站在门口把着。当时风吹得砂子横飞，打在脸上很疼！"

第二天，一直在台风应急中心坐镇指挥的朱永灵局长来到人工岛上。这么大的台风，珠海岸上靠海的房子地下室全都海水倒灌，窗户玻璃几乎全被打碎。大海之中的人工岛会是什么样子？所有人都在担心，连汉斯都从荷兰打来电话询问，朱永灵心急如焚。

眼前的情景让朱局长愣住了，刚刚封顶的人工岛主体建筑岿然不动，毫发无损。隧道安然无恙，滴水未进。安装了一半的玻璃幕墙稳稳当当，竟然连一块玻璃都没碎！

刚从珠海岸上一片狼藉中走过来的朱永灵，不由得说了一句："你们这里怎么像台风没来过一样？"

2000 多人在外海人工岛上无一人伤亡，台风停止后第二天就恢复生产。

1 年多的争论在大自然的考验下得出了结论，之前采取的所有措施在关键时刻起了作用！"天鸽"台风为岛上建筑的正确选择做出了证明！

这让朱局长大喜过望，不由得感慨地说："幸亏林总坚持了！"

人工岛在台风中的出色表现大大增加了朱局长的信心，增加了与香港特区政府、澳门特区政府和广东省政府协调的底气："原来初步设计的时候，第一是对海洋环境的特殊性认识不深。第二个是当时的主要精力放在隧道主体工程上，对岛上房建工程没有花太大的功夫去研究，没有想到会这么难！初步设计图是很粗的一个东西，真正到施工图的时候发现，很多管线需要布设进去，各方面的功能都要满足，又赶上国家消防法规的变更，因此预算出现大幅度的增加。"他决心要尽快说服港方批复人工岛的预算调整。

交通运输部原总工程师、专家组副组长徐光也表示："无论是从耐久性还是从观感考虑，我认为采用清水混凝土都很有必要，人工岛上的高盐雾环境，如果采用一般建筑很快就会锈迹斑斑。开始的预算审计是采用了陆地上的建筑标准，没有考虑到岛上环境的特殊性。”

内部意见统一了，香港方面还不能接受，岛上建筑预算一直到 2016 年底都没有批下来。为了这事儿，朱局长没少与香港特区政府沟通。“变更超过 3000 万的，一定要香港方批准。”朱永灵说，“我跟他们说房建工程已经没有工期了，2017 年底要通车，你们不批，我怎么干？可他们老是不认可！”

经历了 8 月份“天鸽”台风考验以后，朱永灵更加理直气壮地与香港方面交涉。朱局长回忆着当时的情景说：“他们也不说哪个地方要砍，有些已经审定的方案，又要拿出来重新审查。甚至对充分利用人工岛底部与隧道结合部的空腔又提出异议，实际上该部分结构的设计图纸，早已按程序审批确定过了。怎么又不认了呢！”一向沉得住气的朱永灵局长，情急之下甚至忍不住拍了桌子。

由于对工程技术方面认识的局限，广东省发改委一时也不敢明确表态。最后朱永灵把问题直接提交到省长那里，省长拍板让广东省交通运输厅来审核预算，交通运输厅贾绍明副厅长给予大力支持，从技术上、概预算口径上采取第三方独立审查，把初步设计预算的范围、后续施工图设计预算的范围以及两者迥异的原因梳理清楚，从各个层面解释清楚岛上建筑费用从初步设计的 1.8 亿增加到 4.6 亿的必要性。最后，岛上建筑预算终于得到了合理的调整和解决。

“结果香港那个首席助理秘书长，有 3 个月没理我，没理我也没关系啊！”朱永灵笑着说，“后面还是比较顺利的。”

工程中的各种争辩从何而来？往往来源于人们对工程认知的不同。港珠澳工程难度空前，没经历过的新东西太多！许许多多的“第一次”，使得从技术方案到工程预算都是一个摸索的过程，人们的认识也在随着摸索不断深化。

徐光指出："外界一般认为，设计施工总承包是承包商实现利益最大化的一个机会。但林鸣首先考虑的不是承包商自身的利益，而是工程的品质和风险控制，是怎么把工程做到最好。他提出的标准往往比业主要求的还要高，成本肯定是要增加的。"

在这期间，中国交建集团垫资5个亿，全力支持港珠澳大桥岛上建筑的实施。为了保证岛隧工程资金的周转，中国交建集团先后为港珠澳工程提供了30亿元的资金保证。

"什么叫共和国长子的担当？就是以国家利益、社会责任为己任，在国家需要的时候全力以赴，义不容辞，央企的社会责任是党的执政基石。这个工程的每一个项目，中交集团都是最快地整合国内最优资源，又利用集团的国际平台整合全球资源，充分发挥了央企的优势。"林鸣对此有发自肺腑的感受。

徐光也感叹道："我们要争口气呀！原来香港总是认为我们内地工程质量不好，标准不高。20世纪90年代我们的理念是少花钱多办事，现在我们的理念要转变了，要从全寿命周期来考虑工程，我们做的工程要经得起历史的检验。如果做不好，丢的是国家的脸面。"

朱局长也深有感触："其实我们目前港珠澳大桥的造价，只有香港造价的1/3。工期我们只用了7年，国外同类工程的工期一般都要10年，这本身就为国家节约了大量资金。"

不能让梦想打折

2016年9月，在德国派利公司的办公室，负责西岛和东岛施工的孟凡利、刘海青与带队的副总经理尹海卿一起见到了郑宽志。

“我们这次来是要签主体建筑模板合同的，只有 3 天时间，准备签完就回去。”尹海卿告诉郑宽志。

郑宽志早已经熟悉了林鸣的办事风格，与林鸣到荷兰特瑞堡公司考察止水带，24 小时一个来回相比，这已经是够宽松的了。

他白天陪同尹总一行参观了派利公司的模板生产车间和清水混凝土样品展览馆，详细地介绍和回答他们提出的各种问题，晚上加班迅速整理出合同具体内容。一切都很顺畅，清水混凝土的样品极为诱人，质地细腻，莹润光泽，摸上去手感极好；模板设计十分灵活，可以按照施工的需要量身定做，同样质地密实平整，光洁耐用。一切都无可挑剔，准备好的合同就在郑宽志随身携带的公文包里，随时都可以签。可刘海青和孟凡利还是有些踌躇，是为什么呢?

其实，郑宽志当时也正在为此着急："为主体建筑的模板方案，我们与项目部及工区进行了多次交流。当时项目部与两个工区已经明确了采用我们提出的方案，并认定岛上建筑结构使用清水混凝土，模板由派利提供。两个工区只需要根据施工工期的情况确定模板的具体数量即可。但是，久久没有得到两个工区对模板数量的确认以及进行合同签订的手续安排。

“一方面，项目物设部催我发货，另一方面两个工区没有任何反应：不询问，不订货，根本不提合同的事。

“我知道，项目的进展是不会停滞的，几个月之后这些材料将必须投入使用，但使用方不订货，这是我在这个项目中经历的最为尴尬的一段时间。”

作为东、西岛工区负责人的刘海青和孟凡利心里似乎还有一些念头在飘忽不定。

正在这时，尹总的手机响了，电话里响起了林鸣的声音："看得怎么样啊？收获如何？合同签了没有？"

一连3天，林鸣每天给尹海卿打一个电话，问的是同样的话。到了第3天，返程的时间到了，尹海卿的手机又响了起来，林鸣在电话里问："模板合同签了没有啊？不签不要回来！"

强烈的意志总是能拖着犹豫不决的人往前跑，在临去飞机场前的半个小时，孟凡利、刘海青与郑宽志在慕尼黑的地下车库里，垫着汽车顶盖签下了主体建筑清水混凝土模板合同。

现在，当刘海青站在东人工岛上，准备带领他的团队向清水混凝土主体建筑开始挑战时，他彻底明白了当初站在德国派利公司车间里，心底那一丝踌躇来自哪里。

岛隧建设团队做过港口、码头、隧道、桥梁，甚至高铁，就是没有干过房建，更想不到还要做后面的室内装修。这已经够跨界的了！但还不够，竟然第一次干的就是国内一般建筑都望尘莫及的清水混凝土。

"我们算是把土木工程各专业的活儿干全了，再换就该干天上飞的活儿了！"手下的人调侃地说。

林鸣似乎看透了他们的心思，他对刘海青、孟凡利说："你们要迅速从外行变成内行，我们就是要水鸭子上岸，用水工的队伍照样做出最高品质的清水混凝土建筑！"

工区的人还在想能不能找一条道儿绕开这个清水混凝土，可林总的坚持不容他们质疑。他向东、西人工岛主体建筑施工队伍提出要求：要无条件地做好主体建筑工程，成为一支照样善打"陆战"的水军。

"不停地换专业，对这两支队伍考验相当大！"林鸣心里明白，“得想办法不能让他们被卡住。”

他找到郑宽志，提出：“能否请你们派利公司安排技术人员全程在现场跟踪指导，负责模板的使用和工程质量控制?”

“派利公司在全世界有大量的工程同时施工，还没有过在一个工地全程每天安排一个指导人员在现场的先例。”郑宽志略有迟疑，但他很快和总部做了沟通，为了配合岛隧项目部出色地完成港珠澳大桥这个世纪工程，派利公司安排施工专家，每天在现场把关指导。

但是，派利公司第一次面对主体建筑图纸时却愣住了，直面中国与德国不同的建筑设计理念，他们认为图纸上根据受力要求不同而确定的不同尺寸与规格的梁与柱，对施工和模板配置都会带来不必要的麻烦与额外的投资。可不可以对此与项目部做一些有效沟通呢? 思忖再三，郑宽志对项目部提出建议：“能否修改一下设计? 统一规格，简化方案，以便于工业化的施工。”

“这个建议好啊!”郑宽志本以为这个建议不容易被接受，没想到林鸣立刻表示赞同。这个提议与林鸣正在思考的如何借鉴码头上装配化施工工艺来做主体建筑的想法一拍即合。在总部的支持下，德国派利的工程师与项目部设计、施工团队进行了充分的沟通，设计团队采用了工业化设计理念，梁与柱同宽，尽量统一规格，从便于施工的角度对设计方案进行了大量修改调整，为实行装配化施工创造了条件。

施工现场按照木工模板区、模板清洗区、钢筋绑扎区进行划分，形成了装配化流水作业。钢筋骨架的绑扎、模板的拼装在固定区域完成预制，利用塔吊吊到施工位置，然后进行清水混凝土浇筑。

这时，林鸣提出要求，主体建筑清水混凝土施工首先从6S管理开始。

“这又不是厂区，在岛上露天环境怎么搞6S?”很多人诧异。进度要求、质量要求已经压力很大了，现在又要搞6S，工区负责人内心很有抵触。

林鸣在现场办公会上强调：“我们搞文明施工不是做给哪个看的，我最担心的是在一个乱七八糟的环境里，工人干活还能不能够保持良好的心态。通过6S管理，可以把人的精气神提起来，保障施工质量，这是工程建设的重点。”

对文明工地建设，林鸣有着特别“苛刻”的要求：现场分区要科学合理，标识标牌要清清楚楚；现场不能出现一个烟头、一片纸屑，必须时时刻刻做到工完料清；所有的原材料、半成品都要堆码得整整齐齐，每一样工具都要放在指定的位置；每一样设备、每一个角落都不能遗漏；要像爱护自己的眼睛一样爱护模板。

东、西人工岛的塔吊和醒目位置上，悬挂上了“整理、整顿、清扫、清洁、安全、素养”6S管理理念标识标牌；施工现场设置了由废弃模板拼接起来的垃圾回收箱、建筑废料回收箱、休息亭、烟灰缸。饮用水配备在施工现场周边，每个人身上还配备了有中交标识的挎包，便于携带手机等随身物品。早班会、晚班会上，6S管理理念成为每天学习警示的重要内容。

Ⅰ工区副总工程师靳胜回忆说：“当时岛上施工有6大风险点，高空作业、群塔作业、临电工程、邻边工程、夜间作业、交叉作业。林总看到现场情况，带我们到桂山岛预制工厂学习，让我们先记住6S这6个词的含义，然后传达到工人。有2个月的时间，每天早班会我都带着工人喊：‘不安全，我不干!’”

Ⅱ工区总工程师赵辉也说："我们以前都是做水工的，接触的都是大而繁重的构件，清水混凝土的细致和以前简直没法比。工人会把以前的习惯带过来，比如抽完烟顺手就扔进混凝土里，振捣混凝土时多振会儿少振会儿随着心情来。我们通过6S培训，不断地灌输一流工程、一流品质的标准，让工人提高对这个世纪工程的荣誉感和责任心，严格按照规程要求操作。"

2017年8月的一天，上岛检查施工情况的林鸣走到西岛的越浪泵房前，十多个木工正在架设浇筑基础的模板，旁边不大的空地上散落着钉子、木方、钻头、包装盒。眼前散乱的场面让林鸣一下子眉头紧皱，当即弯下腰去，把要用的材料、工具一件件规置整齐，把不要的包装盒、纸屑统统捡起来扔到废物箱里。

这一下，跟随林鸣身后的人也纷纷动手，把散落在沙堆里、空地上的钢筋头、包装袋、塑料管一一捡起归类，工地很快恢复了整洁。

Ⅰ工区副经理郭威表示："林总每次来工地，不进房建屋里，先绕岛走一圈，亲自捡烟头，我们感到很不好意思，也在后面跟着捡。一次林总进到屋内看到地上脏水、电线、各种材料乱七八糟，把我们骂了半个多小时，全部停工，收拾现场，贯彻6S管理。这样整了两三次，工人每个班组的负责人对6S的要求都能对答如流了。"

"再忙也不要忘记文明施工。哪怕再增加几十个人，哪怕就是暂停现场施工，也要把工地管理先搞好。"林鸣对刘海青和孟凡利说。

6S管理蔚然成风，工地面貌大为改观。

所有钢筋绑扎的扎丝头都一个方向朝内，长短控制在1厘米之内；所有浇筑好的清水混凝土成品都穿上绿色的“外衣”被包裹严实，立柱四周用木框子固定，模板上的油布用卡子卡住；工具全部码放在一个木箱子里，木把手朝一个方向排列得整整齐齐；梁跨中的走道板上放了一个木质的垃圾盒子，废弃的止浆条、裁剪的木线和倒角条都扔到了里面。

派利公司在现场的工程师惊奇地发现，工人们为了保护模板，都是穿着鞋套在底模上操作。一向严苛细致的德国人也禁不住跷起了大拇指：“你们真是拼了！”

与6S管理同时展开的还有专业培训和劳动竞赛。

梁、板、柱的操作要点都不一样，按照“专业人做专业事”的原则，做柱的专做柱，做梁的专做梁，把整个工艺的20多道工序形成操作书，对工人进行3个月的培训，请派利的工程师现场指导。

在此基础上，按照清水混凝土模板的使用和操作规程，对每个岗位考核评级，实行工资浮动，竞争上岗制度。

随着不断循环操作，工人的熟练度越来越高，操作规程和技术要求渐渐变成了工人们的习惯。精心地施工，精心地呵护，眼看着主体建筑在一层层长高。

7月底，西岛主体建筑3层封顶；东岛主体建筑4层也将在8月底封顶。

这一天，刘海青看着工人们开始拆除3层最后一根清水混凝土立柱的模板，心里计算着4层最后封顶的时间。一个声音突然在身后响起：“这样的柱子能用吗？”每天在工地现场检查施工的林鸣不知什么时候站到了身后，正用手指着柱子上端。

顺着林鸣手指的方向看上去，刘海青发现，在距离顶端2米的位置，有一个3毫米的凹痕。这根柱子位于二、三层通道的地方，只有从北面走才能看到这个凹陷，从别的方向看不到任何瑕疵。

工地上的人都知道，林鸣有一双“法眼”。同样是主体建筑的首层立柱，林鸣在北侧环岛路上远远看了一眼，立刻停住脚步说：“你们那根柱子垂直度差了1厘米。”大家满腹狐疑，这么远能看出1厘米的偏差那可简直神了！工区立刻安排测量员对这根立柱进行实地测量，结果发现垂直度果然偏差了0.8厘米！

孟凡利说：“林总眼睛很毒，只要一上岛，300米内的现场全在他的眼里，哪里偏一点他马上就能看出来。”就凭这一点，工程师们对他们的总工程师心悦诚服。

可眼下刘海青正面临难题。

“这根柱子必须砸掉重做!”林鸣毫不犹豫提出要求。

刘海青太知道这每一根柱子浇筑出来有多么不容易：“我们用了1年时间为清水混凝土主体建筑做准备，一般混凝土可以浇好后再打个洞，开个槽，但清水混凝土一旦浇筑成型就不可能再开槽打洞。1米粗的管线在建筑里穿来穿去，强电、弱电、水管、电缆、装饰装修都需要从混凝土中间穿过，管线怎么走?埋孔、埋洞怎么留? 模板的拼缝、细节的拐角弯如何处理? 每一个操作细节都做了反复研究。每次浇筑前，各专业施工人员都得到现场，没有问题了才能开始浇筑。”

旁边的赵辉也深有体会：“柱、梁同宽，8.4米高的柱子，要求做得非常标准，不能有一点倾斜，否则会与梁交接不上。柱、梁、板、墙之间对接误差不能超过3毫米，由于没有装修材料遮盖，稍微有一点错位就会很难看。”

这么小心翼翼做完的柱子却要被拆掉?

林鸣对着刘海青和现场的工人说："我们把沉管隧道搞好了，通车了，人工岛却做得乱七八糟，有一堆瑕疵和遗憾。香港的人该讲了：'看看，狐狸尾巴掉出来了吧！中国技术就是这样，他们的工程永远都是这样。'我们必须真心实意地做一个好工程，必须一丝不苟，马虎一点儿都不行。"

"这么小的划痕后期装饰应该可以弥补，"刘海青心想，"但如果这样处理，后面的质量控制会不好收拾。砸一个总比砸一批要好！"刘海青把心一横，立即叫赵辉带着工人拿来风机、风镐，把这根刚刚浇好的柱子砸掉刨碎，清理场地，重新再来！

这根柱子让刘海青更加体会到了林鸣的精细化要求："林总跟我们说，清水混凝土你们要用感情去做。一开始不理解，对混凝土能有什么感情? 1 毫米和 2 毫米又能有多大区别? 做完后才发现，差别就在 1 毫米甚至 0.5 毫米之间。你随随便便去做，也可以做成一个工程，但如果你用心去做，把差别 1 毫米、1 毫米地控制到最小，你做出的就是一个艺术品。"

"零瑕疵、零容忍、零遗憾"，这是林鸣对每一项施工、每一道工序的要求。每天去施工一线现场办公，他强调的最多的就是做好每一个细节，"魔鬼就在细节中"。

对细节的极致追求，渗透到了岛上建筑的每一个环节。

大台阶，是东岛主体建筑的显著特征，124 级大台阶拾级而上，把 4 层主体建筑烘托得壮观而恢宏，与距离不过 5 公里的香港大屿山遥相呼应。这是将来旅游观光的必经之处，但它的拼接可是煞费苦心。

早在 2014 年下半年，桂山岛办公区附近的山坡上，又盖起了一片厂房，负责承担隧道内附属工程的Ⅲ工区一分区另一支队伍，开始在这里研究小构件预制。他们需要预制的小构件包括隧道两侧的检修道、人工岛上的路缘石、东岛主建筑的大台阶、西岛主建筑的大斜板，还有台阶上的装饰花盆。

林鸣对他们的要求是：按照工业化、标准化的思路去做，尺寸要标准、外观要漂亮。并提示他们去考察一下市场上的小构件产品。

Ⅲ工区一分区副经理刘经国说："我们调研了很多厂家，有的做得真是很漂亮，但质量也参差不齐。我们就想一定要比市场上做得更好。"

经过 1 年时间的摸索，配方调了无数遍，试样做了上百个，一次次地被否定，有个工人做了 90 多遍还不能通过，差点放弃准备逃回老家去了，但他做到第 100 个试件时，终于做出了合格的产品。

那时候，林鸣很高兴的一件事，就是带参观桂山岛预制厂的人来看这个小构件预制车间。远远看去，一大片白色的小构件在车间外的山坡上整齐地排列着，小的路缘石、长的大台阶、高的花盆底座，一个个闪着莹润的光泽。靠近了看，线条笔直规整、色泽均匀莹润、块体精致细密，用手一摸竟然有大理石和陶瓷的感觉。从水泥的密实度、气泡的比例、色泽和色差来看，已经达到了清水混凝土的要求。

林鸣很高兴，要求他们就按照这个标准大批量生产。

这么精致的产品，做几十个没有问题，要做数万个都达到这种程度并非易事。每一个小构件的脱模剂喷涂时，都要掌握好喷多少量，距离多远。混凝土振捣时振捣棒插多深，振多少秒严格到掐着秒表计算。从这个意义上来说，做每一个小构件都是第一个，稍有差别就会不一样。

现在，他们精心预制的几千块台阶构件终于可以上岛亮相了，这让Ⅲ工区一分区的队伍非常兴奋。他们把桂山岛精心预制的混凝土台阶构件进行细致的养护和包裹，小心翼翼地装船运输到东人工岛，先用塔吊吊运到施工区，然后安装到预留的调节螺栓上，进行人工精确定位和调整，最后灌注砂浆固定。整个过程漫长又曲折，每一个环节都要细心保护产品，让其不受到一丁点儿的损伤。一块台阶长 2 米，重量达 275 公斤，要 4 个年轻体壮的工人才能勉强移动。但为了防止构件受到碰撞，工人们都坚持用手代替设备，来来回回地挪动每一块台阶。124 级台阶分南北两侧对称分布，最宽的地方达到 62 米，需安装预制构件 3408 块。与别的结构安装不同的是，大台阶安装不仅有横向线的控制，还有纵向的标高上偏差的控制。要求横向和纵向拼缝的直线误差在 1 毫米之内，标高误差在 3 毫米之内。

“一般的台阶施工规模都很小，这么宽幅、这么多层的台阶更是少见。由于小构件在预制时有 1 毫米的误差，我们必须先对每一块构件进行测量分类，把长度一样的放在一起，再进行拼装。”负责大台阶施工的Ⅲ工区一分区副经理刘经国说。

要把 3408 块混凝土构件，自下而上逐级推进，拼成 124 级，要横看每一级是一条直线，竖看每一条拼缝都在一条直线上，平面标高还要保证水平，谈何容易！

为了不踩坏洁白如玉的预制件，脱掉工作鞋，穿着白袜子，戴着白手套在台阶上干活的工人们成为东岛的一道风景。不时还可以看到工人趴在台阶上，眯着眼睛一点一点地寻找理想中的那条直线。

八九月份，正是珠海酷暑难耐的季节，太阳的热度通过灼烤的混凝土石板向上烘烤着，穿着袜子踩上去脚板滚烫，头顶上是毫无遮挡的露天作业，这可晒苦了现场施工的工人们！为了保证工人的健康，工区配置了大功率的工业风扇，大台阶施工区休息亭配备了加倍的防暑降温药品。这支队伍以前在沉管隧道管内施工，里面气温也就 20 多度，来到大台阶安装现场，防暑降温药品的用量比以往多了几倍。

就这样辛辛苦苦地干了 2 个月，只剩下最后 2 层了。还是被林鸣发现了问题，南侧那幅台阶横向形成了 U 形。从下面第 3 层开始逐渐累积上去，正面对着看不出来，要蹲下来看每一块的棱角才能发现。

刘经国赶紧拿尺子测量，发现高程误差是 7 毫米，超出了林总要求的 3 毫米以内。

怎么办？拆还是不拆？

如果返工，就要从最下面第 4 层开始全部拆掉，再重新安装至少需要 20 天。工期已经这么紧了！刘经国他们心存侥幸，等着林总发话。林鸣说："你们自己决定吧，偏差太大了，该返工就得返工。"

刘经国他们纠结犹豫了两三天，大台阶是东岛的脸面，如果不拆，什么时候看起来都别扭，留下的将是永远的遗憾！返工大不了就是多吃点苦而已，下定决心，拆！

为了表示破釜沉舟，不再犹豫，工区的技术主管拿着锤子从上到下在每个要拆的台阶上先砸了一锤，一共 40 级台阶被砸了 38 级。拆除用了一天一夜，工人们一边拆一边掉眼泪，真是舍不得啊！

孟凡利负责的西岛已经开始装饰装修，在主通道东边过道的墙壁上有一排漂亮的搪瓷挂板。工人们按照拼缝误差不能大于 1 毫米的要求，小心翼翼，一天只安装 3 块板。林鸣看到整齐精致的拼缝，很满意。正面看效果很好，但走到过道口侧面一看，搪瓷板的光泽在光线下显得很花，像是有灰尘。从施工的角度看是可以了，但从美观的角度上却还是不尽如人意。

怎么办?

如果拆了重新调整，加上管线、开关的位置等原因，一下要拆两面墙200多块板。工人安装板一天可以装3~4块，而拆一块板要用整整半天的时间，工人不愿意拆，工区为此纠结了半个多月。

高纪兵对那时的返工记忆深刻："8月和9月，两个岛大面积地改，柱子、大台阶、挂板、健身房、餐厅做好了又全部拆掉，东岛拆的只剩下西岛的1/5。那一年大家都很纠结，进度和质量谁给谁让路?"

此时，陷在内心纠结中的不只是总部、工区的主管和工人们，林鸣自己内心也极大地矛盾着！他不断地问自己："工期这么紧张，这么拆下去工程还能完成吗？还能干得成吗？工人干得那么辛苦，你是否尊重了工人的劳动？再让他们返工，大家还有没有信心呢？是不是应该宽一点呢？但是不拆，明摆着会给工程留下很多遗憾！"

正在这个时候，林鸣看到了《这一生，至少当一次傻瓜》这篇文章。他意识到："当你要放宽标准的时候，就是想给梦想打折的时候，一旦开始放松就没有边了，很可能这就会成为一个非常遗憾的工程，终身遗憾！越是在关键的时候、困难的时候，越要坚持才有可能达到你的目标，这个目标不是属于你个人的，是整个项目的、整个国家的。"

林鸣把自己为《这一生，至少当一次傻瓜》这篇文章写的题记，和文章一起刊登在项目部的网站上，一时间迅速传开。那段时间，从职工大会到班组会议，从工区领导到一线作业人员，大家都在朗读这篇文章，“坚持到底的傻瓜精神”人尽皆知，也渐渐深入人心。

“我们每个人也都在为梦想奋斗，开始的时候都热忱无比，充满激情，然而在坚持梦想的这条路上，充满着荆棘、曲折、阻力、质疑，甚至是看似难以逾越的鸿沟。越是在艰难的时候，我们就越能发现自己想打退堂鼓，或者想换另外的方向，或者找出一个捷径，甚至是给梦想打个折扣……”

林鸣的话坦诚真挚，直入人心。

项目部除了林鸣年近花甲之外，90%都是年轻人，谁没有过梦想？有多少人曾经或者正在给梦想打折扣？从各层领导到施工班组都在看，在想，所有人都有所感悟，受到激发。“不让梦想打折！打造珠江口最美地标。”成为大家坚定不移一致努力的方向。

Ⅰ工区常务副经理孟凡利在工区主管人员会上高声朗诵了这篇文章，用于统一大家的思想。大家下决心把不完美的地方拆了重装，为的是不打折扣，不留遗憾！尽管为此多用了时间，但重装后的效果让他们非常自豪。他们认为自己可以做得更好！

东岛的大台阶拆除用了一天一夜，又重新安装了20多天。刘经国他们的团队把大台阶安装的水平误差和左右错牙降低到1毫米以内，林鸣高度评价了他们：“只有最优秀的匠人，出于热忱和追求完美的精神，才能这样将细节做到极致。”

这几次大拆，加大了工期的压力，增加了工作量，可是让整个团队体会到了什么叫工程的“精细化”，“做一个高品质工程，做一个不留遗憾的工程”的信念贯彻到了整个团队。后来工区做完活后，都会自己先检查审视一下，如果感到不完美，不等林鸣检查，自己就提出“干脆拆了重做吧”。

岛上的路缘石用清水混凝土小构件拼接而成，为了达到1毫米安装精度的要求，两位工人不顾毒辣的太阳，一下午蹲守在现场反复琢磨工艺，最终想到利用一个薄薄的打包带片插入每个拼缝之间，以保证路缘石每一块的衔接均匀平整。铺好的路缘石像是画出的一道笔直的白线，堪称精致。

人字形的地砖，走向和纹路按照要求一丝不差，工人们拉上直线一边量着一边铺，无论从哪个方向看都是有规则的线条，误差也在1毫米之内。如果到了边上缺一小块，哪怕裁个三角也要严丝合缝地补上，铺出的地面像艺术品一样规整。

这让林鸣非常高兴：“我们既要完成工程要求的进度，还要让港澳看到我们的工程是一个很完美的工程，哪怕是一块砖都要把它做漂亮，都要看出我们的精神，我们做好工程的精神。”

中管廊，是沉管隧道双向车道之间的一条走廊，下面走管线，左边是强电，右边是弱电，中间要浇筑一道混凝土墙隔开，然后盖上盖板，上面做逃生通道，盖板下面人们看不见。这面墙的施工应该是最没有难度的了，却被林鸣叫停了1个月。

“看不见的地方和看得见的地方要一个标准，甚至更高，你把看不见的地方做好了，看得见的地方肯定没有问题。”

林鸣提出要充分认识这面墙的标高精度问题，作为逃生通道，必须要高度适中，让人一脚就能迈上去，而且行走起来不能有高低不平的台阶。从这个意义上说，这面中隔墙的标高一旦确定，路面和铺装所有的标高也就都随着确定了。如果确定不好，后面再修改就麻烦了。林鸣要求所有设计标高的问题，先由工区测量 2 遍，再由总部测量队测 2 遍，最后交设计审定，都没有问题了，才能发布命令浇筑施工。

对于中管廊不平的地面，林鸣要求工区先做一遍地平："要把沟沟坎坎做得细致，让以后走检修车可以方便一些。"

施工完成后的中管廊里，电缆排列得整整齐齐，地面平平整整，中隔墙笔直平顺，轴线偏差在 3 毫米以内。来参观的交通运输部总工程师周伟十分感慨："这里面将来盖上盖板谁也看不见，却做得如此精细整洁，这真是一个超级工程的样板。"

林鸣的标准是："隐蔽工程也要一尘不染。"

一次，林鸣在隧道里走过 E12 与 E13 管节交接处，发现地上有积水。"为什么这里有积水?"林鸣停下脚步，拿手电筒从中管廊照过去，发现管道交接处的缝隙里汇集了很多冷凝水、灰尘、杂物、藻类等，散发出一股难闻的味道。林鸣当即钻进去看了看是否能够操作，然后对杨红说："你们要组成一个清淤队，把管内接头处杂物清理干净。"

又是一个谁也看不见的隐蔽工程。这活又累又脏，需要从中廊道中间爬到两个大管节接头处，宽度只有 80 厘米，高度最低处只有 30~40 厘米，里面漆黑一片，味道刺鼻。在里面转身都困难，只能跪着进去，倒着退回来。林鸣要求工区给每个进去的工人配备厚的防水护膝和防毒面具，工作 1 个小时要换一次人。

30 名工人戴着头灯，猫着腰、拎着桶，钻进狭窄黑暗的大接头结合腔，一勺一勺清理沟槽里聚积的冷凝水和垃圾，刮掉粘在管壁上的海蛎子和藻类，整整清理了 2 个月，把边边角角都收拾得干干净净、利利落落。

林鸣每天上岛，一定会来到这里看望，钻进接头里跟清淤队员握手，亲自为清淤队员颁发立功受奖“荣誉证书”。

工区开始时尽量挑选身材瘦小的年轻人进去，没去的工人却抢着要求参加，追着问“为什么不要我?”

刘经国开始感到很奇怪，后来明白了，“工人把这当成是一件光荣的事情，工人说，林总这么大的领导都钻进去了，我们更应该去!”

这件事以后，大家开始甘当“傻瓜”。那些角角落落、看不见的地方，120 年都不会去的地方，也要把它做得整整齐齐，越是看不到越是把它做得干干净净，这成了岛隧项目的职业操守，最基本的职业要求，包括进城务工人员在内的每一个工人都能做到。

这样的工程标准，无论是业主还是规范都没有要求过，可是林鸣要求做到，工人们自觉自愿地做到了。甚至工人会主动抓住技术人员在现场给自己找碴:“看看行不行? 如果不符合要求我们就拆掉重做。”

每一方混凝土、每一块石头、每一块挂板、每一条管线、每一个看不见的角落，都精雕细刻。每一个人都理解到:只有把简单的工作做到了极致，才能成就珠江口的最美地标。

林鸣深深地被工人们的付出而感动和欣慰:“我们这个时代要有一批‘傻瓜’，为了国家，在这个关口不惜代价、不计任何索取地付出。这样的‘傻瓜’是时代需要的傻瓜! 有一大群这样的‘傻瓜’，国家就有希望了。”

2017 年，是岛隧建设团队“最为紧张、最为困难、最为挑战、最为关键”的一年，有时甚至感到绝望，但这又是最有希望的一年。

背水一战 梦圆伶仃

2017 年 11 月 25 日，这一天天气有些阴冷，伶仃洋上的海风吹来了阵阵凉意，但东人工岛上的气氛却极为火热。

124 级洁白如玉的大台阶拾级而上，衬托着质朴素雅的清水混凝土廊柱和通透明亮的落地玻璃幕墙，已完成主体结构的岛上建筑大气中不失清秀，质朴中更显现代。站在大台阶下面向上仰望，让人禁不住心生赞叹！

大台阶的中间铺上了一溜红色的地毯，想来是为了怕踩脏这么精致的台阶才铺的。然而，台阶前一条红色横幅格外引人注目，上面有五个大字——劳动最光荣。一个接一个的一线劳动建设者正走过红地毯，登上大台阶，走上主体建筑平台。

这场景一下子震住了前来采访的中央电视台《新闻调查》栏目资深主持人长江。“见过国家领导人走红地毯，也见过明星走红地毯，可从来还没见过工人走红地毯！”她万分感慨，“这是我第一次亲眼见到！”

后面出现的场景更让她震惊，林鸣要求把预先安排在总部领导面前的桌椅全部拿掉，他说：“我们领导全都站着讲，要不然工人看不到我们！”

1 个多小时的时间，工人们坐着，林鸣和所有领导在工人面前一字排开地站着。背后是“背水一战，排除万难，坚决实现年底具备通车条件目标”的红色横幅。

“尊敬的一线工友同志们，尊敬的孟凡利、刘海青、杨红，尊敬的卢永昌大师。”

林鸣的讲话特地使用了“尊敬的”这样隆重的字眼，用以表

达他对连续几个月奋战在一线的工人和西岛、东岛、隧道内施工、设计团队这几大主力领军人物的由衷敬意。

他指出："从5月开始，我们1天当作3天用，我们100天干了大半年的工程。通过3000名建设者，200个日日夜夜的辛勤劳动，目前，一条最美隧道和两座精致完美的人工岛雏形已经呈现在伶仃洋上。工程进入倒计时，我们与梦想看似仅差一步之遥。最后的考验依然严峻。细节决定工程成败，细节同样决定着我们能否将港珠澳岛隧工程建成世界一流水平的最美工程。做好细节要下功夫，而功夫要花时间。"

岛隧项目部在所有人取消每季度一次的休假，没有节假日和休息日大干100天之后，紧跟着是"奋战40天，全面完成主体结构施工任务"劳动竞赛。而现在要开始的，是最后40天的背水一战，岛上施工已经没有退路!

持续的高强度施工，干部员工都已经极度疲劳；界面交叉干扰，工程千头万绪，施工组织面临着更大的考验；工期空前紧张，高品质工程的红线不可逾越，细节问题多如牛毛。所有人还要面对材料保供、队伍稳定、交通生活等越来越多的具体困难和敏感问题。稍有不慎，功亏一篑。

"找退路还是找出路?"10月27日，项目部网站上出现了林鸣的署名文章。

"工作和生活中，我们时常会碰到困难。找出路，还是找退路? 一个朝前，一个向后，不同的努力方向，往往带来截然不同的结果。

"繁重的工作和层出不穷的难题真的会让人产生彷徨。港珠澳大桥要在年底前具备通车条件，这是必须完成的任务，摆在我们面前的有两个选项，一个是突破万难，寻找出路，所有人都要付出比以往更多的艰辛和努力，坚定不移建成一个高品质工程；另一个选择就是寻找退路，大家会比较轻松，标准降点、管理松点、进度快点，建设一个马马虎虎的工程，虽然这样也能交差。

“保进度还是保品质，鱼和熊掌究竟还能不能兼顾？巨大的工期压力、频繁的交叉施工影响、恶劣的天气挑战，每一个问题都在考验着我们。在外海孤岛坚守奋战了 7 年之久的建设者，终于进入工程收尾的最后阶段，但我们所有人思想没有松，脚步没有停，大家的心是齐的，方向一致，我们依然不忘初心，选择了以更加饱满的精神和昂扬的斗志日夜兼程进行冲刺，朝着最初设定的目标奋进。在如此艰苦的时期，面对如此大的挑战，这是难能可贵的选择和坚持。

“所有人昼夜忙碌，把不可能完成的任务变成了可能，我们建设珠江口新地标和最美隧道的目标没有打折扣，我们的队伍保持了最好状态，我们的现场管理达到了历史最高水平。

“请相信，只要我们时刻牢记自己为了什么出发，时刻牢记我们 7 年来的奋斗目标，用专注、认真、细致和追求卓越的精神，去雕琢筑梦伶仃的最后一笔，就一定能够到达胜利的彼岸，收获圆梦的喜悦。”

与这篇文章同时出现的，是工地上赫然在目的横幅标语——“突万难，寻出路，建伟大工程！”

在誓师大会上，林鸣用“七尺男儿，一诺千金！我们一定能够取得胜利！我们，一定能够实现梦想！”做了结尾。

三大主力队伍领军人孟凡利、刘海青、杨红，以及来自一线的工人，则用“破釜沉舟，不留退路”“排除万难，背水一战”“追求卓越，舍我其谁”和“死保年底具备通车条件目标实现”作为积极的响应。

“全力打造令我们一生骄傲的珠江口最美地标”“做最美隧道”“做世界一流的超级工程”成为根植于几千名建设者心底的目标。此时的队伍，已经成为一个铁榔头似的铁血团队，所向披靡，无坚不摧!

德国派利公司中国业务总监郑宽志发出由衷赞叹：“两个大体量的主体工程实际只用了半年的施工时间，这本身就是一个奇迹！而且整个工程都是高质量清水混凝土。这不仅为整个港珠澳大桥完成了一个画龙点睛的作品，也为中国清水混凝土建筑提供了一个样板。”

最后的背水一战，主攻的是岛面工程、内装修和景观效果。

林鸣的坚定不移、身先士卒就是整个团队的定心丸。他一如既往，雷打不动地每天上岛，身后跟着总部、工区、设计、施工的十多位相关人员，对每一个工序随时查看，发现问题随时沟通，现场办公，就地解决。

工区的负责人都说：“每天是又怕林总来又盼着林总来，怕他来是检查出了问题我们要挨骂，盼着他来是如果有问题可以立刻在现场协调得到解决。”

身兼总工办主任的副总工程师高纪兵，每天跟着林鸣上岛现场办公。他回忆说：“上半年沉管隧道贯通，以为可以轻松些搞搞总结了，没想到后半年反而要天天上现场，每天要协调解决的问题多如牛毛，我听着都觉得压力巨大。”

在岛上工程紧锣密鼓展开的同时，沉管隧道内的附属工程也在马不停蹄地进行。承担这一任务的，是负责大台阶安装的Ⅲ工区一分区施工队伍。

人们走进隧道内部，第一眼看到的就是两边 80 厘米高的乳白色检修道，浑然一体，笔直地伸向前方，远远地泛着莹润的光泽，走进去用手摸一下，竟然是像陶瓷一样的感觉，真是赏心悦目！作为检修走道和路缘石作用的隧道附属物安装得如此精致，已经让人惊奇。当被告知这是用清水混凝土浇筑而成时，人们更是惊叹不已！

刘经国他们在桂山岛预制的清水混凝土小构件在这里大显身手。

6.7 公里的沉管隧道，每边检修道要安装 4000 块 1.5 厘米×80 厘米的预制构件，双向车道 4 条边，一共要安装 16000 块。刘经国带着工人们先试装了三十几块，错缝误差在 2 毫米以内，感觉已经很不错了。林鸣来了用手挨着个儿地摸了一遍，说了句“再调调”便转身走了。看到林总不满意，刘经国他们连夜进行了调整，没想到第二天一大早刚调好，林鸣就又来到隧道，亲自一个个地测量错缝，发现误差都在 0.5~0.6 毫米之内，满意地笑了。林鸣对站在身边的尹海卿、高纪兵说：“你们看能打几分啊?”不等回答就又对刘经国说：“给你们打 95 分，就按照这个来，控制在 1 毫米以内。”

要把水平面高程和纵向轴线的每一个错缝都控制在 1 毫米以内并不容易！开始一天只能安装几块。有一天，经常来到现场查看的林鸣，在墙上给刘经国画了 3 条线，利用管节的长度确定每一个构件起止点和高程刻度，功效明显提高。林鸣要求预制构件表面不能有一点破损，哪怕是小手指指盖大小的破损也要换掉。遇到地面不平时，要吊起构件，先把地面磨平，一点渣子都不能有，再进行安装。

33 节沉管和最终接头已经稳稳地安放在伶仃洋的水下，这条世界最长沉管隧道安装对接的精细化品质，正通过同样高品质的检修道传递出来。

第一次进入海底40米深的隧道，很多人心里多少有些忐忑，会不会有不舒服的感觉？当你一旦开车进入，两边的搪瓷钢板墙壁色泽柔和均匀，灯光明亮，空气通畅，尤其是车下的路面，感觉甚至比在陆地上还要平顺，隧道的坡度几乎感觉不到。这是因为项目部特地在隧道的出口两端采用了无缝伸缩缝新技术。

无缝伸缩缝有别于普通桥梁伸缩缝之处，在于它不仅可以很好地提高行车的舒适性以及整体的美观，而且铺装完成后短时间内可以迅速通车。

林鸣要求不能让隧道口出现陆地上常有的车辆过伸缩缝时感到的颠簸。总部邀请多方专家探讨，参考国外最高标准以及国内沥青路面施工标准，在沉管隧道反复开展试验，制定出了详细缜密的国内第一份无缝伸缩缝的施工规范。

隧道内最后一遍路面和无缝伸缩缝铺装至少需要2个多月，距离年底主体工程全线完工只有40天了，还能不能来得及？曾有一种建议，可否在人工岛亮灯后延迟1个月完成？但最终的决定是，年底亮灯前一起完成。

在如此紧张的氛围中，无缝伸缩缝的铺装质量依旧没有打折扣。

每一条无缝伸缩缝涂抹密封胶之前，Ⅲ工区一分区质检部部长汤井伟拿着水平尺一个平面一个平面去量，趁着摊铺表面温度还没降下来，迅速对不平整的位置进行处理，把无缝伸缩缝与沥青路面的高差严格控制在1毫米之内。现场施工的厂家技术负责人刘祖伟曾在英国专门学习过无缝伸缩缝铺装，也不禁感叹道："在英国我都没有看见过用水平标尺来控制误差的，一般我们都是控制在 5 毫米之内。”

据刘祖伟介绍：“在所有的无缝伸缩缝安装过程中，包括在英国学习期间，我们对缝内灰尘的控制都是在 3%左右。”来到港珠澳岛隧工程之后，伸缩缝内无尘的要求让他措手不及。为了让弹性胶更好地附着，让无缝伸缩缝保证更长久的使用寿命，工区在安装过程中安排专人使用吸尘器对槽内灰尘进行清理，确保达到了槽内无尘的最高标准，然后再进行铺装操作。

工人们冒着连续数天的大风降温天气持续工作，很多人因此而感冒咳嗽。林鸣看到工人们这个样子，特意嘱咐工区为奋斗在一线的工人们购置一批防寒服。第二天，防寒服就发到了施工人员的手上，食堂也为施工队特意熬制了姜汤，喝着暖暖的姜汤，穿着厚实的衣服，工人们干起活来更有劲儿了。铺装过程中，由于高温导致黏合胶挥发，有机气体散发着刺鼻的味道，工区给每一位施工人员发放了专用口罩，并将原本悬挂在隧道顶的 163 千瓦大马力风机通上电，放在平板车上全程保障施工。从 2017 年 11 月 30 日开始，无缝伸缩缝铺装施工 24 小时不间断，至 12 月 29 日在全线亮灯仪式前完工，用了仅仅不到 1 个月的时间，令很多人感到不可思议！

2017 年春节，休完假的赵辉正准备从上海赶回珠海工地，忽然接到了刘海青的电话：“你先别回工地，直接到浦东机场来吧。”原来是林鸣带着刘海青、孟凡利和他一起去浦东机场考察建筑的内部装饰装修。这让赵辉理解到了林总的良苦用心！林鸣一旦要做什么，就一定要找到同一类型可参考的最高标准。

所以，当林鸣看到他们开始的室内装修把“开关装得满天飞，各装各的样，一点美感都没有”的时候，大发其火！

高纪兵回忆当时的场景说：“那天四五个小时一直在走，我站在那儿腿都抽筋了，饭也没吃，一直到下午 4 点。”

临上船时，林鸣才感觉到口干舌燥，扭头对赵辉说：“你们的饭我没吃，水总得让我喝一口吧。”

赵辉嗫嚅着小声地说：“您发火时我们给您拿水您不要，吃饭的事儿我们也没敢提。”

林鸣说：“把你们现在的装修拍个照片，发到网站上去，让大家都看看，立此存照。”

这一来吓坏了与工区协作的装修队伍，也明白了什么是林总的高标准，工区下功夫提高技术精度，后来的装修大为改观。

从人工岛建设全面转入最后冲刺阶段以来，林鸣一再告诫现场负责人：“前面一段是铺摊子，能够做的要全面做；现在是‘收尾巴’，界面要越做越少，‘尾巴’要越收越细。”

为了督促各项施工高速推进，尽量减少施工界面是他最近一再强调的事情：“要做好收边、收口、收尾工作，做好一个就收一个，做完一片就收一片。达到验收标准。后面就不必再来重复清理了。”

谁都知道林鸣有个习惯，不解决完问题不吃饭，每天吃午饭时都已是两三点，后来林鸣干脆在车上放些饼干聊以充饥。

有一次下雨，岛上装修完的主体建筑屋内从风帽上流进来很多水，由于雨大还没来得及清理。林鸣一看房子里全是水，立即命令工区集中人力清理积水，自己顺手拿起一个桶，挽起裤腿站在水中就带着大家舀起水来，就这样一直忙到下午 3 点，午饭的事早就忘到脑后了。

高纪兵表示：“2017 年是我们最难忘也最煎熬的一年，我那时血压都到了 160 左右。”

在每天跟着林鸣上岛的行列里，有一个身影，每次都背着双肩包，带着笔记本电脑，边看边画边记，虽然有些纤细柔弱，但却是一天都没有落下，这就是肩负重任的岛上建筑设计负责人、四航设计院建筑院的副总设计师冯颖慧。

岛隧工程，岛与隧相辅相成。历尽万般艰险建成的沉管隧道已经看不见了，像一个默默无闻的英雄在海底担当重任。人工岛的景观效果就成了林鸣心里的一个情结，他不想让别人弄得乱七八糟，他要亲手把这两个岛建设得漂漂亮亮的，在工程品质和景观效果上都要达到高品质。为此，他已思谋良久。

早在2014年，岛上建筑设计竞标的时候，在去管理局开会的路上，林鸣顺手拿起车里的一张餐巾纸，画了一个草图递给冯颖慧。小冯仔细一看，纸上是颇有港澳地区建筑风格的骑楼建筑草图。林鸣建议她，是否考虑用这种风格作为岛上建筑的基调，这可以体现广东岭南地区和港、澳地区共同的建筑文化取向。

林鸣是个谋定而后动的人，在他去香港、澳门的数次出差中，他曾留意观察过港澳的历史建筑，从中发现了与岭南地区一脉相承的这个共同的建筑元素。

冯颖慧根据这个构想做出的设计方案，果然在第二次竞标时一举中标。这样的好事却让四航设计院董事长朱利翔心里打鼓："岛上建筑是整个工程的'点睛之作'，从香港过来首先看到的是岛上建筑，要让它有惊艳的美感与精细的品质，我们的设计团队很年轻，到底行不行?"

朱利翔正琢磨着是否找个协作单位分包下去。

林鸣对朱利翔说："你们有什么做不了的?我们大家一起来!"

果然如朱董事长所担心的，第一次拿出的设计方案受到林总的批评，负责人回来急得直掉眼泪。朱利翔下决心把已去海外执行任务的冯颖慧调回来担任设计负责人，组织了30人的团队，天天加班，不断修改，准备拼上1年，结果没想到就这样一直拼了4年。

朱利翔说："30多人，干了3年多，做了一个7万平方米的建筑(岛面以上)。投入非常大，是常规项目的N多倍，可以说是不计成本！当初曾经有过犹豫要不要做，但现在看来，收获巨大。整个院的品牌和知名度都得到了提升，成为我们的光荣与梦想。"

冯颖慧带着她的团队，把林鸣最初画的骑楼草图，结合海中人工岛的环境特点，画成了岛上建筑设计图。

设计团队4年来天天上现场，仅一版图纸就有约3000页的设计文本，每天都不停地画线，整天加班加点，冯颖慧和年轻的设计师们在每一个细节上精心雕琢。

冯颖慧说："负一、二层的设计只能在施工的状态下进行，而上面的很多工艺和设备还没有完全确定。我们最怕的就是设计条件不稳定，可这个工程很特殊，只能按照可能实施的方案先设计，过后再优化修改。整个施工环节、方案优化环节我们必须全程跟进，这是事先没有想到的。"

用她的话来说："设计是戴着镣铐的艺术，设计的最初意图常常会由于业主、施工、材料等各方面因素的变化而相差甚远。好的设计应该做到全过程跟踪。"

"施工过程中设计要深度参与，设计方案出来之前、之后都要跟施工现场沟通，这是过去很难做到的。"中交四航设计院设计大师卢永昌说，"设计施工总承包机制很重要，一个差的施工单位会把好的设计做得很差，一个好的施工单位会弥补设计的不足。”

在设计施工的不断互动中，设计充分了解了施工的特点，施工也充分理解了设计的意图。利用海上人工岛的环境和特点，从实际出发，从功能出发，从环境出发，摒弃一切不必要的浮华和雕琢，寻找最适合环境特点的结构和文化内涵，促成了港珠澳外海人工岛建筑的独特美学设计理念——“因工程而美，因功能而美，因环境而美”。

岛上的主体建筑位于蚝贝形人工岛窄的这一头，直接坐落在海底隧道的暗埋段上，嵌固在人工岛中，与人工岛和隧道结构浑然一体。主体建筑巧妙地利用岛面以下隧道车道的两厢及隧道顶部的斜面空间，设计为建筑的负一、二层，作为停车库和设备用房，隧道的通风排烟设备、桥隧的机电支撑系统都安置在其中。

岛面以上是主体建筑。西岛的三层建筑提供大桥管理养护、监控、政府管理部门行政办公场所；东岛的四层建筑承担商业、旅游观光功能。两个主体建筑的中部采用了从下到上的贯通结构，直通建筑顶上的风帽，构成承担海底隧道通风任务的风孔。

人工岛的中部，布置着以精美的减光罩为标志的隧道出口和环岛路。人工岛宽的那一头，是车辆调头区，与隧道出口相接，直通海上桥梁。道路两旁则是绿化区和观景区。

远观人工岛整体建筑，仿佛是两艘巨大的邮轮正扬帆启航，白色的扭工字块和挡浪墙围合成巨大的甲板，上面是一层层廊柱和椭圆形回廊形成的白色船身，斜坡面的大台阶和大斜板恰到好处地形成了轮船向前行进的姿态，建筑最高处的尖顶形风帽和避雷针更像是船上高昂的桅杆，气势磅礴。

近看人工岛建筑，所有的线条都极尽简单精致，绝不拖泥带水。建筑本身把空间最大可能地让渡给使用者，不刻意雕琢，素面朝天，美得纯粹。落地的大玻璃窗让海上的阳光肆意倾泻在室内的木地板上，被窗框分割出的线条错落有致地交织着，营造出通透、大气、简约的现代气息。

冯颖慧对此很有感触："岛上建筑在装饰上没有花费多少费用，重点在工艺上下功夫，把普通的材料做到极致，用极简的办法完成了复杂的功能。"

两个外海最大清水混凝土建筑群，确定了岛上建筑"极简、自然、实用、耐久、精致"的审美风格，这让前来参观的中外嘉宾都赞不绝口。

冯颖慧认为："哗众取宠的浮夸建筑对社会资源和环境保护都造成极大的浪费。岛上的清水混凝土建筑立足于耐久实用，避免了以后的反复修补和重复装修，从全寿命周期的角度来看，恰恰是降低了成本，是更长远、更深度地对社会负责。港珠澳工程正是倡导这样一个工程美学正向思维的好机会。"

虽然是"极简"，却并不乏匠心独运的文化意味。

林鸣表示："人工岛既然是地标性建筑，要传承一两百年，总要有一些文化符号来表达，赋予一些文化内涵。"

天天面临着无数重大问题决策而殚精竭虑的林鸣，在景观上竟也做了这么多思考，很多创意独出心裁，真让人奇怪他的精力是从哪儿来的！

主体建筑顶上的风帽通风口，精心设计成了两双眼睛，西岛的这双眼睛是长圆形的，带着温柔的曲线，像一个母亲望着回归的孩子；东岛的那双眼睛是长方形的，明快的直线条，像一个急于归家的孩子在向母亲张望。不仔细看这便只是两个通风口，有心人仔细一看，便会被其中传递的情愫拨动心弦。

设计团队想给大地留下点痕迹。用什么呢? 灯笼、竹子、熊猫、花卉、印章……多个地面砖图案设计方案，都觉得不尽如人意。

“两个岛分别用地面砖拼成‘中’‘华’两个字怎么样?”林鸣的提议一出，获得设计师们的一片叫好声。大大的“中”“华”两个字书写在东、西人工岛的大地上，不用简体而用金文，在似懂非懂之间、形与义之间彰显出文化内涵。

冯颖慧坦言：“我们追求的风格，是点到即止，意会就好。用点心思，但不太露痕迹。”

最费心思的是桥头堡。可供选择的方案有很多：港珠澳三地市花、四季景色、人物造型、海洋主体……林鸣都不太满意，他要寻找到一个能够表达港珠澳三地文化，使三地心灵共通的方案。

2017 年下半年，大家奇怪地发现林鸣频繁出差去南昌。而让南昌某青铜器工艺厂设计师也感到奇怪的是，搞土木建设的工程师怎么会跑到他们做青铜器的工艺品厂里来。

“我们第一次去的时候，那个女的总设计师都不愿意理我们。”林鸣调侃地说。

在反复多次参观样品和交流之后，林鸣提出了自己的要求，他要做一个青铜器鼎的桥头堡。这会儿轮到厂里的设计师瞪大了眼睛看他们了!

按照常规的铸鼎制式，下面的基座代表“地”，台面上方采用方巾和云形的花纹代表“天”，中间部分用造型或文字代表“人”。林鸣提出了自己的想法，用三星堆的方形云纹图案代表“天”，中间的四面做上 4 幅浮雕，分别为：“筑岛奇迹”“海底绣花”“蛟龙出海”“梦圆伶仃”，把岛隧工程建设过程中的大战役画龙点睛地表达出来。

女设计师叹服这独特的构思，一直把他们送到了大门口。

人工岛底层的大厅里、会议室的走廊和大台阶上面的平台上，恰到好处地点缀了青铜器制品的“马踏飞燕”“古代编钟”造型。就连洗手间的标识，也颇费心思地设计成了旗袍和长衫的图案，以唤起粤港澳三地的共同记忆。

采用金文和青铜器，是想表达粤港澳三地同源的中华五千年文化的传承。

这样的景观安排已经可以令人叫绝了！可林鸣的思绪还在飞扬。

林鸣找到朱永灵，主动要求给管理局配备岛上建筑的室内设施。这还真是超出常规！作为设计施工单位，林鸣的团队把房屋建成就可以交工，以后由管理局组织队伍负责大桥的养护运营，室内设施的配备不是岛隧项目部的责任。

刘海青笑道：“林总怕别人把风格弄乱套了，让我们把建筑室内的设施都给他们配好了再走，还不知道人家业主肯不肯给钱呢！”

管理局当时正准备安排采购，朱永灵局长对下面部门的人说：“先别买了，让林总办！就按照林总的风格去配。”

朱永灵深知：林鸣在隧道和两个人工岛上付出了太多的心血。作为同样是独挑大梁的领军人物，朱永灵在香港创办公司时曾经把办公桌背朝大海摆放，以示“背水一战”之意。他太理解林鸣此时的心情了！

林鸣为办公室配置了浅灰色的桌椅和文件柜，在柜子里摆上了一排排的文件夹；给会议室配备了液晶屏幕与白色的座椅；给健身房配置了瑜伽垫子、健身器材；给休息室配备了轻巧的咖啡吧台和转椅；给厨房配备了全套的煤气灶、抽油烟机、操作台、电冰箱；还有食堂的餐桌和取菜的柜台，餐厅特地配置了橘红色的宫灯状吊灯，营造出温馨的气氛。

“我们在这儿吃顿饭再走!”林鸣对刘海青笑谈。当然也只是笑谈而已，当两个人工岛一切就绪，一天天露出美丽的身姿时，他们离开人工岛的日子也已经越来越近了。

12 月 26 日，岛上工程完美收官！东人工岛上寒风凛冽，却一片欢腾！600 名建设者身披红色绶带，威武雄壮地列队在东岛的大台阶上，林鸣和他所打造的“梦之队”一起，留下了珍贵的合影。

在这个岛隧项目部“第四战役人工岛完工总结表彰会”上，朱局长激情满怀，对林鸣带领岛隧团队的艰苦拼搏和工程品质的精细化给予了高度评价：

“你们为珠江口打造了最美的地标，为实现从高速发展向高质量发展的华丽转身提供了一个实实在在的样板。你们是新时代自强不息、艰苦奋斗的典范，为你们骄傲，为你们自豪!

“岛隧工程是整个项目的控制性工程。从 2010 年 12 月 28 日打响沉管预制厂建设的第一炮，到 2012 年 2 月 2 日建成全球最先进的沉管预制工厂，历时不到 14 个月，效率之高，世所罕见；从 2011 年 5 月 15 日西人工岛打下第一个钢圆筒，到 2011 年 12 月 7 日东人工岛第 120 个钢圆筒振沉完毕，用时不足 7 个月，创造了“当年动工、当年成岛”的人间奇迹；从 2012 年 5 月 7 日管节预制开工，到 2016 年 12 月 26 日完成全部 28 个直线管节和 5 个曲线管节制造，53 个月的昼夜奋战，取得了浇筑百万方混凝土无裂缝的傲人成绩；从 2013 年 5 月 2 日首节沉管浮运出坞，到 2017 年 5 月 2 日最终接头沉放完毕，整整 4 年时间，每一节沉管都孕育了独特的故事。96 小时的鏖战考验着我们生理和心理的极限，坚持让我们没有留下遗憾；E15 沉管 3 次浮运 2 次返航的危机化解考验了我们的应急处置能力，彰显了社会主义制度的优越性；最终接头的精调成功更考验了我们的责任担当，对自主创新技术的自信。

“东、西人工岛房建工程，在初步设计考虑不周、施工招标后又遭遇消防法规变化、防风标准提升、施工图预算大幅飙升而导致设计变更的审批一波三折，工期一再延误的情况下，岛隧项目部通过发动“百日冲刺”和“奋战 40 天”专项劳动竞赛活动，硬是把耽搁的工期抢了回来，于 2017 年底完成了全部施工任务，东、西人工岛成了伶仃洋上两颗璀璨的明珠，大家用心浇筑的清水混凝土成就了岛上房建工程的建筑传奇。

“进场 7 年多，岛隧项目部在林鸣总经理的带领下，攻坚克难，勇于创新，敢于担当，始终为港珠澳大桥树立起高标准的质量标杆。在大桥建设工地，建设者已经把大桥作为情感依附和精神寄托的载体，大家不愿见到工程上有任何瑕疵，主动返工，精益求精，一件更比一件好，一处更比一处靓，每个人都不满足于现有的质量标准、不满足于现有的工效指标，都希望对现有工艺、工法有所提升，有所完善，小改小革不断涌现，推陈出新人才辈出。在劳动竞赛中互相学习、触发灵感；在工程实践中反复琢磨、发现规律，共同的精神追求成就了伟大工程，成就了世界奇迹。

“尽管我们有过争拗，有过气恼，但共同的目标始终把我们凝聚在一起，不离不弃。我们患难与共、风雨同舟，伙伴关系理念让大家产生一种相互信任、相互理解、相互尊重的情感，并共同享受项目带给我们的荣耀与满足。

“今天港珠澳大桥已经建成，社会各界和国内外同行都给予了很高的评价，我们感到由衷的高兴和满意。这个项目未来会获得什么样的奖项，我不关心，但我认为金奖银奖都不如老百姓的夸奖，金杯银杯都不如老百姓的口碑。港珠澳大桥未来120年将向世人传颂你们的丰功伟绩，你们用高品质的工程诠释了工匠精神、创新精神和奉献精神，用自己的实际行动证明了中国建设者敢为人先的品格。感谢中交集团，感谢岛隧项目部，感谢岛隧工程全体建设者，再一次向你们致敬！”

“讲得太好了！”许多人眼含热泪，使劲儿地鼓掌！朱永灵局长的讲话把建设者的心融化在一起，所有的争执都化为了理解，所有的辛苦都化为了欢笑！一切都无须多说，现场经久不息的掌声表达了一切。

林鸣不止一次发自肺腑地感叹：“岛隧工程实行设计施工总承包机制，是朱永灵局长对港珠澳工程的最大贡献之一！朱局长为这个工程创造了良好的生态环境。虽然我们俩也吵架，但我们互相理解，这个工程就是我俩吵架吵上去的。”

林鸣和朱永灵，少不了为工程问题争论，甚至拍桌子。有时激烈程度不亚于“火星撞地球”。但是，正如朱永灵所说：“我们的目标是一致的，林总知道我是为这个项目，我也知道他也是为这个项目。我们之间没有任何个人的恩怨，就是想把工程搞好。”

2017年12月31日，港珠澳大桥主体工程全线亮灯的日子终于到来了。

林鸣指挥着岛隧党群部为了这一天精心准备着，忙得团团转。在他心里："漂亮的人工岛就像要出嫁的新娘，我们要给她披上美丽的婚纱。"

他要让车队在这一天驶过大桥，穿过隧道；他要让摄像师从各个角度留下这不可复制的历史瞬间；他要让绚丽的焰火在岛上绽放，把人工岛惊人的美丽展现给世人。岛上建筑的灯光设计和烟花燃放，是林鸣煞费苦心之处，每一个环节都寄予了深切的寓意。

16 时，88 辆大巴车组成的车队，从港珠澳大桥珠海口岸出发，浩浩荡荡驶上大桥，穿过隧道口迎风招展的五星红旗，驶入沉管隧道，成为主体工程全线具备通车条件的见证。当车队撞开隧道口的红绣球，手握红绸两端的朱永灵和林鸣走到一起，满面笑容，双手紧握。这一次握手，该是 7 年来从未有过的轻松!

18 时 18 分，在余烈的主持下，朱永灵和林鸣与建设单位代表一起按下了启动亮灯仪式的 LED 灯球，喷薄而出的绚丽烟花，瞬间把东人工岛照亮。

东、西人工岛上 4 座青铜宝鼎铸成的桥头堡率先点亮，宝鼎上五千年前的纹饰与现代建桥技术造型融合在半透明的翡翠色中，寓意中华民族悠久文明与智慧凝聚而成的"华夏之光"。

随后东人工岛环岛路、南北广场、大台阶依次点燃礼花，夜空流光溢彩。主建筑顶层灯光点亮，蓝色海洋似的屋面，反衬出白色风帽"明珠"般的璀璨感。楼顶"七星伴月"的采光设计，在灯光下呈现出钻石般的梦幻色彩。两岛广场上隐约浮现巨型水墨金文字样——"中""华"，寓意着粤港澳三地文化的同宗同源，血脉之亲。全岛四周礼花升腾，象征着港珠澳大桥即将带动“湾区启航”。

紧接着东人工岛主体建筑、风帽、减光罩、挡浪墙，自上而下依次全部点亮。清水混凝土建筑在灯光的漫反射下，更显出莹润深沉的质感；减光罩景观灯光形成了一条透明的走廊，主体建筑的大台阶因这走廊而延伸；大台阶上漫射的灯光强化了建筑主体殿堂般的形象；层叠的柱廊在灯光下环绕上升，像宝塔般衬托着建筑的神圣、庄严；烟花升腾，整个岛屿一片璀璨，宛如镶嵌在伶仃洋上的一颗明珠，咫尺相邻的“东方明珠”寓意其中。

随后，奇异的景观出现了，东人工岛主体建筑风帽顶尖发射出七彩激光，越过海底隧道上空，向西人工岛遥遥呼唤。西岛的激光似孔雀开屏，瞬时回以热切的回应，两个岛上喷射而出的激光在空中交汇，填补了全桥在中间隧道海域上方灯光的空白，寓意着彩虹团聚的神话，实现了“跨越伶仃”。

此时，西人工岛也烟火腾空，东、西人工岛及沉管隧道全面点亮，通明的灯火闪耀在伶仃洋上，“岛就是建筑，建筑就是岛”的整岛灯光设计理念充分体现，最终“梦圆辉煌”。

绚丽的烟花，照亮了岛上水晶宫般的建筑，照亮了烟花中欢呼的建设者。乘船远望，东、西人工岛玲珑剔透，在伶仃洋中奇幻般地“悬浮”着；挡浪墙的灯光为人工岛勾勒出灿烂的轮廓，两座岛宛如两朵白玉雕刻的莲花在海上盛开，又仿佛从伶仃洋中升腾而出的两座宫殿在水中矗立。

一条银色的珠链从西岛延伸，牵起了玫瑰色的“同心结”，在夜空中泛着柔和温馨的光；银白色的“白海豚”跃出海面，望着令他们惊奇的海上新家园。

美丽的神话似乎降临人间，这一夜，港珠澳大桥这个挑战世界桥隧技术难度的海上交通工程，竟是这样美轮美奂、珠联璧合！这夺目的璀璨，应是上万名建设者蕴藏多年的心花在今夜盛开了吧！

今夜星光灿烂，今夜令人感慨万千！梦想在今晚变成了现实。

朱永灵发自肺腑地感叹："14 年的付出终于有了回报，14 年的奋斗终于有了结果，天道酬勤！"

林鸣满怀欣慰："是社会的需求给了我们机会，是时代给了我们这样一个舞台。只要社会有需求，我们还可以挑战更加艰巨的工程，还可以做得更好！"

▲ 人工岛上清水混凝土建筑内景之一 （郝笑天摄）

▲ 人工岛上清水混凝土建筑内景之二 （郝笑天摄）

▲ 人工岛上清水混凝土建筑内景之三 （郝笑天摄）

▲ 人工岛上清水混凝土建筑内景之四 （郝笑天摄）

▲ 人工岛主体建筑近景　　（郝笑天摄）

▲ 建设完成的港珠澳沉管隧道　　（郝笑天摄）

▲ 一个月干了 100 天的活儿——西人工岛 8.20 突击队　（李正林摄）

▲ 东人工岛大台阶上穿着袜子施工的工人　（王小帅摄）

▲ 寻找心中最完美的精度 （郭霜霜摄）

▲ 建成后的大台阶与走在上面的建设者 （郝笑天摄）

▲ 主体工程亮灯，人工岛青铜器桥头堡率先点亮 （郝笑天摄）

▲ 人工岛主体建筑顶层和岛面在璀璨的烟花和灯光照耀下流光溢彩 （郝笑天摄）

▲ 人工岛主体建筑全部点亮灿若明珠　（郝笑天摄）

▲ 东人工岛的激光向西人工岛发出呼唤　（石小伟摄）

▲ 水上远眺亮灯时的海中人工岛　（梁淞摄）

▲ 亮灯时的港珠澳大桥全景　（郝笑天摄）

第十一章 信念的力量

那条路，那面旗，千古绝唱，
那群人，那颗星，荡气回肠，
眼神滚烫，长风中歌唱，
就用万颗红心，把传说点亮。
就这样一步一步的走，
走出苦难，走出悲壮，
走出亿万人中国梦想。
就这样一步一步的走，
沿着主张，沿着信仰，
走向明天的辉煌。

2016 年 10 月，这首纪念红军长征胜利 80 周年的电视剧《长征大会师》主题曲，在无数人心中激荡。

此时，林鸣和他的团队正在浩瀚的伶仃洋上，把 8 万吨的沉管一节一节地沉入海底，对接成海底隧道。施工现场犹如战场，每一次出海都是昼夜奋战、搏风斗浪；每一场战斗都是危机四伏、惊心动魄！7 年奋战，35 次海中博弈，一年一年地坚守，一个战役接着一个战役，就这样一步一步地走，朝着心中的目标坚韧不拔百折不挠……时光相隔 80 年，时代迥异，背景不同，却有一种力量穿越了时空，一脉相承。

7 个月筑成两座海上人工岛；14 个月建起一座世界最大的现代化沉管预制工厂，33 节巨型沉管上百万方混凝土浇筑无裂缝；6.7 公里沉管隧道毫米级合龙滴水不漏；岛上建筑半年完成 1 年半的工作量，打造出海上最大清水混凝土建筑群，无数个不可能在岛隧团队手中变成了可能！

“是什么力量在支撑着、推动着这个团队去创造一个又一个令人惊叹的奇迹？队伍的原动力来自哪里？”所有采访过林鸣的媒体，在最后都不约而同地问出这样一个问题。这是无数人心中的一个谜。

林鸣笑而不答，对记者们说：“这个问题正需要你们去帮助我们寻找答案啊！”

比起一般工程 3~4 年的工期，岛隧工程是 7 年的超长工期，每一道工序环环相扣，全过程充满了高风险。在这场数千人共“走钢丝”的持久战中，很多建设者 7 年里只重复做一道工序、干一件事情。要让几百个工序的 4000 多名建设者每一次都做到同样的高标准，极需要培育出一种有凝聚力的文化，形成内在的驱动力。如何培育这种文化，是林鸣内心反复思索的事情。

林鸣坦陈，工程的难度超过了自己原来的预期。尤其是在与国外沉管安装技术公司谈崩之后，6.7 公里的外海沉管安装和最终接头都要靠中国团队独立完成，工程的未知风险陡然加大。

他意识到，一定要凝聚全体建设者的力量，如果不把队伍凝聚起来，步调不一致是搞不下来这个工程的。

“在这样的背景下，党组织的首要任务是凝聚力量，打造铁血团队，要让所有的员工有一种使命担当、责任担当。”林鸣对党委副书记樊建华说，“要用信仰的力量、组织的力量，汇集全体建设者创造的力量。”

樊建华是在岛隧项目开局之年 2011 年 1 月 5 日来到项目部的，她在 2010 年的 12 月 5 日刚刚做完手术，顾不上因胯骨骨折还躺在医院里的老母亲，就在一个个电话的催促下赶到项目部报到，等待着她的是林鸣关于开局工作的一系列部署。

港珠澳工程粤、港、澳三地共建的特殊性、120 年寿命的高要求和岛隧工程施工技术的高端性，决定了这个项目将始终处于一种高位、高速、高风险的运行状态。在高位、高风险的前提下，还要坚持高标准、高品质地建成这个超级工程，这就是项目追求的终极目标。

这个国际化大型工程代表的是国家形象，会在国际上产生重大影响，不能有任何失误和瑕疵。

来自国内天南海北的建设团队、国际合作的中外联合体各方人马，开工伊始就迅速地集中到了这一岛隧工程的终极目标之下。

营地搬迁、基槽开挖、补充勘察、设备研发、人工岛大圆筒制造、桂山岛预制厂起步，几大板块同步进行；勘察、设计、科研、装备、施工 5 线并举。林鸣要求一开工就要迈出腿去！不到半年的时间，工程快速进入了轨道。

工程展开之迅速让樊建华感到惊奇：“刚开工，很多人还不知道怎么干呢，一项项工作全策划好了。许多人奇怪，林总在前期未雨绸缪时动了多少脑筋？好像脑子一秒钟都没闲着，才能把这么多复杂的问题同时思考清楚，迅速全面铺开。”

然而更让她惊奇的是，处在这样繁忙紧张、错综复杂开局之时的林鸣，对网站的开通要求竟如此关注和紧迫。4月还在招标，5月18日就要开通对外网站，6月1日就开始启动内网办公平台。

2011年5月18日，外网如期开通。樊建华一早来到办公室，曾经在一航局办公室主任岗位上工作多年的历练，使她早已习惯了每天至少提前1个小时上班，把当天的工作事先安排妥当。可她惊奇地发现，总经理林鸣早已坐在办公室，审阅着网站开通第一天的稿件。

林鸣的工作作风让樊建华感到震撼，以至于她每天醒来，都会先把当天工作在脑子里过一遍，告诫自己：“每一天都是第一天！今天哪些事情会有出现差错的风险？”

岛隧项目部网站开通后的很长一段时间内，林鸣都是每天早上5点坐在办公室审阅网站稿件。在他眼里，工程要面对香港特区政府、澳门特区政府和广东省政府，又是一个国际平台，每一篇稿件都十分重要。不管白天工作多么紧张，林鸣要求网站每天夜里12点之前要上传当天基层动态稿件。各个工区配备了支部书记、宣传干事，配置了宣传器材，确保每天实时的施工动态和现场报道迅速传递上来。总部党群部办公室的灯光总是过了夜里12点才熄灭，上传和自采的所有稿件要在当晚编审完成，放在林鸣的办公桌上，7年雷打不动。林鸣坚持亲自审稿，实在没有时间就由几位副总代审。

“中交港珠澳大桥项目”网站，在工程建设的全过程中发挥了巨大的作用。开工以来，网站7年如一日做到了每天更新。

在这里，你可以看到总部每一个阶段的目标，每一次战役的动员；看到工程的每一步进展，沉管的每一步延伸；看到建设者在挥汗如雨的瞬间写下的“岛隧心录”，看到普通工人的生动故事和闪光形象。2017 年 8 月和 10 月，网站“心声”栏目里先后出现了林鸣的两篇署名文章——《这一生，至少当一次傻瓜》《找出路还是找退路?》，这声音迅速传递到每一位建设者心中，成为在最艰难的时刻攻坚克难的精神力量。网站上不断出现的海内外众多媒体的采访报道，全国人民的密切关注，为在艰难困苦中跋涉的团队不断输送着能量。7 年时间，网站点击量突破 1500 万，成为传递建设者心声、凝心聚力的桥梁。

越是困难的时候，越是危急的时候，就越是项目部党组织工作最活跃的时候。召开各类总结报告会、故事分享会，让一线员工讲述身边故事，让员工家属走向讲台。在管节生产最紧张的时刻，开展“重温入党誓言，感怀红色历史，激发施工豪情”生产攻坚活动，白色的工装上，金色的党徽是那样的耀眼，党员突击队、党员示范岗率先垂范，以实际行动创先争优，确保了管节生产的顺利推进。在每一个工程阶段，大力开展立功授奖活动，一个个敢打硬仗的突击队涌现出来，开创技术先河的“岛隧精英”、塑造最美地标的“筑岛铁军”、预制巨型沉管无裂缝的“岛隧梦之队”、创造海底隧道中国标准的“岛隧先锋”。队伍的力量不断凝聚，“我们一定要干成，我们一定能干成!”成为整个团队共同的坚定信念。

“岛上/管内每一个建筑产品都将是留给世人的历史见证，现场每一个岗位的每一步作业都非常重要，每个人都需要坚持工匠精神，我们要下定决心、共同努力，建设成一个具有标志性的世界级超级工程，不对历史留下任何遗憾。”林鸣对目标的解读渗透在每一个工程节点中，及时传递到每一个层次、每一位建设者心里。

“抓住时代机遇，做世界一流跨海工程”这个终极目标和不留下历史遗憾的高标准，深深植入团队所有人的内心。项目领导班子、参建员工、协作单位三个层面的认识，集中统一到这一目标上。整个岛隧工程的建设过程，是团队在这个目标的引领下不断凝聚、淬炼，坚韧不拔地把目标变为现实的过程。无论如何艰难困苦，这个目标从来没有动摇过。

伟大的工程必然有深厚的文化内涵作为支撑。岛隧项目部在 7 年的攻坚克难和坚守中，不断地培育、丰富和发展了自己独具特色的岛隧工程文化。

当第一个大钢圆筒顺利振沉入海，所有人都在欢呼雀跃之时，林鸣走到工区负责人孟凡利身后，拍拍他肩膀，说：“大孟，你给我写一篇文章吧，题目就叫《每一个都是第一个》。”

孟凡利一下子愣住了，和所有人一样，直到第一个钢圆筒顺利振沉入海，孟凡利才相信这个快速筑岛的大胆设想已经变成了现实。半年前定下的这个打设日期，曾一直让他心存疑虑，从振沉设备的招标研发，到钢圆筒的制造运输，再到振沉入海，就这样奇迹般地完成了？连日来风高浪大的天气也在这一天变得风平浪静，真是天遂人愿！高兴还来不及呢，林总怎么想起让我写文章?

“命题作文啊！必须由你来写。”林鸣盯着孟凡利的眼睛，又强调了一句。

这一下，孟凡利明白了林鸣的意思，常听到林总说“把功夫用在前面，成败决定于过程，一丝不苟于细节，风险防控于微末”，这作文应该就是这意思了！

孟凡利的文章当天发到了岛隧项目部的网站上：

“作为一线指挥员，我感到的不仅是首战告捷的喜悦，更是漫漫征程上沉甸甸的重任。战斗刚刚打响，东、西人工岛需振沉 120 个特大型钢圆筒和 242 个钢圆筒副格，8 锤液压联动振沉体系作业世界首次，沉位垂直度偏差要控制 1/500 以上，技术工艺新、设备要求精、质量标准高、施工难度大。只有把每一个都当成第一个，把每一次振沉都当作第一次，稳扎稳打，才能取得最终胜利。

“每一个都是第一个，就是要未雨绸缪；

“每一个都是第一个，就是要警钟长鸣；

“每一个都是第一个，就是要不懈追求；

“每一个都是第一个，就是要坚守初心。”

这里提出的“每一个都是第一个”，后来被延伸成了港珠澳岛隧工程的一种精神，贯穿在岛隧工程的全过程中，成为项目部所有人共同遵循的工程准则，在工程每个重要节点的攻坚克难中发挥了重要作用。

在桂山岛沉管预制的 6 年里，“每一个都是第一个”转化为“每一节都是第一节”，成为所有人精益求精地坚守每一个环节的指导理念。到过桂山岛的人，都会感到这里有一种特殊的气氛，井然有序的环境，匆匆奔忙的脚步，精细严密的追求，始终不渝的坚守，一种精神的感召力在这里散发着巨大的能量。2000 多名员工，70% 是进城务工人员，为何能把事情做到如此地步? 这种力量来自哪里?

桂山岛东北面的山坡上，有一片白色住房，与厂区相互分离又遥遥相望，那是岛上的生活区。常规的工地生活区一般都采用临时建筑板房，而桂山岛上的生活区设计成了砖混框架结构的半永久住房。

设计负责人梁桁至今谈起当初生活区的设计仍十分动情："林总当时跟我们说，不管是工区的技术人员、管理人员，还是协作单位的进城务工人员、普通工人，需要在一个那么单调的无人岛上生活6年。而且我们120年的设计使用寿命，又要求工人必须具有高度的责任心和极端认真的态度。你要怎么做才能让大家在6年的漫长时间里，在重复性的工作中保持新鲜感，保持一个旺盛的战斗力，保持始终如一的生产欲望？"

林鸣要求梁桁一定要把这个生活区设计好，让工人有一个很好的生活环境。他告诉梁桁："人的工作和生活的标准是有延续性的，如果你提供给工人平常的生活环境是脏乱差，他就会自然地把这种脏乱差的态度表现在工作中。但当他的生活条件比较好的时候，他在工作中也不会把自己的标准降低。"

林鸣的话让梁桁茅塞顿开："我认为这是林总一个非常好的工程管理理念，一种独特的思维方式。当一个人日常生活中感到有尊严的时候，他在工作上也一样会采取有尊严的态度去工作。也就是说，你让工人有尊严地生活，他才会带着这种尊严感去工作，才会做出有尊严的产品来。"

桂山岛的生活区，处处体现了一种润物细无声的关怀。十几栋白色的住房整齐地排列着，室内所有的房间都有空调，24小时供应热水，每一排宿舍都留有一间供大家举办各种活动的宽敞的娱乐室，里面安装了卫星电视。

宿舍周围，分布着职工食堂、便利超市、挂着红十字标志的医务室，整齐排列着洗衣机的洗衣房和提供纯净饮用水的净水站。由于岛上通信只能接收到附近澳门或香港的信号，项目部联系电信部门专门给岛上安装了新的基站，让工人在岛上也能用上宽带和wifi。

宿舍群旁边沿着山坡的走向，是一片绿地，弯弯曲曲的小径从绿地中间穿过，两边空地上是户外健身器材、篮球场和休闲座椅。岩石裸露的牛头岛上，这样的绿地真是让人倍感温馨，这是项目部为了减轻岛上超强紫外线对人眼睛的强光刺激，特地铺设的大面积人工草皮。这里被工人们称之为"文化广场"，下班回来的工人可以随时在宿舍里冲个热水澡，看电视、上网，也可以随意地在健身器材上锻炼，在休闲座椅上聊天，躺在草地上给远方的亲人打电话。工人们兴奋地把这条路称为"孤岛上的情侣路"。

每天清晨，工人们身着统一的工装，沿着这条路列队到达生产车间，专设的工具箱、饮水处、休息亭、吸烟区、宣教室，给在两条流水线上施工的工人们提供了最人性化的工作环境。

老工人石贵喜在得知施工作业人员也可以住进这样崭新的生活区后，高兴得喜笑颜开："在工地干了10多年，走南闯北，就没有听说过我们也可以住进有空调还有热水的宿舍，如果工地需要，我打算一直在这里安心工作了。"

"一线工人不容易，我们要想他们所想，急他们所急。"林鸣在党群联席会上说道，"我们要让工人们把这里当成第二个家。"

项目部党委做了统一部署：党建工作与项目工作同规划，与生产活动紧密融合。让党的组织、党的阵地、党的关怀无处不在、无时不在、无事不在，沉到每一个工地，沉到每一名员工当中。让团队凝心聚力朝向目标，心怀希望，保持干劲。让员工最大程度释放潜在能量，将个人目标完全融入建设超级工程的高目标之中。

岛上经常看到党委副书记兼工会主席樊建华带着综合办公室人员忙碌的身影，夏季送清凉解暑保健品，节假日组织慰问活动；每个月安排理发师上岛给工人理一次发，即便是工程完工最后一个月，岛上只剩下几名员工，上岛理发也坚持不误；每年请医院的医护人员上岛给工人做一次体检；定期送电影、送健身教练上现场，以宿舍的白墙为银幕，以大海孤岛为影院，工人们坐在小板凳上看上了久违的露天电影。这些细致入微的人文关怀和有声有色的娱乐活动，让一线员工充满了归属感、成就感与幸福感。

副总经理吴凤亮对此深有体会："林总要求我们对所有员工的吃住行都管理到位，那时候我跟樊书记整顿食堂、整顿宿舍，每个月都要检查两次宿舍，宿舍里面配备的东西都是标准化的，衣物用具统一摆放整齐。每次检查都专门到厕所里去看，每个厕所都要配上水管保证冲水。这些事情都潜移默化地鼓励了工人，让他们感觉到这个项目从上到下是一个整体，不是一个随随便便的项目，对自己手里的工作会更加重视。"

林鸣说："你对人的尊重是不是发自内心的，别人是能感受到的。你发自内心尊重别人，别人就会跟着你走，工人就会发自内心地尊重你。"

离工厂车间很近的地方有一个厕所，林鸣走到这里停下了脚步，对工区负责人提出要求："必须安排专人打扫厕所，不能让车间里生产的工人闻到异味，并且要保证每天有充足的手纸供应。"很快，大车间旁边的一排厕所，全都配备了洗手盆、卫生纸，有专职的保洁员进行清理，任何时候进去都是干干净净的，没有异味，让工人们感受到了最基本的尊重。

在港珠澳大桥这个超级复杂的系统工程中，需要摸索和解决的工程问题已经足以让一个总指挥殚精竭虑，怎么还会有心思关注常人都容易忽视的如此细微的问题呢?

林鸣说："工人是'天'！你策划的方案再好谁能给你做出来？是我们一线的工人。每一个细节是靠他们做出来的，你一定要把工人当成'天'，这样才能够把你思考的这些东西变成你想要的现实，否则你就做不到一流。"

项目党委提出与"超级工程"同步建设"人心工程"，直到工程结束的最后一天、直到最后一名员工撤场都要坚持人文关怀，让建设者有尊严地工作。

林鸣认为："管理越严格，要求越高，人文关怀的力度越要大，要考虑细致的关怀、无微不至的关怀。在这个环境当中，如果对人的关怀不到，这个严格就不会成为一个内在的动力，一定会影响执行力。没有内在动力，你的任何设想，都有可能落空。"

尊重劳动，尊重劳动者，成为港珠澳岛隧工程的一种文化常态，如春风般渗透在工程之中，润物细无声地发挥着作用。

在沉管安装的漫漫征途中，"每一个都是第一个"转化为"每一次都是第一次"，成为安装团队的行为准则和坚定信念。

外海无掩护作业，上百艘船舶和大型装备穿插操作；35 次海上安装，全程处于高风险运作，无数次在险风恶浪中穿梭往返，机械设备无一故障，工程人员无一损伤。这被许多人认为是工程管理上的奇迹。

林鸣提出："我们对每一条生命都要至高无上地尊重。"对劳动者的尊重，更体现在对每一条生命的最本质的负责上。

对于"津安 2"号沉放船总船长刘建港来说，感觉最难的不是每次的海上安装，倒是每次沉管安装之间设备维修的 20 天。这 20 天里，他要带领船员们做细致的风险排查，小到每一个螺丝钉、每一个设备都要重新维护一遍，确保万无一失；大到每次不同海况下的每一个操作步骤、每一个应对措施都要清晰明确。在沉管出坞前，工区要对各工序排查出的风险做出评估，确定风险是否处于可控状态，安全措施是否到位。然后上报总工办，变成每一次操作的防控手册。这种工作在每个月里周而复始，不断循环，不断修改补充完善。

在这个每次沉管安装的间隙，林鸣会准时来到沉管安装船上，问问刘建港有没有什么需要解决的问题，跟船员们聊聊天，讲讲故事。

“33 节沉管安装，林总给我们讲了有上百个故事。”刘船长说。

每一次，林鸣都会不厌其烦地让刘建港带着他把设备挨着个儿地检查一遍，每次都要挑出一些小毛病来。刘建港跟林鸣开玩笑说：“您这是鸡蛋里面挑骨头啊。”林鸣立即让人拿来纸笔：“来，老刘，把这几个字写下来，我给你用相框装上。”果然，刘船长写的一行大字“鸡蛋里面挑骨头”，被拍照后复印 50 份，装在相框里，在船上的每个关键岗位上都摆上一份。至今，这样一个相框还摆在林鸣的办公桌上。

“要放大倍数看风险。”是林鸣常说的一句话。

项目部的人都知道，林总很会挑刺，其实这也是一种风险控制。因为小问题会积攒成为大问题。所以他隔三岔五就会挑点刺，让你引起警惕，敲敲警钟，敲到你疼为止，下次不敢再犯。

第一节沉管 96 个小时安装之后，林鸣意识到还有一个风险：人在极度疲劳的情况下发生错误操作怎么办？口令会不会发错？执行者会不会听错？针对这个新排查出的风险，项目部立刻采取防控措施，在操作关键岗位上增设一人，专门复述口令，监督操作。

岛隧项目把风险防控作为驱动施工和设计的源头，形成了自己独特的风险管理理念——全员管理、全过程管理、动态管理、实用管理。

“岛隧工程风险防控最大的成功，就在于把现场的工人都调动起来，涵盖进来了。沉管安装的每一个岗位，每一个人都对如何控制风险心中有数，形成一个围绕风险转动的体系。”兼任总工办主任的副总工程师高纪兵说。

而且这个体系是动态的，每次安装都要从头做起。高纪兵在每次安装间隙的20天里，最忙的就是汇总制定本次安装的风险防控手册。这种全员参与、全过程动态管理的风险排查让他在忙碌中感到心中有数：“每个岗位心里有一本账，每个人都知道每一步操作风险在哪里，保证了我们的技术方案、操作指令能得到严格的执行，甚至可以说做到指哪打哪。说实话，我们最终接头敢于脱开重新安装，也来自这种风险掌控的底气！”

沉管安装海域的潜水母船上，住着30多名来自山东的合作队伍的潜水员，一次林鸣上船，看见潜水员们正在排队上厕所、冲凉。他立即打电话给总部综合部，要求他们“一周内必须将带有淋浴设施的移动卫生间运到船上”，随后又为潜水船配置了遮阳棚和健身器材。这些山东大汉感动至极。4年时间里，33节沉管安装，潜水员们无数次潜入近50米深的海底，充当沉管安装的“眼睛”，无一事故和失误，为完成精准对接，实现6.7公里隧道的“滴水不漏”发挥了重要作用。

沉管隧道最终接头合龙后的内部焊接，只有30天时间。在30米水深下，240名工人需要在狭小的结合腔里24小时不间断地焊接作业，极为艰苦，风险巨大！项目部严阵以待，在结合腔里配备了完善的通风排烟设施和冷风机组，为每一名工人配置了装有 GPS 芯片的安全帽、专业的防毒面具和反光背心，通过隧道口的 LED 屏可以准确地显示人员进出状况，防止任何人出现意外。同时，在隧道里距最终接头 600 米处，总部设置了现场办公室、医务室，特地从珠海人民医院请来专科主任驻守现场，医药箱、担架、氧气瓶、灭火器等应急设施“全副武装”，给工人们以切实周到的安全保障，确保焊接顺利完成。

每一次安装队伍出征，唐家湾 1 号码头上有总部的行政人员列队欢送；每一次安装队伍归来，码头上早已是迎接的笑脸和亲切的问候。前方在海上安装奋战，后方在监视屏中密切关注，一旦遇到困难，后方立即准备好食物、药品紧急送上船。在高风险的外海作业中，前后方目标一致、步调一致，形成了紧密的命运共同体。这让林鸣很高兴，他告诉樊建华：“超级工程的背后，起决定作用的一定是人的因素，最重要的是团队。参与这个工程的每一个人都非常重要，要让团队团结得像一个人一样。”

在人工岛上建筑异常艰苦的的最后冲刺中，“每一个都是第一个”转化为“每一层都是第一层，一层更比一层好”，成为面对高难度、高标准施工，背水一战的必胜信心。

人工岛上施工，多工种交叉作业，大型施工设备密布，施工场地狭小拥挤。在 1 天当作 3 天用的紧张工期中，施工安全像一根拉紧的弦紧绷在林鸣心里。尽管工地上已经严格实行了 6S 管理，可他还是不放心！一天，一条醒目的大标语出现在施工现场——“不安全，我不干”。总部要求工区和工人在现场高度注重排查不安全因素，如果发现，有权停止工作。

“不安全，我不干”

“不让隐患出坞门”

“敬畏保安全，细节出精品”

“态度决定一切，细节决定成败”

“不让一个工人倒下”

“踏石留印　抓铁有痕”

“人在事上　事在心上”

“没有最好，只有更好，一次更比一次好”

这样的标语在工地随处可见，既是要求又是谆谆嘱咐。

东、西两座人工岛的暗埋段施工，是一场硬仗。人工岛上没有一处遮阳的地方，在夏季就像是一个“海上沙漠”。工人们要下到20多米深的基坑里，绑钢筋、支模板、浇混凝土，坑内温度近40℃，钢筋表面更是超过60℃。下到基坑里不一会儿，身上的工装就能拧出水来，上来后又被迅速晒干，结成一层厚厚的白色汗碱。这样的露天作业，没有办法安装空调。总部领导想尽一切办法，找来一桶桶冰块放在基坑边上，用工业电扇把冰块散发的冷气，通过管道吹送至基坑内的每一个岗位。

2017年，岛上建筑最后拼抢得异常艰苦的时刻，工人们忽然发现，每天的伙食不一样了，不但能吃到各种新鲜蔬菜，水果、鸡蛋也供应充足。在来回搬迁中难以安营扎寨的工地食堂大师傅也终于一展愁眉，总部的送菜车每天准时来到岛上，工人的伙食标准由每天的20元增加到40元。不仅如此，当林鸣发现每天8点送到的菜，工人中午才能吃上时，又对综合部提出要求，必须保证工人每天早餐就能吃到新鲜蔬菜。

于是每天凌晨4点30分，总部各部门组成的运输队便把采购好的一筐筐新鲜的蔬菜、水果装到唐家1号码头的船上，6点30分准时送到人工岛，保证早、午餐时出现在工人们的餐盒里，就这样风雨无阻一直送到了年底。现场施工人员无不感慨：“我们刚起床菜就送到了！总部为一线送菜，没有哪个项目能做到如此地步！”

虽然提高工人伙食标准多花了上百万资金，但财务总监谢臣伟心悦诚服地拥护林鸣的这个决定。

谢臣伟是2009年受林总邀请加入港珠澳工程的，当时他正在中交集团某上市投资公司担任财务总监，好不容易在重庆安定了十多年，又要奔波！家人本不同意，但他说服了家人一同来到珠海。林鸣的个人魅力让他觉得跟林总干工作省心痛快！

谢臣伟对林鸣要求的总部领导一律上岛到一线值班体会颇深：“七八月份上岛，半个小时浑身湿透，一天三件短袖衫都换不过来。开始时对林总让总部领导轮岗上岛感到不理解，心想我们又不是搞技术的，上岛有什么用？真到了现场感同身受，觉得工人干得实在太辛苦！”

项目部向业主申请了设立“保障工程节点专项资金”，发放到工区。作为财务总监，谢臣伟认为一切事情的决策要从一线出发，财务工作的重心是要为工程一线服务。他要求财务部检查工区是否把资金落实到了一线工人身上，如果在监督检查中发现没有落实到一线，总部将原数扣回，以保证让一线的工人得到实惠。

总部领导对工人发自内心的关心，让工人将心比心地焕发了更大的干劲，每个人都在充分地释放自身的潜力，100%地完成任务已不是目标，120%地承担使命成为新的追求。

岛隧工程文化像空气一样弥漫在整个工程活动中，承载着工程，使整个项目部保持着一种浩然正气，整个队伍始终保持着昂扬的斗志和饱满的激情！

这种岛隧文化，深深触动了参与合作的日本NCC公司海外基础设施项目室长久保田真："这个工程从设计到施工，大家在对工程的认识上思想非常统一。'每一个管节都是第一个'，这个理念从设计到施工大家一直都在贯彻，中国的工程师这种朝阳气质让我们非常感动。"

岛隧工程文化在岛隧工程的一步步挺进中逐步充实、丰满、成熟，结出了丰硕的成果："追求极致的工匠精神、勇于拼搏的铁人精神、积极探索的科学精神"成为岛隧工程文化的灵魂；"尊重劳动，尊重劳动者"成为岛隧工程文化的核心理念；"每一个都是第一个"成为岛隧工程文化的独特载体，它既彰显着顽强拼搏的坚守，又显示出追求卓越的精细，还表达着科学探求的永无止境。

林鸣提出："我们履行工程合同，更要履行央企责任；追求科技创新，更要追求卓越品质；依靠科学管理，更要依靠政治优势。"

2017年7月6日，岛隧项目施工总营地报告厅里，一场"别开生面"的工程硕士学位授予仪式正在进行。平日里满脸汗水忙碌在工地上的56名港珠澳大桥建设者，今天不一样了，白色的工装换成了神气的硕士服、硕士帽，依次接受主礼嘉宾"拨帽穗、颁学位"。这其中，有岛隧总部和工区的管理者，有大桥管理局的技术人员，更多的是一线的工程师。

"将港珠澳大桥项目打造成精品工程、科技创新工程和人才工程"是中交集团在项目开始时就确立的目标。

依旧是在这间报告厅，2012年4月2日，中交岛隧项目部与华南理工大学合办的"研究生班"正式开课。从极为紧张的工程建设实际出发，"工地研究生班"创新教学模式，把课堂前移到现场，白天工作，晚上及假期上课，这群"岛隧学子"就是在这间“工地课堂”，挤出时间修完18门专业课程，顺利完成了学业。很多年轻的工程师从本科毕业后来到工地，在实践的历练中早已成为技术骨干，却苦于没有时间攻读学位，“工地研究生班”恰到好处地弥补了他们心里的遗憾。80后姑娘王金红是项目的一名财务主管，开班当天，她在项目网站发表了文章《梦想起飞的地方》，写道：“本科毕业已5年，当初考研的梦想，因为种种原因未能实现，终究是个遗憾。今天，终于圆了自己心中的梦想。”

管理局副局长余烈代表港珠澳大桥管理局对全体硕士学位获得者致以热烈祝贺。他表示，中交集团依托国家重大工程项目，为国家、为行业、为企业培养锻炼高层次人才，是港珠澳大桥建设取得的又一个重要的成果。

V工区支部书记王有祥作为毕业生代表在发言中激情满怀：

“从海上成岛的壮举到沉管首战的艰辛，从超级工厂的隆隆运转到海底读秒的精准对接，硕士班学员与港珠澳大桥共同成长，在岛隧工程的平台上获取力量。同学们分布于生产管理的各个岗位，真正做到学以致用，又通过现场实践进一步深化课堂知识。不断学习是人生的源头活水，充分实践是人生的奋斗价值，成为全体学员的共识。

“时代赋予了我们学习最前沿知识的机遇，交给了我们投身最伟大工程的任务，我们就应当肩负起国家兴旺、民族复兴的责任。今天的学毕礼成，是明天投身新事业的开始；今天的烈火淬钢，是未来能够完成更加急难险重任务的牢固基础。今后，我们将坚定理想信念，提高政治素养，为中国特色社会主义事业持续奋斗。”

在世界一流跨海通道建成的同时，一批高素质的优秀人才在实践中锤炼出来。这批学员，现在已经成为各个岗位的骨干力量，奔赴深中通道等各大重点工程，并在其中担当重任。

林鸣后来十分感慨："岛上建筑这一仗为什么最后能打赢？得益于7年来队伍的培养和历练。如果放在3年前、5年前恐怕还做不到，是因为这7年为人才和队伍的成长做了充分的准备。"

岛隧工程就像一所"实践大学"，项目总部引进国内外先进管理理念，为所有参建者提供学习实践平台，组织"进城务工人员夜校"、设立"总工讲坛"、开办"实用英语班"；组织技术比武和"三大工种"技能评定，颁授"技能证书"、评定"岛隧工匠"，让参与港珠澳的建设者在创新实践中学习、掌握前瞻施工技术，与港珠澳大桥一同成长，自身价值得到尊重和实现。

林鸣认为："这7年要给这个团队的所有人创造一个干事情的氛围，一种纯粹的工作气氛。可以说90%的人都是想要干事情的，都是想干出成绩的，所以你营造这样一个氛围，要让每一个人都有信任感、获得感、成就感。这是增强凝聚力的很重要的方面。"

在这种干事情的氛围下，7年拧了62万多颗螺丝没有出现一次故障的钳工班班长管延安，获评"首届大国工匠"；把路缘石拼接精度控制在1毫米的普通工人，被授予"最美建设者"；醉心投入自己岗位的西人工岛清洁工照片出现在《工人日报》头版上，醒目地刊登在习近平主席《庆祝中国共产党成立95周年大会上的讲话》下面，标题是《最简单的事也要做到最好》。

在岛隧项目部，无论是设计师、工程师，还是钢筋工、厨师，都在坚持把自己手中的工作做到极致。

"平凡的人把每一件平凡的事情做到最好，就是不平凡。"这种理念在岛隧工程的每一个环节落地生根。正是团队的每一个人将崇高的使命落脚于自己的岗位，认真而又坚持地把每一件平凡的事情做到最好，做到极致，才成就了这项伟大的工程。

林鸣对工人们说：“你们是国家最需要的、最值得社会尊敬的、最伟大的劳动者。”

在总部会议室里，一面墙被布置为“一线员工笑脸墙”，几十张照片记录了百名劳动者工作、生活的瞬间。

党委副书记樊建华动情地说：“这些工人并不起眼，每天干着最基层、最苦、最累的工作，但他们以‘低层次’干出高水平，在‘小岗位’做出大贡献，他们用劳动创造了一个有温度的工程，一个最有尊严的工程。”

“这个笑脸墙提醒着我们每一名领导，劳动群众创造历史，我们的心中要始终装着劳动者，在社会发展的进程中，要让他们与我们一同迈入时代进步的小康轨道!”林鸣说，“我国的城市化进程，一定要让进城务工人员真正进城，让他们大团圆。”

这样的文化氛围，这样的价值取向也深深地感染着总部的所有领导成员。在项目部，没有坐在办公室只动口不动手的领导，也没有只画图不下现场的技术人员。领导班子、管理骨干和设计人员天天紧盯现场，与工人一道日夜战斗在波涛汹涌的海面和酷热的海岛上。

林鸣认为：“我们力量的源泉就在于我们这个团队上上下下这几级班子，包括管理层的同志们都知道人的重要，操作的人非常重要！要获得力量，获得凝聚力，就要真正地理解这一点。为什么现在我们的凝聚力越来越强了呢？就是在这个问题上获得了共识。这可能也是我们这个团队获得的最大的财富之一。”

“用双手一寸一寸地砌筑海中长城，一米一米地丈量世纪工程。在充满探索、布满荆棘的漫长征程上，我们一同经历艰险，一同攻坚克难，我们共同闯过了一道道龙潭虎穴，共同创造了一项项世界奇迹。每一名参建者都是奇迹的创造者，都是超级工程的建设功臣。”这是林鸣对全体建设者讲的话。而所有人感受最深的，是林鸣的率先垂范作用为大家树立了一面旗帜。

一个个战役策划，一步步攻坚克难，每一个紧要关口，每一次艰难时刻，林鸣的身影都站在团队的最前面。

“要让一线的工人随时能看到领导。”这是林鸣对总部领导成员的要求。在东人工岛最后“背水一战”动员会上，林鸣推开摆在面前的桌子，让工人坐着，总部全体领导一字排开地站着，“不然工人看不到我们!”一种官兵一致、并肩作战，“不破楼兰誓不还”的气势瞬间点燃了大家的斗志。

在一次次抉择中做出正确判断，在一次次预判中规避风险，在一次次困境中寻求突破。战略上举重若轻，战术上举轻若重!洞察秋毫果断决策的胆魄，越是危急时刻越是冲在前面的担当，使林鸣成为整个岛隧团队当之无愧的灵魂。

林鸣做事要求苛刻是出了名的，可让大家不得不服的是，他首先最苛刻的是对自己。

开工以来，林鸣每天的睡眠时间不超过 4 个小时，即使这 4 个小时，也有一半时间是在半睡半醒之中。凌晨 5 点准时起来，1 万米长跑雷打不动，只有这个时间属于他自己，可以让思绪在清晨的空气和快速流动的血液中更加清晰灵动。

项目部和林鸣一起吃饭的人曾经感到奇怪，林总的饭量怎么这么小? 后来才知道，林鸣不愿意为早餐和午餐吃得太多而影响决策效率，他要求自己迅速进入工作状态，等着他的事情实在太多! 上岛检查工作，林鸣很少喝水，为的是少上厕所。以致最终接头安装时竟十几个小时不吃不喝不上厕所! 他对自己的身体已经苛刻到了极点!

林鸣的高效率常常令人惊奇。白天上午还在会议室开会，下午就已经飞到上海、南通检查工作了，即便是冒着风雪，当天晚上就返回珠海也是常事。为了最终接头的制造工作，他先后十多次连夜飞赴南通基地现场办公。这种工作模式普通人都觉得有点受不了，而林鸣却早已习以为常。更令荷兰特瑞堡公司工程师乔尔惊愕不已的是，林鸣到他们公司考察止水带，白天考察完当晚就返回了珠海，48 小时在中国、荷兰之间穿梭了一个来回。乔尔说，这是他从来没有见过的。

这样的苛求自己，换来的是团队的信服和效仿。在岛隧项目部，没有布置不下去的工作，没有执行不了的任务。“林总布置工作，一是不忘，二是不等，前一天布置，第二天就要看到落实没有。”樊建华对此体会格外深刻。岛隧项目部超强的执行力在港珠澳大桥建设过程中是有目共睹的。

在林鸣的带动下，最困难的地方、最关键的环节、最危急的时刻，领导靠前指挥、党员冲锋在先，产生“头雁效应”，锻造出一支“铁打的团队”，凝固成一股勇往直前、无坚不摧的强大合力。

当记者询问岛隧项目总部的每一位领导：“7 年时间压力这么大，有没有坚持不下去的时候?”

看到的都是粲然一笑：“怎么没有? 我们都有过。可是一看林总年龄比我们大，职务比我们高，他还在那儿坚持着，我们有什么理由不坚持?”

已经担任中国港湾工程有限责任公司副总经理的梁桁，正在香港新机场项目总经理岗位上担当重任。他离开岛隧项目部时感慨万千：“对自己从业生涯来讲，岛隧项目这 7 年给我打下的烙印会跟随我一辈子。就像参军服役了几年，虽然脱了军装，但军人的气质还在一样，这是我人生的一段重要经历。一个集团的总工程师自身树立了一个卓越的榜样！林总作为团队的领军人在不断追求完美，让身边的人也尽量去追求卓越。他把认真和责任心做到了极致，而且每时每刻始终保持饱满的热忱，让我们100%的佩服！工程结束后这个团队总有一天要解散，但不管到哪里，我们每个人应该把港珠澳这种精神传承下去。现在我们的工程到了追求精品的时候了，应该拿出一些让全世界佩服的东西！不管工程规模大小，每一个人都把自己的工作做到极致，做出来的就是一个精品。"

已经在公规院担任副院长、总工程师的刘晓东也很感慨："我们这个工程的每一步不是有个办法能做成就行了的，而是总在问，有没有更好的？能不能找一个更科学的、效率更高的方法？对风险的把握更好、更安全、代价更低？成熟的技术是不是也可以更好，可不可以改进？科技的着力点应该就在这里。从管理、设计、施工到现场工人，整个氛围就是大家都在琢磨这件事，林总带着大家琢磨，对思维的锻炼、心理的磨炼收获很大，参与其中虽然辛苦，但其实蛮幸福的！"

已经在一航局担任副局长的吴凤亮深有感触："林总改变了我们对'交工'的概念，过去交工标准在这儿，"他用手比画着自己的腰部，"只是完成业主交给的任务就可以了。现在交工标准在这儿，"他的手比划到了自己胸口，"要提高到对社会、对人民和历史负责的高度。"

财务总监谢臣伟发自肺腑地说："今天岛隧工程的结果，是林总正确选择和坚持的必然！现在回过头来看，如果林总当初没有采取这一系列措施，调动一切因素背水一战，工程很难达到今天这样的影响力！港珠澳工程的成功，不是单纯的技术问题，有很多因素在起作用。在岛隧施工的工区领导是最幸福的，全力以赴搞好生产，没有外界纷扰。你只要专心把活干好，其他的障碍林总都给排除了。我们这个团队，没有一块短板。工程虽然艰苦，但心情舒畅！"

当记者问一线的工区技术人员"林总要求这么高，这么苛刻，你们怎么能接受呢?"看到的是他们感慨和信服的眼神。

在东、西人工岛一线负责施工技术的靳胜、赵辉表示："林总要求不是一般的高，你必须跟上他的思路，逼着你提高，否则就得挨批评。我们在现场挨批评最多，刚开始心里很委屈。但反过来看，你不得不佩服，林总把什么事情都想到了前面，对每一个细节都把控得很准，从最后结果来看发现他的要求都是必要的。非常之人干非常之事，没有林总这样的人指挥，工程干不到这个程度！领导不是只发命令，而是跟着一起干，领导跟工人一样，总部跟一线一样，几千人一条心，一起吃苦。有问题都随时帮你解决。这让人没有不服的！"

设备部部长彭晓鹏说："来港珠澳大桥岛隧工程一方面是专业需要，一方面是被林总这位传奇人物所吸引。跟着他干很辛苦，但又不得不佩服他，他自己就在一线，亲力亲为地干。沉管隧道谁都没做过，心里都没有底，风险太大！大家都说，林总个子高，天塌下来有林总顶着。他真像一棵大树，能为大家遮风挡雨。"

负责沉管隧道内部装修的Ⅲ工区一分区副经理刘经国，大学一毕业就赶上了京沪高铁这样的重点工程，以为已经可以了，没想到港珠澳工程要求更加苛刻！他感慨道："毫米级的精度一般是工业上的要求，这么大批量的上万个土木工程构件要求达到毫米级，相当于让人达到机器的精度。对林总这么严苛的要求当时还不太理解，现在很庆幸这样坚持下来而且真的做到了！”

工程结束了，刘经国反而感到了太多的耐人寻味：“这个工程对自己的一生都有影响。7 年这么艰苦为什么能坚持？就是一步步攻坚克难带来的成就感，这种成就感比节假日带来的愉悦感更强烈。岛隧工程每前进一步都会遇到新的问题，林总带着我们不断地创新去解决问题，感到不断有新的吸引力，工程虽然艰苦但不感觉枯燥。干完了这个工程，似乎有一种一览众山小的感觉，从精神层面上让我有了更大的自信，获得了一种魄力。工程中的任何问题我们都可以解决，关键在于努力和坚持，一步步去提升！”

一个叫王佰文的质检员，在网站上发了一篇文章。他说：“这个年代，很多人，尤其是接受了精英教育的年轻人，不再屑于谈论家国责任、社会担当之类的话题。似乎这是一种刻板而又老套、苍白且不深刻的情绪，他们更多地去谈论很玄的东西，比如心灵，比如远方，比如某种触动。而作为一名中交人，我清楚地知道，自觉承担‘让城市更宜居，让生活更美好’的社会责任，是我们努力的方向，而我也始终坚信，我们的努力，将会是这个国家未来发展的方向。”

2017 年 10 月 1 日，清晨 5 时，珠海唐家湾 1 号码头，3 艘快艇同时驶出，那是林鸣和岛隧项目部领导分别奔向伶仃洋上的桂山岛和东、西人工岛。在珠海日出的时刻，唐淇路 1699 号港珠澳大桥岛隧项目总营地、桂山岛、东人工岛、西人工岛，同时举行隆重的升旗仪式。

征战四地的 4000 名岛隧建设大军身穿整洁的白色工装，仰望初生的朝阳和冉冉升起的五星红旗，高唱国歌，心潮激荡！

伶仃洋澎湃的海水涌动着波浪，阵阵海风吹拂着他们历尽风霜的脸庞。昔日“零丁洋里叹零丁”，英雄报国无门慷慨悲歌的历史已经远去，如今强盛起来的祖国为这些卓越的工程师们提供了实现梦想的舞台，无数志士仁人梦寐以求的中华民族伟大复兴之路正在他们脚下，成为他们肩上光荣的使命与担当。

这样的升旗仪式，他们已经举行了7年，每年的“五一”“十一”都雷打不动。

7年建设，7年坚守，7年奉献，7年收获。岛隧工程取得了骄人成绩：7年环保零投诉，7年安全零伤亡，粤港澳三地验收评分99.63分；获得专利537项，获得省部级科技进步奖24项，2018年获得了美国ENR“全球最佳桥隧项目奖”、国际隧协(ITA)“年度重大工程奖”、英国NCE“年度隧道工程奖”3项国际工程大奖。

林鸣激动地说：“没有国家的发展，你不可能有这个挑战的机遇。这是一个离梦想最近的时代，你完全可以考虑最好的办法，整合全球最好的资源。在当今环境下，你想的事情在国家提供的平台上真的能够实现，梦想中的东西基本都能够实现。我们做成的比我们想象的还要震撼！但如果不努力，你就会丧失一个历史的机遇。”

时代选择了他们，他们不负这个时代！

原交通部部长黄镇东对岛隧工程文化给予高度评价：

“桥梁人才的成长过程和其他行业不太一样，科学家是要认识、研究自然界的规律，而我们工程师是把图纸变成现实。我们这个行业特别辛苦，搞桥梁建设不是在江上，就是在海上，再就是高山峡谷中，城市桥梁是少量，大部分都是野外的。港珠澳工程人工岛上有很多同志几乎一年都没有离岛，远离大陆，没有船你根本就回不来，一干就是 7 年时间。没有一种精神是支持不下来的，没有一种共同的价值观是凝聚不起来的，这就是文化的力量。

“中华民族复兴要有历史的使命感，要有担当精神。现在我们倡导担当精神，不怕挫折，因为建设过程当中，会遇到很多问题，但是，要敢于面对挫折去想办法克服困难，来达到我们的目的。没有这种奉献精神、担当精神，要想搞好这么大的一个工程是不可能的。

“像林鸣同志这么一个拔尖人物，也是我们桥梁建设的精英。林鸣带出的团队让这种精神也得到一种传承，我想项目部会有很多像林鸣这样的人，否则工程不会做到这么好。我相信中国再有一个类似这样的项目的话，会出现一批像林鸣这样的人。总是要一代带一代，前赴后继，去实现我们民族复兴的中国梦。”

第十二章 我喜欢出发

2018 年元月 1 日，一个新的年度开始。这个全世界所有人共同享用的新年第一天，对林鸣和港珠澳大桥岛隧工程的建设者们来说可谓意义非凡。昨夜大桥主体全线亮灯，扛在肩上 12 年，奋力拼搏 7 年的担子终于可以放下了。这一天，岛隧项目部格外宁静，12 年来从没有过的宁静！太疲惫的建设者们终于可以有属于自己的休息日了。

清晨 4 时 30 分，一个身影出现在港珠澳大桥上，从大桥收费站起点向人工岛和隧道跑去。凌厉的海风吹起了他花白的头发，高高瘦瘦的身影顶着风一步一步跑过大桥。

此时，一架小无人机正在空中沿着港珠澳大桥的线路拍摄。忽然，航拍器的画面中出现了一个跑步的人影！“谁敢这时候在桥上跑?”珠海电视台的技术主管李凯十分惊奇！一个念头飘忽而至：

“除非是林鸣!”

“这简直是太巧了! 想抓都抓不到的镜头!”李凯立即让小飞机紧紧追随着跑步人，一路拍摄。

跑步者正是林鸣，他早就暗下决心，一定要在交工后的第一天清晨在桥上跑一个“马拉松”。好在交工前他还有上桥的便利。22.9 公里的桥梁段跑过，前面就是西人工岛和隧道了。守护在隧道口的保安忽见一个人影跑过来，正想出面阻拦，监控室的电话打了过来:“是林总，不要拦，让林总跑!”

林鸣向保安招了招手，一步不停地跑进了 6.7 公里长的海底隧道。穹顶上明亮的 LED 灯把隧道照得通亮，两侧银白色的搪瓷钢板和乳白色的检修道严丝合缝，相交成几何线条笔直地伸向远方。在隧道穹顶灯光的照射和两边墙壁的反射下，刚铺装好的黑幽幽的路面平整柔顺，上面竟泛出一层银色的亮光。林鸣的脚步一步一步地丈量着脚下的隧道，脑海里出现的是一节一节硕大的混凝土沉管，一次一次在海面上对脚下这个位置的苦苦追寻，一个一个搏风斗浪安装沉管的故事……E1、E10、E15、E30、最终接头，这些标记都已经被覆盖在墙壁里面，但那些刚刚过去的画卷，那些曾经的日日夜夜早已深深地镌刻在他的生命里。他没有停下脚步，迎着隧道上方“港珠澳大桥欢迎您”的 LED 灯红色大字，跑出了隧道，跑出了东岛的减光罩，他的手触摸在粤港分界线的隔离网上。29.6 公里，林鸣用这种方式，对 12 年来与岛隧工程的不解之缘做了告别。

2018 年 2 月 6 日，港珠澳大桥全线各标段正式向管理局完成了交工。海底隧道和东、西两座海中人工岛今后将由大桥管理局选派的养护运营单位负责管理。在交工仪式完成的时候，朱永灵局长的助理高星林，特地邀请林鸣一起上岛。“我们理解林总对岛隧的感情。”高星林说，“想请他再一起上岛走一走。”那一次上岛，林鸣话不多，经常答非所问。自那以后，林鸣不肯再上岛，即使是中央电视台来采访他，希望上岛去拍几个画面时，他也只肯远远地坐船绕着岛转一圈，回避上岛。

“你们看过巴顿将军没有?”林鸣对记者说，“打完仗那个难受劲儿！不上去渐渐就不想了，老去看看又勾起来了……”

还在 2016 年 5 月，中央电视台采访记者跟林鸣有过这样的对话。

记者询问：“您有没有畅想过这个工程终于贯通了，向全国工程师、全世界的工程师交上了一份满意的答卷，那时走在上面，那会是一个什么样的感觉?”

林鸣回答说：“就是谢幕嘛。谢幕！一个成功的梦，大家很高兴，但又是很短暂的，更强的是告别。”

记者惊愕地问：“你会怀着一种告别的心态，谢幕的这个心态去……会怀着很深的不舍吗?”

“那肯定是不舍的。工程师不就喜欢挑战吗? 所以不断地去创造新的东西，但是赶不到都是这种平台，全世界也不会有几个，哪有? 作为工程近代的那部分历史来看，无论是从国家的方面还是从世界的方面，不会有太多这样的机会。”

“所以你无比珍惜，你会深深地不舍。”

“我现在也很不舍，虽然很困难，但更多的是不舍。所以非常珍惜，每一个细节尽量把它做到完美，尽量把它做好，我们就想用这个工程，真的做成一个世界水平的工程。这就是你肯定会不舍！你想第二个港珠澳大桥在哪儿? 这样的机遇，我们每一个能做港珠澳大桥的人是幸运的，是最幸运的工程师，这也是我们这个团队能够凝聚在这儿 5 年、6 年、7 年，有这样执着力的很重要的一个原因。”

“从来没有想过这个事儿不行，不好玩，太难了吗?”

“是很难，真的不好玩啊，但是不好玩的时候你也不能放弃。所以你在这个时候要有非常强大的信念，要能坚持，而且是超乎寻常的坚持，你才能做下来。难啊！有时候非常难！一个关一个坎儿地很难过，这样的环节在我们的工程中太多太多了。很多事在别的工程当中是很难碰到的!”

“我觉得挺有意思啊，林总，就是说你会怀着一种非常依依不舍的谢幕的心情去面对这个大桥的竣工。

“现在就开始有这个心情了。”

“就像你说的这是一个梦，但是这个梦不愿意醒啊。”

“对，你做一个好梦，你愿意醒吗?”

在一般人眼里，身处这样的艰难之中！巨大的风险如影随形，时时伴随左右，漫长的工期无疑是一种煎熬，早日完工早日解脱是情理之中的期待。想不到在林鸣的心中早已有了为将要到来的“谢幕”而深深的不舍!

提起巴顿将军和丘吉尔，林鸣侃侃而谈，对第二次世界大战的历史了如指掌，在他身上可以感觉到一种强烈的英雄主义情结。

其实，每个采访过林鸣的记者都被他身上所具有的一种强大的精神力量所感染。那是一种历史使命感，一种来自中华民族血脉深处的家国情怀。

林鸣，1957 年出生在江苏泰州，父亲是一位离休干部，母亲在地方国企做管理工作。林鸣在“文革”前期曾随父母一起被下放到农村，年少的他并不觉得农村生活的艰苦，在乡村小学读书的同时最让他高兴的是，他养的鸡是全村最好的，下的蛋全家都吃不完。初中时他只身回到城里上学，跟母亲单位的工人们同住一间宿舍，同吃一个食堂，唯一的一点优越是床上的凉席比别人新一些，他也没觉得苦，有一次捡到一块可以搁鞋子的木板竟让他高兴了半天。直到他读高中时，全家才搬回了城里。这让他从小对劳动、劳动者感到亲近和尊重。

高中毕业到工厂当工人，半年的时间里师傅只让他每天端茶倒水，能有机会拧个螺丝心里都美得不行。钳工、车工、起重工他都干过，和同伴甩开膀子抡大锤，赢得一片喝彩是他最开心的时候。这段经历磨炼了他的耐力和坚持力。

但无论是下乡还是做工，喜欢看书一直是他的嗜好，而且涉猎范围很广。

1978 年高考恢复，林鸣考上南京航务工程专科学校(后并入东南大学)。正逢国家改革开放，社会发生巨大变革的时代，各种新思潮纷至沓来，一向爱读书善思考的他，在大学三年级向党组织递交了入党申请书。23 岁的林鸣写下了这样一段话："失败与挫折总是伴随着事物发展的全过程，但只要事物本身具有生命力，并符合事物发展的内涵规律，那么失败与挫折就只是暂时的，是为更好的胜利提供借鉴、提供经验。从某种意义上来说，真正可怕可悲的不是失败与挫折，而是没有坚强的信念和失去信心。"

一个人找到了自己人生的方向，信念就在那时树立起来。

在大学入党的林鸣，又在 1983 年被工作单位二航局作为后备干部选送到湖北省委党校脱产学习。这两年对党的理论知识的系统学习对林鸣的一生意义重大，从中国共产党在艰难困苦百转千回中发展壮大，带领中华民族走上独立自强道路的历程中，他坚信：党的领导是一面伟大旗帜，他带领着中华民族走过了近一个世纪波澜壮阔的光辉历程。党的领导同时还是一种科学方法，这种方法最鲜明的特色是无论在顺境或逆境都能让我们坚持目标，坚定信念，凝聚力量，保持勇往直前的内在驱动力。

“中华民族需要梳理自己的价值观，就是让绝大多数人过上幸福生活。如何凝聚你的民族，民族的未来在哪里？要与99%的人的命运联系起来，为绝大多数人谋幸福，这就是我们立党的基础。”

林鸣认为：“改革开放这几十年，国家的发展是毫无疑义的。遵义会议是解决亡党亡军的问题，十一届三中全会是解决何去何从的问题，党的十九大是解决民族百年复兴的问题。这是一个伟大复兴的时代！港珠澳这个工程完全可以做成一个与这个时代合拍的工程，如果不这样，我们就丧失了一个历史机遇。”

从1992年到珠海建设人生中的第一座桥——3公里的珠海大桥，1994年建设伶仃洋大桥的前期工程——淇澳大桥，到2017年完成世界级跨海通道——港珠澳大桥，25年来国家建设能力的突飞猛进让林鸣惊叹和感慨！

“25年前，我们与日本在桥梁建设上的差距至少是30~50年，在工艺、装备、技术水平上都是向人家学习的。建润扬大桥时找个千把吨的浮吊都很费劲，吊重500多吨就很惊叹，现在6000吨吊重都不是问题。那时建桥有很多约束条件，现在我们的装备是世界上最好的装备。过去是有什么装备设计什么方案，现在是你想做什么工程就能造出什么样的装备。国家建设能力突飞猛进，产生了翻天覆地的变化！再往前推10年还不行，这段历史，是共和国非常重要的值得研究的一段历史。”

“这个年代是中国快速发展的年代，是充满挑战的年代，对工程师来说是创造了很多舞台和机遇的年代。港珠澳大桥建设过程艰辛、困难，压力巨大。但我想，如果没有机会的时候，没有机遇的时候，没有事业的时候，工程师也就没有了价值，那就会更加痛苦，更加有压力。我们有困难和压力，但充满希望，充满期待，我们是非常幸福的工程师。”

历史经常会发生某种巧合。港珠澳大桥通车之时，正值我国改革开放40周年之际。改革开放是决定当代中国命运的关键抉择，党和人民的事业大踏步赶上了新时代。我国的交通基础设施建设在这40年里发生了历史性的巨变。

“一大批基础设施、高端装备、战略性新型产业等方面的重大工程相继问世，高铁、桥梁、港口、天眼、大飞机等重大工程科技硕果累累。我国的基础设施建设取得了巨大成就，高速公路、高速铁路、港口万吨级泊位以及城市轨道均位居世界第一，机场、管道位居世界前列。极大地推动了我国社会主义现代化建设的步伐。”❶

时代的巨变，国家在强盛之路上的大步迈进，让林鸣敏锐地意识到一种扑面而来的大趋势，一种难逢其时的历史机遇：“我们到了离梦想最近的时代，这是一个充满机遇的时代，一个机遇大于挑战的时代，一个可以选择的时代。中国桥梁已开启了超级工程建设的新阶段，我国与世界桥梁建设的水平正在缩小，是跟跑、并跑，还是领跑，完全在于我们的视野和心态。就看你能不能抓住这个机遇。”

自2017年沉管隧道最终接头安装成功之后，媒体对港珠澳

---

❶ 引自原交通部副部长、原中国国际工程咨询有限公司董事长胡希捷的报告。

大桥的报道达到了高峰，来参观考察的各界人士络绎不绝。

2017 年 11 月，香港中华文化促进中心组织的港珠澳大桥参观团来到岛隧工程，被这一超级工程的宏伟壮观和精细品质深深震撼。参观团回去后不久，林鸣意外地收到了香港中华文化促进中心总干事林沛德一封热情洋溢的来信。

“港珠澳大桥岛隧工程项目总经理部

林鸣总工程师大鉴：

港珠澳大桥工程体量之巨大，建设条件之复杂，建造过程之艰巨，堪称史无前例。我们对施工团队的成就由衷敬佩！你们不愧是中国人的骄傲，是中国梦的实践者。参观结束后，我们在深深感动之余，都觉得应该让更多的香港人，特别是教育界人士通过不同方法、途径去认识港珠澳大桥，让他们看到国家在当前取得的伟大成就和国人投入建设新时代的顽强斗志，从更广阔的角度去思考香港与国家的发展，并以大桥建造的辉煌成就教育下一代。”

同样是在 2017 年，一位意大利《共和报》的记者前来采访林鸣，之后刊登了这样一篇报道：“如今在习近平的带领之下，中国走向了新的时代。中国政府斥资 160 亿美元，建成了长达 55 公里的港珠澳大桥，又一次创造了历史。位于珠海的渔女雕像终于可以‘退休’了，它将不再作为近年来中国经济最大成就的象征，港珠澳大桥的通车将会一跃成为中国经济腾飞的最新体现。”

香港的来信和外媒的报道让林鸣十分欣慰。他说：“港澳与内地关系的关键是国家要强大。所以我们港珠澳大桥工程一定要做到世界一流水平，让港澳同胞有一个强大的归属感。这是我们央企应该为国家担当的责任。”

在工程交工前夕，林鸣邀请了所有与岛隧工程合作过的外国技术专家前来参观建成的海底沉管隧道和人工岛。这些来自荷兰、日本、瑞士、德国的专家，曾经的港珠澳岛隧工程技术合作者都异常兴奋。

“过去的工程，合作完了也就结束了，像这样被邀请回来参观自己合作建设的工程还是第一次！”国外专家兴奋地说。

他们和林鸣一起兴奋地走过海底隧道，走上人工岛，为海底隧道的精致和清水混凝土建筑群的精美而震惊！他们走上东岛四层平台上眺望伶仃洋，脚下深红色的条形木地板上洒满阳光，蔚蓝色的海水在四周涌动着波浪，有的外国专家情不自禁地说：“这是我见过的最精美的混凝土建筑！我真想躺在这平台上睡上一觉。”很多外国专家感叹：“这个工程确实达到了世界一流水平！能参加这样一个伟大的工程，我们深感幸运！”

2018 年 2 月 4 日，港珠澳大桥岛隧工程景观设计暨工程美学研讨会在中山市召开，众多业内专家、港澳朋友前来参会。林鸣特地邀请胡应湘一同来参观已经建设成功的港珠澳大桥。

“相当伟大！见到内地工程师和施工队伍如此高质量的作业，将梦想变成了现实，我感到非常高兴。”胡应湘激动地说，“40 年前，内地修桥的施工经验设计水平还不行，但现在已经是世界领先水平，而且建设成本更低，非常有竞争力。林鸣团队的水平很高，建得很好！”

朱永灵局长代表管理局出席会议，与来自全国的专家、港澳代表、媒体代表共同分享港珠澳大桥岛隧工程的建设成果和美学理念。会议渐渐进入尾声时，一个意想不到的高潮突然掀起，林鸣走上台去，向朱永灵局长敬献了他特地制作的锦旗，上书他自己拟定的八个大字——十四载春秋铸丰碑。

意料之外的朱永灵局长感慨万千："岛上建筑的效果和品质超出了我们原来的想象！林总带领的团队在那么艰苦的条件下……"朱永灵一时哽咽，热泪盈眶！

现场的人都忍不住心潮起伏，掌声和热泪一起迸出。

"在项目法人责任制的环境下采用设计施工总承包模式，需要业主有海纳百川的胸怀，也需要总承包人具有负责担当的勇气和能力。"

这是管理局工程总监张劲文在设计施工总承包的论述中曾写过的两句话，朱永灵和林鸣恰恰都出色地担当了自己的角色，才把这场可以载入工程史册的大戏演绎得如此精彩！这是港珠澳大桥工程所有建设者心中不可或缺的两个人物，"缺了这两个人，工程干不到现在这个程度。"已成为大家的共识。

让朱永灵局长深感快慰的是："港珠澳大桥建设期间接待了80个国家和地区的技术同行、政府官员、新闻媒体和民间人士的交流考察，港澳台同胞来参观的特别踊跃，大家普遍认可港珠澳大桥取得的成就。港珠澳的实体质量彻底改变了外界对中国工程质量的不良印象，港珠澳大桥的合作共建更加拉近了粤港澳三地民众的时空距离和心理距离。港澳同胞全过程参与了港珠澳大桥的论证、决策和建设，加深了对国家的认同感，更加为国家的强大而自豪。"

2018年底，朱永灵局长的一篇署名文章发到了大桥管理局网站上，题目是《归零再出发》：

"多年的咬牙坚持、守望相助，我们信念不改、目标不变，珠江口的天空、海洋、大地目睹了我们的坚守和付出，粤港澳三地人民见证了我们的拼搏和奉献。巨龙腾空、长虹卧波，璀璨的灯光在伶仃洋的夜空美轮美奂。港珠澳大桥雄伟壮观的身躯、震撼人心的体量、与众不同的造型，体现了设计者的精妙构思和建设者的过人胆识。功夫不负有心人，呈现在世人面前的超级工程让我们一切的努力和付出都有了价值。过程中所有的磨难与坎坷、委屈和伤感都随着项目的完工变成了刻骨铭心的记忆，变成了可以长久回味的故事……

“来不及品味攻坚克难的喜悦，我们又要为优质高效运营港珠澳大桥绞尽脑汁，不忘初心继续前行，我们将体验别人不曾体验的在口岸限定区运营世界级项目的独有感受，欣赏‘一国两制’港珠澳三地口岸区的独有风景，做前人没有做过的事情，将让我们有机会再创奇迹，再铸辉煌。”

经受了 7 年建设期的艰苦拼搏之后，港珠澳大桥迎来的将是 120 年运营期的考验！朱永灵深知这又是一个新的征程，他做出了一个出人意料的选择——主动腾出位子，让年轻干部在港珠澳大桥管理局担当重任。

在给港珠澳大桥三地联合工作委员会的辞呈中，朱永灵这样写道：

“我以对香港特区政府、澳门特区政府、广东省政府和国家利益负责任的态度向三位领导郑重提议，起用年轻人，充分发挥年轻同事的主观能动性。港珠澳大桥前期工作启动之时，一批二十七八岁的年轻同事加盟进来，带来了激情、带来了思路、带来了新的管理理念。在与他们的思想碰撞中，我们不断产生智慧的火花，从而逐一攻克了方案设计和建设过程的各种难关，他们的贡献成就了港珠澳大桥，港珠澳大桥的舞台也让他们施展了才华，开阔了眼界，积累了丰富的管理经验和解决实际问题的能力。

“他们接受新东西很快，判断事物、分析问题的能力很强，而且对大桥充满感情，下一步提高大桥的管养水平，把人工智能应用到大桥上还得依靠他们。而今他们 40 岁出头，精力和智力都处在人生的巅峰时刻，正是担当大任的年纪，我希望他们有机会发挥更大的作用，做出更大的贡献。

“未来属于年轻人。我愿意以局长以外的任何身份留在管理局，协助后来的领导实现平稳交接，妥善处理过去遗留问题，直到完成结算和竣工验收的工作，为建设期画一个圆满的句号。

“建功必须有我，成功不必在我。”

朱永灵用这样的结尾表明了心迹。

也许是 14 年来在大桥建设管理核心位置上的殚精竭虑、如履薄冰已让他心力交瘁。也许是粤港澳三地首次联合共建超大型工程的成功尝试更需要他去沉淀提炼。朱永灵的卸任正如他的上任一样自告奋勇、义无反顾！甘愿品尝建功的艰辛，无意流连成功的光环，这是朱永灵发自内心的选择。

如今屹立在伶仃洋上的港珠澳大桥，如蛟龙出海，似鲲鹏展翅，又是承载了多少中国桥梁人的梦想！我国的交通事业何尝不是在一代又一代卓越工程师的甘于“建功”中蓬勃发展起来的！

20 世纪末，我国著名桥梁专家、武汉长江大桥桥头堡的设计者唐寰澄先生，曾花费 10 年精力研究整理而成 80 万字的巨著《世界著名海峡交通工程》，一一记录了世界上 6 大洲及洲际的 44 个著名海峡上，已建、筹建和计划中的跨海工程规划。其中包括中国的渤海、琼州和台湾海峡，也包括港珠澳大桥的雏形。曾参加过滇缅战役的著名桥梁专家王伯惠老先生，也曾集多年研究，描绘出了渤海海峡跨海通道 5 个设计方案的初步设想。

唐老在书中写道：“这三项跨海交通工程的建设，可能需要几代人，跨越一二个世纪才能准备和建造完成。”“自知这一世纪工程，限于年纪和经历，不可能始终其事。假如最快的打算，25年后建成通车，如人尚健在而主持者不忘有个开端出了力的老头儿，让他坐飞机在云头一看，大足快慰。若或已自归尽，逍遥自在，驾彩云观蛟龙以越沧海，去欣赏这造福人间的壮观的图景吧。”

40年巨变，几代桥梁人奋斗不止，老一辈桥梁人的夙愿终得告慰！

站在改革开放40周年新的历史起点上，建设交通强国，“构建安全、便捷、高效、绿色、经济的现代化综合交通运输体系，满足人民日益增长的美好生活的需要，支撑我国的现代化经济体系建设，为建设社会主义现代化强国当好先行”成为桥梁人新的宏伟目标。

“工程造福人类，科技创造未来。”[1]

“工程科技是人类实现梦想的翅膀，承载着人类美好生活的向往，能够让明天充满希望、让未来更加辉煌。”[2]

“工程科技的灵魂在于开放。”[3]

“工程科技国际合作是推动人类文明进步的重要动力。”[4]

国家主席习近平对工程造福人类的一系列深刻论述，激励着当代桥梁人肩负起新的历史使命。

与生俱来的使命感在林鸣内心激荡：

“港珠澳大桥为我们创造了一个干事创业的舞台。国力增强使我们拥有了雄厚的经济实力，科技发展为我们提供了有力的

---

[1] 见2018年4月24日人民网公开报道。
[2] 见2018年4月24日人民网公开报道。
[3] 见2018年4月24日人民网公开报道。
[4] 见2018年4月24日人民网公开报道。

技术支撑，开放环境让我们能够整合全球资源，国家全产业链的协同优势能够为工程实施提供坚实保障。

“要实现伟大梦想就要走一条追赶和超越的道路，不创新我们就会输在起跑线上。实现创新需要有一种宽阔、包容的胸怀，一种牺牲、奉献的精神，一种承受压力的勇气和承担失败的担当。当今科学技术的发展突飞猛进，挑战和应对挑战的条件此消彼长，只要我们有勇创世界一流的民族志气，机遇一定会大于挑战。”

“实现伟大梦想的道路一定不会铺满鲜花等着我们，必定是沟沟坎坎，充满艰难险阻。任何时候都不要幻想在这个世界上会有救世主。我们只有坚持‘逢山开路、遇水搭桥’的奋斗精神，才能无往而不胜。”

从 2005 到 2017，磨剑十二年，林鸣在岛隧工程中打造了一支“桥梁梦之队”，他自己也在其中经受了洗礼和升华。

“工程完成了，现在跟以前完全是不一样的我。”林鸣很感慨，“最大的变化是开放。我曾讲过 4 句话，‘对现状的理性；对创新的欣喜；对尝试的包容；对超越的欣赏’。其实讲这 4 句话时还是不够开放。”

“世界各国有各种文化，中国的文化也有特殊性，你要让人家理解也很难，不能指责人家不理解你。因为宗教文化完全不同，价值观完全不同，学会用他的价值观、他的文化去理解他们，真的读懂了他们就不一样。我们和欧洲、日本各国专家都成了朋友。”

“中国要立于世界之林，一定要走出去，就像习总书记所说，中国的大门永远要向世界敞开，要打开国门，让全世界理解我们。我们需要开阔的视野吸收世界最先进的技术，站在巨人的肩膀上寻求突破；也需要更加开放的心态与世界交流，为世界桥梁技术的进步做出贡献，赢得世界的信任和尊重。要开放，要有胸怀，胸怀一定要宽广。”

“天天在海上待着不宽也不行啊!”林鸣笑着自嘲了一句，“越宽才越能成大事。中国在国际舞台上的影响角色极为重要，中国的发展对世界也极为重要，一定要考虑到国家战略的实施。”

从48岁担当港珠澳大桥岛隧设计施工总承包重任，到工程完成，林鸣正好到了60周岁的人生阶段。而此时的林鸣，正处在人生最巅峰的状态，在专业技术的理解上，他感到自己像是又读了一个大学。但最让他满意的是，现在的他更会用变化的眼光看周围，看自己，会更多地从国家战略角度去理解很多问题。10年前，林鸣在业内就已经令人瞩目，现在，港珠澳岛隧工程让他更上了一层楼，业内评价说：“港珠澳岛隧工程也成就了林鸣，使他成为我国少有的能够驾驭超级复杂大型工程的领军人物。”“一个典型的复合型人才。”

60岁的林鸣，像是一个高速运行的发动机，即使已经减速，却很难停下来。慢节奏和平静的生活反而让他很难适应。工程结束了，该可以睡个安稳觉了，可林鸣还是午夜即醒。他说：“我在尽量让自己适应这个减速，只是还没有适应好。睡不着的时候，就想想未来的交通会是什么样。”

时代的发展、国家的腾飞、历史的使命，使林鸣更加夜不能寐。

2018年7月1日，林鸣在四航院庆祝建党97周年大会上充分展开了他对未来的想象：

“30年以后的中国将会是什么样的景象呢？各位设计师，有谁设想过吗？在40年前‘三转一响’当作家庭奢侈品的年代，可能没有任何人想到了40年以后自驾车能在中国成为最普通的代步工具。现如今在信息技术、互联网技术、生物技术、生命工程技术等井喷式发展的时代，预测未来是一个更艰难的挑战。但是，能够肯定的一点是，我们可以大胆、再大胆去设想，而到那时的现实一定会超出我们所有的预期。

“我也常常设想未来。

“到2050年，国家还要实施6个五年计划。

“30年以后，全国人口可能超过了15亿。

“绿水青山就是金山银山，到那时西部和西南部地区恢复了大片无人区，水源地将会得到更好的保护。85%以上人口将会居住在城市，其中的大部分聚居在沿海沿长江T形带上，老龄人口占很大的比例，而农民的生活会比一般城市居民更为舒适。

“到那个时候，‘春运’可能成了一个时尚的网络游戏，但是人们将会充分享受更多的休假。

“到那个时候，‘幸福指数’可能会替代GDP，成为最重要的社会发展考核指标。

“到那个时候，当85%的人口成为城市居民以后，会出现大批一线核心城市，珠三角、长三角会成为亿级人口的超级城市群，超高速铁路(500~800公里/小时以上)会将它们连接成核心铁路网络；双向20个车道的超级公路会成为超级城市群的骨干公路；全国将会建设数以千计的通用机场；核心城市将建设智能化立体城市道路网；个人出行将享受智慧定制服务，对于大多数城市居民而言，公共交通将成为更为便捷和舒适的出行方式。在未来的城市中，将会通过发展公共交通和政策限制，使得私家车得到严格控制，城市也将由此形成大片机动车受控区域，步行和人力车出行将会获得更大的自由空间。

“想象一下交通方式。高温磁浮超高速列车、超音速客机在一线核心城市之间穿梭；低空飞行器（智能化缆车）开始成为新的城市交通工具；无人机、管道输送成了城市运输的一道风景；零排放成为所有交通工具的制造标准，微型机动车成了主力车型，更安全将会成为最重要的标准。

“尽情地想象！那时候的中交集团会成为一个什么样的企业？四航院又在发展什么样的主营业务？在座的各位会做什么设计？一切都是谜，但是谜底一定都是最美好的梦！而前提是要未雨绸缪。

“中华民族曾经为世界贡献过‘四大发明’，我的梦想是未来由中交人为世界贡献第一个‘悬浮隧道’，让世界更畅通。”

这就是林鸣睡不着觉时的畅想，如此天马行空、纵横驰骋的想象令人惊奇！

意大利《共和报》记者在报道中这样描写林鸣：“我们所认识的总工程师林鸣，即使在闲暇时间也能随手画出意大利墨西拿海峡大桥不同设计方案草图（他承认建筑墨西拿大桥是所有桥梁工程师的梦想）。”

一位林鸣接待过的加拿大桥隧专家好奇地打听林鸣的年龄，听到林鸣已经到了退休年纪时，他直言不讳地对林鸣说：“退休后来跟我们合作吧，世界上有很多值得你去挑战的工程。”

林鸣是个不断追求梦想的人，一个眼光永远看着前方的人，一个总在未雨绸缪的人。很难有人想象得到，还在 2017 年 11 月，人工岛上激战正酣之时，他和刘晓东就已经开始与汉斯讨论起了“悬浮隧道”的合作研究问题。

在林鸣的倡议和推动下，一个多方参与、国际合作的悬浮隧道课题研究已经开始启动。汉斯·德维特是其中最主要的合作者。

“悬浮隧道”——一种完全漂浮在水中的隧道，这个世界隧道工程顶尖技术研究已经提出多年，但还没有建成过的先例，因此一直吸引着世界各国的桥隧工程师。意大利、瑞典、瑞士、丹麦、挪威、日本等国家对应用悬浮隧道都进行了超前实质性的研究，但都没有进行过实际的建设。

2018 年 1 月 23 日，岛隧工程交工前的一个星期，悬浮隧道技术研究工作会议在项目总部组织召开。经中国交建批准，项目总部将牵头进行水下悬浮隧道技术研究，进一步拓展港珠澳大桥隧道技术成果应用，拓展集团技术、资源优势，形成关键技术。课题研究实行产学研结合，中交集团以及国内的几个子公司，包括三航局、公规院和四航院侧重于施工；荷兰 TEC 公司、挪威代尔夫特理工大学、大连理工大学与天津水运工程科学研究院侧重于学术和科研。课题组将成立学术委员会，多领域的专家将参与这一研究。

林鸣团队的核心成员继续跟他一起，投入了新课题的研究之中。

尹海卿，项目部科研的负责人，如今又担当起“悬浮隧道”科研试验的负责人。2018 年，在项目部食堂的饭桌上，林鸣和尹海卿、刘晓东津津有味地讨论着的，已是“悬浮隧道”的内容。

“我们这些人，就是为工程而生的嘛!”林鸣笑谈。他们正频频往返于天津与珠海之间，开始进行“悬浮隧道”的科研试验。

参与悬浮隧道研究的中交公规院研究课题负责人，是一位年轻的工程师。他与父亲从小聚少离多，长大了作为桥梁设计师，却在港珠澳工程上与父亲一起坚守了 8 年，这是林鸣的儿子林巍。曾经很想留在英国的大学里继续深造的他，在父亲“桥梁工程师一定要注重实践经验，港珠澳大桥这样的工程机不可失”的教诲下，参与了港珠澳大桥岛隧工程的全过程。这样的实践积累之丰厚，让他感到比上几个大学都值得！经常在早餐时讨论工程中忽然冒出的“灵光一现”，成为父子俩的一种享受。林鸣对此深感欣慰：“这可能是老天对我的眷顾吧！”

2018 年 7 月 28 日，林鸣受邀做客中央电视台《朗读者》节目，站在宽大的舞台上，朗读主持人董卿为他选定的诗作——著名诗人汪国真的《我喜欢出发》。

我喜欢出发。

凡是到达了的地方，都属于昨天。哪怕那山再青，那水再秀，那风再温柔。太深的流连便成了一种羁绊，绊住的不仅有双脚，还有未来。

怎么能不喜欢出发呢？没见过大山的巍峨，真是遗憾；见了大山的巍峨，没见过大海的浩瀚，仍然遗憾；见了大海的浩瀚，没见过大漠的广袤，依旧遗憾；见了大漠的广袤，没见过森林的神秘，还是遗憾。世界上有不绝的风景，我有不老的心情。

我自然知道，大山有坎坷，大海有浪涛，大漠有风沙，森林有猛兽。即便这样，我依然喜欢。

打破生活的平静便是另一番景致，一种属于年轻的景致。真庆幸，我还没有老。即便真老了又怎么样，不是有句话叫老当益壮吗？

于是，我还想从大山那里学习深刻，我还想从大海那里学习勇敢，我还想从大漠那里学习沉着，我还想从森林那里学习机敏。我想学着品味一种缤纷的人生。

人能走多远？这话不是要问两脚而是要问志向；人能攀多高？这事不是要问双手而是要问意志。于是，我想用青春的热血给自己树起一个高远的目标。不仅是为了争取一种光荣，更是为了追求一种境界。目标实现了，便是光荣；目标实现不了，人生也会因这一路风雨跋涉变得丰富而充实；在我看来，这就是不虚此生。

是的，我喜欢出发，愿你也喜欢。

这诗，真像是给林鸣量身定做的！璀璨的镁光灯光照在林鸣的脸上，他合上手中的诗稿，神色凝重，目光坚定地望着远方。

在台下看着林鸣的胡玉梅，微微点着头，大大的眼睛中透露出内心的兴奋和共鸣。自从在省委党校相识以来，长时间的相聚对他们都是一种奢侈，但两人内心的交流从不缺乏。林鸣曾对胡玉梅说：“出差时经常在机场看到提着拉杆箱出去旅游的人，心里真是羡慕。如果我们有机会一起出去旅游，一定是一种享受。”可是，这想象中的享受也只能停留在想象之中。胡玉梅太了解林鸣了！已退休的胡玉梅宁愿在珠海陪着林鸣。“就这样挺好！过去在一起的时间很少，现在能够像这样天天在一起，就感觉挺幸福的！”胡玉梅恬静地笑着说。

珠海伶仃洋岸边，凌晨5时，一个高高瘦瘦的身影在万米长跑，那是林鸣。港珠澳大桥岛隧工程12年，每天10公里，林鸣已经跑了3个“两万五千里长征”。

现在，他仍在坚持着，向着新的目标，再一次出发。

▲ 朱永灵与林鸣和其他建设单位代表启动亮灯仪式 （陈立通摄）

▲ 朱永灵和林鸣在主体工程贯通时的隧道口 （陈立通摄）

▲ 港珠澳大桥管理局局长朱永灵　　（港珠澳大桥管理局提供）

▲ 港珠澳大桥岛隧工程项目总经理兼总工程师林鸣 （黄喆摄）

▲ 林鸣在人工岛工地现场办公　　（陈向阳摄）

▲ 林鸣在人工岛工地现场解决问题　　（陈向阳摄）

▲ 与岛上建筑设计团队现场讨论设计方案　（陈立通摄）

▲ 与国家海洋环境预报中心王彰贵总工程师在沉管安装现场分析海流情况　（李正林摄）

▲ 朱永灵局长在港珠澳大桥上　（张浩摄）

▲ 朱永灵局长在山海关桥梁厂检查工作　（港珠澳大桥管理局提供）

▲ 朱永灵和林鸣在东人工岛上　　（钟凡摄）

▲ 林鸣与荷兰 TEC 公司执行总裁沉管隧道专家汉斯·德维特在沉管安装途中　　（李正林摄）

▲ 林鸣与香港路政署原署长刘正光在沉管安装现场（黄喆摄）

▲ 林鸣与修建港珠澳大桥的最早倡议者、香港著名实业家胡应湘在港珠澳大桥上（陈立通摄）

后　记

2006年8月，应朋友邀请进入《桥梁》杂志，出乎意料的是，桥梁这个我原本完全陌生的领域，却以巨大的魅力吸引住了我。很庆幸！我无意中成为了中国桥梁建设发展高峰期的见证人。

中国桥梁已经在世界桥梁前十名排行榜上占据了半壁江山，位列其中的桥梁大多在21世纪初建成，分别在世界上的梁桥、拱桥、斜拉桥、悬索桥四种基本桥型和铁路桥梁中位居前列。几年间，这些曾被编辑部排在采访报道计划中的在建桥梁，就在我们眼中，在我们笔下，被建设者们一座一座地矗立在了高山峡谷、大江大河之上。

人们欣赏大桥的巍峨壮观，如诗如画，却很少看到这些桥梁背后建设者的身影。当我们从长江上游、中游、下游到入海口，探寻着不同地形、不同跨度桥梁的奥秘；当我们从黄河入海口追溯而上，了解“悬河”之上建桥的独特之处；当我们随着指挥部的吉普车在沪蓉西高速和雅西高速的山路中盘旋，领略了山区桥梁的大美和极险之后，我们也走进了一大批桥梁人的内心世界。在我们眼里的一座座桥梁，已经不是钢筋混凝土，而是一个个鲜活的形象和生动的故事。桥梁人丰富多彩的内心情怀和令人惊叹的创造业绩，使我们采访的过程变成了知识的扩充、眼界的升华和心灵的洗礼，成了精神上的“吸氧”。

在这期间，有一座大桥常常被业内人提起，却又总像蒙着一层神秘的面纱，让你魂牵梦绕却又不可触及，这就是被许多桥梁工程师称为“梦想”的港珠澳大桥。

2009 年，随着港珠澳大桥工程破土动工，我所在的《桥梁》杂志开始了对港珠澳大桥的跟踪报道。这里要特别感谢港珠澳大桥管理局朱永灵局长，在开工之初对业外媒体报道严格限制的时期，独独对我们这家行业内的期刊网开一面。让我们有机会站在刚刚用大圆筒筑成的人工岛上，报道伶仃洋中这片新生“陆地”诞生的神奇过程；有机会走遍全国 23 家参与港珠澳大桥国家科技支撑计划项目的科研单位和企业，了解和记录这一国家“十二五”科技支撑计划项目研究的历程；有机会拍摄海上钢箱梁架设和海上预制桥墩整体安装的全过程，见证我国桥梁建设向大型化、工厂化、标准化、装配化的工业化建造水平提升的脚步。

然而，这似乎还不足以解开这个被称为世界奇迹工程的全部奥秘。

直到 2016 年 5 月的一天，为完成港珠澳大桥管理局交给的，拍摄参加国家“十二五科技创新成果展览”宣传片的任务，我和中央电视台的摄制组在珠海岛隧项目部采访岛隧项目总经理林鸣。为了抓林总的时间，摄制组的编导和摄像凌晨三点就从北京赶到珠海，一大早赶到营地。为了港珠澳大桥工程的宣传，大家也是拼了！

刚刚开完周一工作例会的林鸣急匆匆走进会议室。他出差的机票定在了两个小时之后，这给我们的两个小时，看来是特意挤出来的。而此前一周他为接受我的预采访，从香港科技大学参会后匆匆赶回项目部，从后来对香港桥梁专家刘正光的采访中我才得知，林鸣为提前赶回这一小时放弃了会后的午餐。

林鸣面容清癯，与4年前见过的他相比，体重的明显减少一眼就能感觉到。面对我们的镜头，林总话语中迸发出的激情却让人荡气回肠！

“历史把深埋这个难题摆在了中国工程师面前，就是龙潭虎穴也要闯！要用我们中国工程师的智慧来解决这个难题。”

“央企是共和国的长子，我们不担当谁来担当？”

“最难的是‘走钢丝’，每一次沉管安装的成功，不是决定于我这个总指挥，而是决定于所有的这几百个工序的每一个环节。全线工程直接服务于现场4000多人，每一个人在这个过程当中都要保持状态，保持那个张力，保持一丝不苟的精神，一刻不能放松。不是我一个人不松，是要保证这个团队不松，4000多人都不能松！几百个工序，每一次都要做到同样的标准。4年的时间，在很困难的岛上和海上，这可能是我们遇到的最大的挑战。”

一股浩然正气在拍摄周围的空气中升腾，一股热流从心里涌上了眼眶。林鸣动情地讲到一批大学毕业来到工地的80后年轻人，面对着香港的灯红酒绿，却在海中抛石船上伴着半船石头生活工作了3年。林鸣为其中一个小伙子主持婚礼时对着新娘大声说：“他能在这条船上坚守3年，你嫁给他，你就放心吧！”采访现场的我们都被震慑住了，眼泪夺眶而出！

什么叫担当？什么叫使命感？如此大气磅礴而又细腻真诚，怎能不让人动容！一个个久违了的曾经震撼心灵的形象在脑海中跳出来，鲜活而真实！大庆的铁人王进喜？《亮剑》里面的李云龙？都有些神似但又不完全是。记者的直觉告诉我，我已经接触到了港珠澳大桥工程最核心、最艰险的部分，岛隧工程及建设团队有太多精彩的故事值得我去深入挖掘。

在国内外同行的眼中，港珠澳大桥岛隧工程的风险相当于攀登珠穆朗玛峰，能不能做成功还是一个未知数！这种担心和质疑实际上一直伴随在港珠澳大桥开工后7年的建设过程中。

林鸣团队面对的风险超常！但他们一次次地把不可能变为可能，这不得不令人惊奇！他们一个个打破常规而采用的新工法，又不断地引起争议！他们是怎么干出来的？他们为什么要这么干？争议是由何而来又是如何达到统一？这个4000人的团队7年来铁人般的拼搏、工匠般的坚守、科学家般永无止境的探索，他们内心的驱动力又是什么？带着探寻这些答案的好奇，我于2017年10月深入岛隧项目部营地，与岛隧团队共同经历了主体工程最后收官到港珠澳大桥正式通车的过程。

有幸目睹过伶仃洋中钢圆筒快速筑岛工艺一气呵成的奇迹，有幸跟随了最后一节沉管E30海上安装的全过程，有幸见证了最终接头安装和精调的历史时刻，有幸体验了主体工程全线亮灯建设者们陶醉其中的幸福场景。随着这一个个“有幸”，写出一个我所感受到的港珠澳大桥工程，也成了自己的一个使命。

68岁写第一个长篇，几经犹豫才最终下定决心，然而真正动起比笔来才知道对自己的挑战到底有多大！要写的东西太多太多，采访的大量素材堆积在胸口，几十年来记者生涯已感到的“轻车熟路”受到了颠覆！本想在半年完成的此书竟然用了一年多时间，一年里无数次品尝了半梦半醒的滋味，也尝试了凌晨3：00在万籁寂静中寻求思路清晰的经验。只觉得笔力不够、眼力不够、脑力不够，而时间却过得飞快……

港珠澳大桥工程内涵之丰富，体量之浩大，非以前接触过的所有题材可比，无论是从开创三地首次合作共建大型交通工程之先河的成功探索，还是40万吨钢箱梁制造和供应链的革命性升级，还是海上桥梁整体架设安装，都大有文章可做！参加过港珠澳大桥工程的每一位建设者心里都积蓄着一座宝藏，都有着令人感叹的故事。但是，要想把所有的一切都写深入而不是泛泛而谈，那将是一个浩大的工程！自知目前的精力无法驾驭。

因此，我最终选取了岛隧工程这个“皇冠上的明珠”，把这篇报告文学定位在“岛隧工程建设纪实”上。力求在有限的精力内集中笔力，能够写得深入一些，人物形象鲜明一些，可读性强一些。让业内业外的读者看明白这个世界一流工程是怎么诞生的，中间经历了多少未知的探索，在技术上、理念上、多方合作上又经历了多少从现实中的分歧，到经过实践达到新的统一的过程。在每一个工程里，或者说在每一次对未知领域的实践探索中，认识上的差异是客观存在的，无须回避，而通过工程实践在新的基础上达到一致的过程则有着极其宝贵的价值！因为这个过程恰恰是行业成长的足迹。

能够亲身走进港珠澳大桥建设者的内心世界，感受他们超乎常人的勇气、智慧、意志和担当，是我的幸运！

能够为港珠澳大桥这一创造世界奇迹的桥隧工程，为这些可敬可爱的建设者留下一些文字记录，使我感到欣慰！

在港珠澳大桥这个伟大的工程面前和建设者创造的业绩面前，深感自己的渺小和文笔的稚嫩！

感谢林鸣总经理及岛隧项目部团队对这本书的创作给予的大力支持，在海量的采访素材梳理中，对我的素材补充需求从来都是一路绿灯。项目总部各位领导及一线建设者，不论多忙，都对我的采访和咨询有求必应；特别是党群部为本书的素材和照片提供做了大量的工作，给予了切实的帮助。

感谢大桥管理局朱永灵局长、余烈副局长对本书给予的恳切支持！余烈副局长对本书急需的资料信息有求必应，对所有的咨询都不厌其烦地给予解答。朱永灵局长亲自审阅修改，工作作风之严谨务实，把握全局之眼界和胸怀令人敬佩与感动！

本书最终接头安装部分的写作，得到了中央电视台科教频道齐义民编导的慷慨支持，在此深表感谢！

本书中现场施工的描写，引用了岛隧项目党群部李正林以及一线建设者在网站上发表文章的部分情节，特在此说明并致谢！

感谢把我引入桥梁行业的桥梁杂志杨志刚社长，使我在桥梁行业这块丰厚的土壤上，吸取和补充了大量的养分。

感谢原交通部总工凤懋润先生和业内诸多领导、专家的关心、支持和帮助，让我在这个行业内获得了新的成长。

感谢所有接受过我采访的领导、专家、工程师、一线建设者的支持！

谨以此书献给所有为港珠澳大桥建设拼搏过、煎熬过、自豪过、欢笑过的建设者们，以及所有关心中国桥梁建设的众多朋友和读者！

白巧鲜

写于 2019 年 4 月 10 日